明清家政書與
家庭經濟論的新發展

周敘琪 著

三耘

滿野如雲疊

饒水頹天均兩腸

農念一飽對此小

食喜見苗蘒三老

事耘耔經年苦歇

農田亦甚劬二復

本書經國立政治大學出版委員會
人文學門編輯委員會審查通過

政大出版社
Chengchi University Press

國家圖書館出版品預行編目(CIP)資料

明清家政書與家庭經濟論的新發展 / 周敘琪作.
-- 初版. -- 臺北市：國立政治大學政大出版社,
2022.06
面；　公分
ISBN　978-626-95670-5-8（平裝）

1.CST: 家政　2.CST: 歷史

420.9　　　　　　　　　　　　111008845

明清家政書與家庭經濟論的新發展

作　　者｜周敘琪

發 行 人　郭明政
發 行 所　國立政治大學
出 版 者　政大出版社
執行編輯　林淑禎
地　　址　11605臺北市文山區指南路二段64號
電　　話　886-2-82375669
傳　　真　886-2-82375663
網　　址　http://nccupress.nccu.edu.tw

經　　銷　元照出版公司
地　　址　10047臺北市中正區館前路28號7樓
網　　址　http://www.angle.com.tw
電　　話　886-2-23756688
傳　　真　886-2-23318496
郵撥帳號　19246890
戶　　名　元照出版有限公司

法律顧問　黃旭田律師
電　　話　886-2-23913808

初版一刷　2022年6月
定　　價　380元
I S B N　9786269567058
G P N　1011100785

政府出版品展售處
• 國家書店松江門市：104臺北市松江路209號1樓
　電話：886-2-25180207
• 五南文化廣場臺中總店：400臺中市中山路6號
　電話：886-4-22260330

目 次

謝辭

　　自完成博士論文以後，我對明清「家政」的研究重點從日常生活中性別權力關係的浮動，轉向家政文本的生產脈絡及其區域性、階級差異等問題。由於這些家政作品本為官宦世家大型家計之實踐紀錄，內容涉及到諸多農業科技、市場經濟、勞動力成本、「經營」效益等問題，此項研究計畫於我而言無異是跨越不同領域，面對許多專業術語、理論概念，不禁有「學然後知不足」之喟嘆，故我在廣泛閱讀，從事本書的資料蒐集、文本分析與構思大綱之外，另一方面也必須花費許多時間來學習、補強與此課題相關的經濟史、治家議題之知識。

　　2018 年年底本書稿的整體構思和初稿已大體完成，考慮到「家政」（“home economics”）的歷史研究是一個新議題，而此一從「家務勞動」的角度，將經濟史引入治家議題的研究取徑，是否為不同學者所接受？故嘗試透過不同刊物的投稿來進行市場測試。我要向那些用心閱讀過我的文稿、給予我指點的諸位審查委員，致上衷心的感謝，每一份審查意見都十分珍貴，他們督促我澄清自己的論點，本書因為這一層轉折而更加完善，兩年來在反覆投稿、修改的過程中，我對問題意識的釐清及內容寫作的思考，亦隨著修改功夫的持續進行而愈加凝練、充實，這段過程的曲折讓我在知識上獲得極大的成長，身心從而得以脫胎換骨。政大出版社的兩位匿名審查委員是書稿最先與最後的讀者，他們提出的建議珍貴無比，精闢、中肯而和善，對於我修正文稿有著莫大的幫助。

　　一路走來，我要特別感謝黃進興老師、劉靜貞老師在我最初提出這項研究時給予充分的讚賞和肯定，黃進興老師同時是我在科技部做博

士後的計畫主持人,以及教育部「人文及社會科學博士論文改寫專書計畫」的指導教授,若不是他們在精神上、實際行動上支持我,也許我會裹足不前,也無法熬過那段苦讀的歲月。在本書漫長的研究過程中,我有幸參加呂妙芬老師主持的「儒學工作坊」,與多位優秀的成員共同學習,從而保持了思想上的活力。在不同地方獲得學者專家的指點:我所敬重的梁其姿老師,提醒我注意陳確等人的治生論述和《居家必用事類全集》;林麗月老師在教育部「人文及社會科學博士論文改寫專書計畫」的發表會中,擔任我的評論人,給我適時的忠告;劉靜貞老師與我分享「家務勞動」的理論著作;王汎森老師提醒我閱讀伊佩霞(Patricia Buckley Ebrey)的宋代家庭與財產一書;呂妙芬老師送給我楊峋《知本提綱》這份珍貴的文本。

　　本書在寫作期間,曾獲得教育部「人文及社會科學博士論文改寫專書計畫」獎助(我必須澄清本書和博論是兩本完全不同的著作,正如致謝辭開頭所言),書中第五章「明末清初山東士人的家政經營——丁耀亢《家政須知》析論」,改寫自〈明清士人的家庭生活與「治生」活動〉(科技部博士後研究結案報告,2011 年 1 月 -2011 年 7 月),書中與婦女史相關的部分,改寫自〈明清的「賢妻」傳記及其書寫意涵〉(科技部博士後研究結案報告,2009 年 8 月 -2010 年 7 月),在此一併致謝。

　　最後,願將本書獻給我的家人,感激他們在這段過程中的充份體諒和充分支持。

周敘琪

2022 年元月於萬隆

第一章
序論

　　在一般人的印象中，「家政學」是西方傳入的學科，多數人對家政的刻板印象就是烹飪和縫補，約略等同於主婦的家務勞動，這種家政性別化的看法，實有別於傳統歷史脈絡中「家政」的知識內容與實踐。關於治家議題的研究，過去歷史學者多聚焦在倫理訓誡和家訓體裁，針對「家政」作論者甚少；然而史料並非缺乏，有一些重要的史料也還未受到史學界應有的重視，如明末丁耀亢（1599-1669）《家政須知》等，實具有重要價值。本書嘗試新猷，從「家政」作為 "home economics"（「家庭經濟」）入手，探討明清家政作品強調產業經營增殖的重要性，明代中期以後隨著社會經濟體制的轉變，治生產業已成為「家政」的重要項目，凸顯出一種「重治生」的新價值觀發展。

　　從現代家政性別化的關懷出發，回過頭探尋明清時期與「家政」相關的歷史概念，不僅有助於建立新的研究座標，以為日後探討現代「家政學」的基礎；在經過百年的社會劇變，家庭正面臨轉型和解構之際，重新審視中國傳統此一「家」與「經濟」交涉的議題，也可以釐清我們對於家政的理解和誤解，增加許多新的知識和新的啟發，並提供我們在當代西方性別勞動理論之外，一種不同角度的思考。

一、家政研究：「家」與「經濟」的跨領域對話

　　自古以來，「家政」一詞廣泛存在於與治家議題相關的文獻內容中，約分為四類：「家訓」、「家禮」、「家政」、「女訓」，各自具有不同

的學術特徵。[1]「家訓」重在倫理訓誡,代表著作如北齊顏之推(531- 約597)的《顏氏家訓》、北宋包拯(999-1062)的家訓、司馬光(1019-1086)的《家範》等;[2]「家禮」討論禮儀節文,以南宋《朱子家禮》對後世的影響最為廣泛深刻;[3]「女訓」重在訓誡婦女,女訓之作歷代不絕,明代著名作品如徐氏(1362-1407)《內訓》、王劉氏《女範捷錄》、呂坤(1536-1618)《閨範》等。[4]此三者在中國具有淵遠流長的傳統,到明末以前已各自出現重要的經典著作、累積了非常豐碩的文獻資料,至今依然為學界的重要主題。

　　而「家政」是家事、家務,明清與家政相關的重要內容包含:1. 家庭產業的經管增殖,2. 維持家庭人倫秩序(將規範、權威依性別、長幼和尊卑作不均等的分配),3. 一般日常生活事物的料理。從「家」的生存實態來看,經濟生產是家庭事務的核心,產業的消亡足以導致家的衰落而難以維持其運作,因此主政者(通常是男性家長)最重要的就是掌

1　對於治家知識的分類及其定義,見王士俊(1683-1750),《閑家編》(臺南:莊嚴文化出版社,1996,影清雍正 12 年養拙堂刻本),收入《四庫全書存目叢書》,子部,冊 158。祁承㸁(1563-1628)撰《澹生堂藏書目》、雍正《浙江通志》〈藝文志〉也有相似的分類,相關討論參見本書第六章第二節。

2　有明一代家訓著作的總數量,據趙振《中國歷代家訓文獻敘錄》及附錄「歷代家訓專著存目一覽表」、「歷代亡佚家訓一覽表」所列,扣除族規、宗約等訓誡族人之著作,至少超過 150 餘種。趙振,《中國歷代家訓文獻敘錄》(濟南:齊魯書社,2014)。

3　明清以後的家禮續作大抵沿襲《朱子家禮》規矩,以「家禮」、「四禮」為名者甚夥,根據伊佩霞(Patricia Ebrey)對明清各種簡明版《家禮》的統計,便高達近70 種。Patricia Buckley Ebrey, *Confucianism and Family Rituals in Imperial China: A Social History of Writing about Rites* (Princeton, N.J.: Princeton University Press, 1991), pp. 231-235. 王志躍彙整前人的研究成果,將明代家禮書增加到 150 餘種。王志躍,〈明代家禮文獻考辨〉,《圖書館理論與實踐》,2014 年 4 期(銀川,2014.4),頁 64-67。

4　李慶勇統計明代女訓書有 20 餘種。〈明代女教書著述研究〉,《洛陽師範學院學報》,2014 年 1 期(洛陽,2014.1),頁 71-73。然據筆者考訂,該文的統計尚有許多疏漏之處。

管家裡的經濟權。[5] 顯示「家政」以側重執行家務，特別是關於產業經營增殖的知識技藝，與注重倫理訓誡的「家訓」區分開來。

　　明清家政作品強調治生產業的重要性，在研究主題上與經濟史、治家議題相互交涉，其研究理論與研究方法卻又有所不同。首先，「經營地主」為本書極重要的分析對象，然而，我們卻不能將家政作品對「經營」思想的探討等同於經濟史的「經營地主」研究。這是因為就家政學原理而言，它是以探討經濟生產和家庭秩序為核心，全然不同於經濟史學者以計量法來研究經營效益問題。家政作品所定義的「家」是基於生產和消費所組成的共同體，在家務勞動的組織運作過程中也充分彰顯家父長的權威與支配，其權能包括掌握家庭財產、支配財物使用及指揮全體家庭成員來從事經濟生產活動，透過貫徹家庭事務的實際執行，鞏固父尊子卑、夫主妻從的人倫秩序。在知識內容上，家政作品是一種包含農學、倫理學、教育學、食物加工、衛生之法（養生）‧醫療藥方的複合體，並不以農業知識為限。[6] 再就家庭發展的風險控管來看，家政作

5　王士俊，〈家政序〉和〈諸產〉，《閑家編》，卷5，頁1a-b、1a。近代學者論及「家政」者，如滋賀秀三從社會習慣法指出，管理家務的人最重要的就是掌管家裡的錢袋（經濟權）。滋賀秀三，《中國家族法の原理》（東京都：創文社，1967），頁293-295。仁井田陞指出：（家族共同團體的事務）中國自古以來稱為「家事」、「家務」又或「家政」，但是文獻中「家事」、「家務」的用例各半，而且稱「家政」多用於指日常以外的一般家務，乃至包括兩者的家族共同團體的事務總體。即「家政」包含一般日常生活事務，特別是管理家庭經濟生產活動。仁井田陞，《中國の農村家族》（東京都：東京大學出版會，1952），頁245-255。伊佩霞借助人類學者的理論，指出中國自古以來治生產業就是家長治家的重點之一。Patricia Buckley Ebrey, trans., *Family and Property in Sung China: Yüan Ts'ai's Precepts for Social Life* (Princeton, N.J.: Princeton University Press, 1984), pp. 30-51, 121-155.

6　如《沈氏農書》「家常日用」為記載農家日常食物加工、保存法的專章；丁宜曾《農圃便覽》「治食有法」羅列了羊肉、豬內臟、魚、雞鴨鵝的相關處理和烹調法，及各種鑑別瓜、果、野菜是否有毒性和腐敗的訣竅。夏日中暑乃農家常見之病症，丁宜曾用了許多篇幅來詳細解說各種不同中暑情況的救治法和藥飲。丁宜曾，《農圃便覽》（上海：上海古籍出版社，1995影清乾隆21年丁氏強善齋刻本），「歲」，頁11b-13b。「夏」，頁1b-3b。收入《續修四庫全書》，子部，農家類，冊976。

品建構出一套家庭經濟的生產模式，藉由這種「經營」思想的規律性實踐，保持家庭處於最優勢地位，在科舉不順時以耕輔讀，而功名得意時亦可以讀兼耕。

　　過去經濟史學者對「經營地主」的研究十分豐富，綜合性的名作如趙岡、陳鍾毅合著《中國土地制度史》中談〈歷史上的經營地主〉；方行〈農民經濟篇〉；魏金玉〈地主經濟編：雇工經營〉等等。[7]

　　區域性研究多聚焦於江南地區，其中《補農書》二卷本相關的研究成果尤其豐富。如1950年古島和雄於《歷史學研究》發表的〈明末長江デルタ地帶における地主經營－沈氏農書を中心として－〉，及1952年《東洋文化研究所紀要》的〈補農書の成立とその基盤〉；[8] 1958年陳恆力以《補農書》為研究對象，對當時農業生產力進行深入考察，析論過去的農業生產規模和生產技術，凸顯該書所反映當時的經營性質及其所具有農史研究的學術價值。[9]外籍學者Evelyn Sakaida Rawski（羅友枝）更推崇《補農書》的重要價值，讓學者能藉此揭開17世紀江南小農經濟生產的實況。[10]之後對於該書的經營效益（生產性質、雇工工資、成本利潤等）問題的研究，更是不勝枚舉，顯示農業商品化是江南三角洲地區產業發展的主要趨勢。[11]稍晚安徽桐城張英的《恆產瑣言》，

7　趙岡、陳鍾毅，《中國土地制度史》（臺北：聯經出版社，1982），第六章〈歷史上的經營地主〉，頁259-323。和《中國經濟制度史論》（臺北：聯經出版社，1981），第二章〈經營地主〉，頁91-135。魏金玉，〈地主經濟編：雇工經營〉；方行，〈農民經濟篇〉；以上兩文收入方行，經君健，魏金玉主編，《中國經濟通史・清代經濟卷》（北京：經濟日報出版社，2000）下冊，頁1853-1907、1911-2192。
8　古島和雄，〈明末長江デルタ地帶における地主將營－沈氏農書を中心として－〉、〈補農書の成立とその基盤〉和〈あとがき〉，《中國近代社會史研究》（東京都：研文出版，1982），頁307-367、iii。
9　陳恒力，《補農書研究》（北京：中華書局，1958）。
10　Evelyn Sakakida Rawski, *Agricultural Change and the Peasant Economy of South China* (Combridge: Harvard University Press, 1972), p. 54.
11　足立啟二，〈明末清初の一農業経営：「沈氏農書」の再評価〉，《史林》，第61卷第1號（京都市，1978.1），頁40-69。伊原弘介，〈明末清初「紳士」の土地經

同樣是強調以土地投資作為產業經營增殖的重要性，與江南地區的地主經營方式也有所差異。如岸本美緒便曾指出，桐城縣因交通不便與江南三角洲地帶產業性質大不相同，在清初農產品市場收縮時所採取的自衛對策也不一樣。[12]

在山東經營地主的部分，則有羅崙、景甦合著的《清代山東經營地主底社會性質》和《清代山東經營地主經濟研究》，[13] 不過，這兩本書探討的經營地主已經遲至 19 世紀，與本書重要分析對象的文本生產年代（17 世紀），時間上相去較遠。

其次，學者們已經注意到經營地主中，城居地主（不在地地主、客商）與鄉居地主（在地地主）的不同，如北村敬直率先指出明末清初是鄉居地主向城居地主演進的關鍵時期；[14] 之後小山正明通過「鄉居地主」轉變為「城居地主」的土地構造變動現象，論述了明代前期的糧長層到

營以張履祥為例〉，收入南開大學歷史系編，《明清史國際學術討論會論文集》（天津：天津人民出版社，1982），頁 567-574。李伯重，〈明清時期江南水稻生產集約程度的提高——明清江南農業經濟發展特點探討之一〉，《中國農史》，1984 年1 期（南京，1984.4），頁 24-37。以及〈"桑爭稻田"與明清江南農業生產集約程度的提高——明清江南農業經濟發展特點探討之二〉，《中國農史》，1985 年 1 期（南京，1985.4），頁 1-11。鄭志章，〈明清江南農業僱工經營的利潤問題〉，收入洪煥椿、羅崙編，《長江三角洲地區社會經濟史研究》（南京：南京大學出版社，1989），頁 50-67。也有學者分析《補農書》中所見的地主經營特徵，認為支配家庭農場經營方向的最高原則，是謀求家庭經濟的最高保障，不一定是追求最高利潤。Chin Shin, *Peasant Economy and Rural Society in the Lake Tai Area, 1368-1840* (Berkeley: University of California, 1981), pp. 184-196. 由於研究論文眾多，在此不一一列舉，關於《補農書》研究的回顧與討論，可參見唐立宗，〈明清之際江南地區農業生產及其利潤——《補農書》研究史的檢討〉，《史原》，第 21 期（臺北：1999.2），頁 41-85。

12　岸本美緒，〈「恆產瑣言」について〉，《東洋學報》，第 57 卷第 1、2 號（東京都，1976.1），頁 171-200。該文亦收入氏著，《清代中國の物價と經濟變動》（東京都：研文出版，1997），第十章。

13　景甦、羅崙，《清代山東經營地主底社會性質》（山東：山東人民出版社，1959）；和《清代山東經營地主經濟研究》（山東：齊魯書社，1985）。

14　北村敬直，《清代社会経済史研究》（京都市：朋友書店，1981），頁 18-49。

明末以後轉變為鄉紳層的地方社會支配層的交替；[15] 濱島敦俊則注意到城居地主兼營客商的現象。[16]

　　整體而言，經濟史學者對「經營地主」的研究，主要是從中國土地制度史或市場經濟的脈絡來觀察經營地主，採用計量方法（家庭帳簿是其主要研究資料），目標在藉由資本與土地的邊際報償的研究（如土地產權、勞動效益的估算、雇傭勞動工資、家庭收支消費等），來探尋傳統中國經濟體制的特性及其前進的動力（與西方相對照）。分析策略上是以弄清經營地主經濟的（以及社會的）性質，作為了解它的經營方式與技術方法所由變化的基礎，如陳恆力提出明末清初的農業生產方式的性質正處於封建社會的末期，[17] 而羅崙、景甦則稱中國經濟前進的動力為清代的農業資本主義萌芽，[18] 趙岡、陳鍾毅將之作為重新檢視「封建地主制」的利器。[19] 另一方面，這種「經營地主」模式對於農業生產史料的編輯與出版也有深刻的影響。如 1950 年著名農學家王毓瑚將楊屾（1687-1785）《知本提綱》「修業章」中講述治生產業的部分，摘錄出來和其他農書合併重新出版；1957 年童一中將《胡氏治家略》卷 1「月令

15　小山正明，《明清社会経済史研究》（東京都：東京大學出版會，1992），〈明末清初の大土地所有──とくに江南デルタ地 を中心にして〉，頁 255-285。以及〈明代の糧長について─とくに前半期の江南デルタ地 を中心にして─〉，《東洋史研究》，27 卷 4 號（東京都，1969.3），頁 24-68。

16　濱島敦俊著，吳大昕譯，〈明代中後期江南士大夫的鄉居和城居──從「民望」到「鄉紳」〉，《明代研究》，第 11 期（臺北，2008.12），頁 59-94。濱島敦俊以其先前關於江南鄉紳地主的研究，以及家訓、書簡和日記等資料，考察了明末地主兼營客商的現象。濱島敦俊，〈土地開發與客商活動─明代中期江南地主之投資活動〉，《中央研究院第二屆國際漢學會議論文集（明清與近代史組）》（臺北：中央研究院，1989），頁 101-122。及〈明末江南鄉紳的家庭經濟──關於南潯鎮莊氏的家規〉，《明史研究》，第 2 期（臺北，1992.12），頁 83-92。

17　陳恒力，〈自序〉，《補農書研究》，頁 2-3。

18　羅崙、景甦，〈前言〉，《清代山東經營地主經濟研究》，頁 1-5。

19　趙岡、陳鍾毅《中國土地制度史》，第五章〈農業經營方式之比較〉，頁 243-258。〈序〉，《中國經濟制度史論》，頁 1-2。以及趙岡，〈緒論〉，《中國傳統農村的地權分配》（臺北：聯經出版社，2005），頁 1-8。

事宜」、卷3「植樹」、「蠶織」、「畜牧」及卷7「備荒」教導家人治生諸節，輯為《胡氏治家略農事編》。[20]

在研究方法上，經濟史所採用的計量法可以明確透過收支來計算生產效益，不過，從家政的風險控管來看，基於以家業經營增殖輔助子弟讀書科舉的根本原則，家長更注意安全、穩定甚或道德的層面（在量化的生產效益之外），而且這種經濟生產（生活方式）和家庭秩序是密不可分的。

此前學界未曾就「家政」的角度重視這些家政作品，經濟史學者的相關研究成果，有助於提供我們區域性地主經營意識之差異的知識指引。但經濟史研究的主題和計量方法與家政研究有所不同，本書對家政文本的討論背後有其主題與目標，故筆者考慮這些項目來進行闡述，分就家政的「經營」思想（包括區域特色、多種經營、生產型態[21]、家庭自衛策略等）和家庭秩序（妻妾、奴僕的管理）兩大部分，來探討這些不同經濟地區生產的家政作品所見生存策略的異同。我們可以將經濟史研究和家政勞動的對應情況用下列圖示說明。

表 1-1

主　題	經濟史	家政勞動
社會關係	生產關係（階級分化）	家父長支配
社會領域	家庭外部之公領域	家內私領域
探討問題	計量方法（經濟效益）	生存策略（耕讀理想）
歷史形態	國家、市場	同居共財之婚姻家庭
統治原理	市場原理（資本主義萌芽）	父權體制
社會理論	馬克思理論	女性主義（詳下）

20　王毓瑚，《秦晉農言》（北京：中華書局，1957）。胡煒著，童一中節錄，《胡氏治家略農事編》（北京：中華書局，1958）。

21　生產型態的差異除了過去經濟史學者所提出城居出租地主和鄉居經營地主的區分之外，也包括國民經濟對於產業的三級劃分，第一級產業主要販賣原料，第二級產業則是原料加工業，第三級產業主要為物流、運銷等服務業。

　　此外，近年來大陸學者對基層士人的論著不少，包括治生方式（側
重在生員賑濟和職業問題）、社會交往、地方教化、鄉里貢獻等等，[22] 主
要是延續過去學界對「鄉紳論」的關懷，將研究對象向下延伸到基層士
人，考察其在國家—社會格局中的複雜定位，與本書所探討的「家政」
在主題、目標上皆有所不同。

　　在治家議題的研究部分，早期論者多著重在「家訓」中所蘊含儒家
倫理的實踐與士人對教化宗族的努力。[23] 近二十餘年來陸續有學者從不

22　如陳寶良對於生員經濟狀況進行了詳細的討論評估。參見陳寶良〈明代生員層的
　　經濟特權及其貧困化〉，《中國社會經濟史研究》，2002 年 2 期（廈門，2002.6），
　　頁 57-64；和《明代儒學生員與地方社會》（北京：中國社會科學出版社，2005）。
　　張建明，〈饑荒與斯文：清代荒政中的生員賑濟〉，《武漢大學學報》（人文社會
　　科學版），2006 年 1 期（武漢，2006.2），頁 47-55。和袁昌曲，〈明清時期生員
　　賑濟原因之探析〉，《重慶工商大學學報》（社會科學版），2009 年 5 期（重慶，
　　2009.10），頁 97-100，兩文審視生員群體膨脹和貧困化的現象。趙園討論了明清
　　之際遺民謀生的種種方式和考量，見趙園，《明清之際士大夫研究》（北京：北京
　　大學出版社，1999），頁 331-338。劉曉東發表了一系列對下層士人異業治生的論
　　文：〈晚明士人生計與士風〉，《東北師範大學學報》（哲學社會科學版），2001 年 1
　　期（長春，2001.2），頁 17-22；〈明代士人本業治生論——兼論明代士人之經濟人
　　格〉，《史學集刊》，2001 年 3 期（吉林，2001.7），頁 70-75；〈「地位相悖」與「身
　　分懸浮」——生存狀態視角下的明代士人社會芻議〉，《社會科學戰線》，2003 年
　　2 期（吉林，2003.2），頁 97-102；〈論明代士人的「異業治生」〉，《史學月刊》，
　　2007 年 8 期（開封，2007.8），頁 96-102；《明代士人生存狀態研究》（吉林：吉林
　　文史出版社，2002）。方志遠、黃瑞卿，〈再論明代中後期士人棄學經商之風〉，
　　《江西師範大學學報》，1993 年 1 期（南昌，1993.1），頁 69-78。在江南和南方
　　地區以外，有孫競昊，〈經營地方——明清之際的濟寧仕紳社會〉，《歷史研究》，
　　2011 年 3 期（北京，2011.6），頁 91-111。張燁，《明清時期山東基層士人研究》
　　（上海：上海人民出版社，2015），頁 5-11。
23　例如 Hui-chen Liu Wang, *The Traditional Chinese Clan Rules* (Locust Valley, N.Y.:
　　Published for the Association for Asian Studies by J. J. Augustin,1959), p. 28。劉王惠
　　箴在本書中使用的資料，是以哥倫比亞大學藏 1912-1936 年間刊刻的族譜為主。
　　她在另一篇文章〈中國族規的分析：儒家理論的實行〉，使用了這批資料探討士人
　　對教化宗族的努力。收入 David S. Nivison 等著，孫隆基譯述，《儒家思想的實踐》
　　（臺北：臺灣商務印書館，1980），頁 71-119。又參見間野潛龍，〈明代の家規につ
　　いて〉，《東方學》，第 8 輯（東京都，1954.6），頁 83-93。

同的角度探究，或由法制史的角度探勘家族規範與明清律令之關係；[24]
或由文本內容析論家庭的經濟倫理或齊家規範；[25] 或由虛構的小說文本
發掘家訓之勸懲功能等等。[26] 這些研究取徑呈現家訓的不同面向，豐富
了我們對治家議題的了解，但整體上並未脫離以儒家倫理立論的大方
向。在此一研究熱潮之下，學者對於家訓類文獻的資料出版和輯錄整理
亦相當豐富。[27] 此外，側重科第數量、經術文學、敦睦宗族等的家族史
研究，以及探討「家禮」與祖先祭祀、祭田組織，宗族組織的形成發
展，或者宗族結構功能與社會變遷等方方面面的明清宗族研究，長期以
來深受學界關注，相關論著的出版汗牛充棟，亦已成為專業領域。

　　本書是針對「家政」作貫時性、區域性考察的歷史學著作，與上述
家族史（或宗族史）的研究模式和研究方法，截然不同。現在提起「家
政學」（Home Economics），人們頭腦中就會浮現 20 世紀 60 年代女孩
們在課堂上忙著縫紉和烹煮的刻板印象，若從語彙及其內涵的歷史發展
加以考察，可以發現近代以前存在另一種家政概念，源自古典希臘時

24　胡國台，〈家譜所載家族規範與清代律令——以錢糧、刑名與社會秩序為例〉，收
　　入聯合報文化基金會學文獻館主編，《第六屆亞洲族譜學術研討會會議記錄》（臺
　　北：聯經出版社，1993），頁 267-312。
25　例如宋光宇，〈試論明清家訓所蘊含的成就評價與經濟倫理〉，《思與言》，第 7 卷
　　第 1 期（臺北，1989.6），頁 195-213。尤雅姿，〈由歷代家訓檢視傳統士人家庭之
　　經濟生活模式〉，《思與言》，第 36 卷第 3 期（臺北，1998.9），頁 1-59。另，岸本
　　美緒的舊作則從家訓來看士人的家業經營與社會經濟環境之關係。氏著，《清代中
　　國の物価と経済変動》。近期著作如鍾艷攸，〈明清家訓族規之研究〉（臺北：師範
　　大學博士論文，2002），第五章〈明清家訓族規中的家政規範〉，頁 269-441。
26　黃衛總，〈小說與家訓：清代長篇小說《歧路燈》的勸懲邏輯〉，《清華學報》，第
　　30 卷第 1 期（臺北，2000.3），頁 67-91。討論家訓體裁和倫理訓誡的總合之作，
　　參見鍾艷攸，〈明清的家訓族規之研究〉。
27　多賀秋五郎，《宗譜の研究》「資料篇」（東京：財團法人東洋文庫，1960），二、
　　宗族の族人教化に關する資料—家訓・家範等；三、宗族の族人統制に關する資
　　料—家規・宗約等，頁 597-738。亦參見鍾艷攸，〈明清家訓族規之研究〉，第二
　　章，頁 19-146。及氏著，〈明代家訓類文獻簡介〉，《明代研究通訊》，第 2 期（臺
　　北，1999.7），頁 41-67。

代 "oikonomiā"（家的管理）一語，亞里斯多德（Aristotle，前 384- 前
322）在《家政學》中說「家政」是（貴族階層）男性管理家庭之學，
乃是善用智能處理家中事務，一方面使支出減少，一方面求財產增加，
目標在於家業的維持，由此界定「家」為生產或增殖，以滿足消費的使
用價值之共同體。[28] 此一觀點對日後歐洲哲學的發展有著決定性影響，
故自古以來在西方家政與經濟是分不開的，諸多權威學者皆對此議題提
出過重要的見解。

　　盧梭（Jean-Jacques Rousseau，1712-1778）在 1750 年《論政治經
濟學》中開宗明義說：「個別的家之經濟的概念，與規模更大的政治經
濟和國民經濟的意義，已明確地區別開來。」[29] 即 18 世紀後隨著西歐貴
族制社會結構的崩解，Economics 的概念不再是家政，而是轉化為指稱
政治經濟或國民經濟的研究。而馬克思（Karl Marx，1818-1883）繼承
亞里斯多德的家政術中以物易物，以及某些物品作為特殊交換的商品流
通等概念，同時又從價值概念的界定，進一步指出人的勞動作為商品
的本質，即「抽象人的勞動→價值」，展開對資本和經濟的討論，建構
資本主義與共產革命的重要理論基點。[30] 又如韋伯（Max Weber，1864-
1920）從家共同體的解體和轉變，論述家政概念的歷史變化，他在《經
濟行動與社會團體》這本鉅著中清楚地指出：「西歐特有的資本主義的
營利事業已成為一種持續不息的『經營』，並且是獨立於其他事項的一
種『職業』，因此傳統社會原先被視為理所當然的家計、工廠與營業的
一體性，終歸崩解。這種喪失生產機能，只留下消費機能的家，乃是狹

28　亞里斯多德，《家政學》，收入苗力田主編，《亞里士多德全集》（北京：中國人民
　　出版社，1997），第 9 卷，頁 289-329。

29　Jean-Jacques Rousseau, Discours sur l'économie politique, Présentation par Barbara de
　　Negroni, *Discours sur l'économie politique et autres texts* (Paris: GF-Flammarion, 2012),
　　p. 57.

30　馬克思，《資本論》（臺北：時報出版社，1990），特別是第一篇「商品和貨幣」的
　　部分。

義的家庭。」[31] 之後奧地利著名的史學家 Otto Brunner（1898-1982）汲取韋伯的家共同體概念，將之引入歷史研究，透過 16 到 18 世紀德意志語圈中常見的「家（父）書」（Hausväterliteratur），特別是奧地利小貴族 Wolf Helmhard von Hohberg（1612-1688）的著作，來挖掘「家政」的歷史，指出近世家政學的核心包含了生產和消費的功能，由此規範家內人際關係，確立家父長支配的生活秩序。[32]

上述關於西方家政概念之歷史變化的研究和詮釋，顯示近代以前的「家政」是（貴族階層）男性管理家庭之學，目標在於家業的維持；以訓練專業主婦為目標的性別化家政學則是現代女子教育制度的產物，資本主義發達後僅餘消費機能的「家」，乃家庭主婦勞動的場所（無償的家務勞動）。如果從家父長支配到家內婦女的勞動，是家政概念史轉變的前提，那麼，我們應當注意考察家務勞動中的性別、階級與身分問題。關於這部分，傅柯（Michel Foucault，1926-1984）的家政學研究和女性主義關於「家事勞動」的理論給予了我們莫大的啟發。

傅柯在〈家政學〉中說：「家政學是一門探討（經濟）生活方式和倫理秩序（管理妻子和奴隸）的學問。」[33] 他關注家政運作過程中微觀權力的問題，如男性家長在管理家政時如何規範和實踐，婦女在家務勞動中扮演什麼角色？其中便包含了知識和權力的相互作用。在實際施行細節上，夫和妻雖各自有其責任和管理範圍，但這種規範並不是二分的，不是某種權力必然歸誰，夫和妻之間的關係毋寧是更加複雜而相互糾纏的。換言之，日常生活中的家政實踐是一種動態的過程，包括內外界線和工作範圍。

另一方面，女性主義學者指出「市場」與「家庭」是兩個並存的

---

31 韋伯著，康樂、簡惠美譯，《經濟行動與社會團體》（臺北：遠流出版社，1999），頁 305。

32 Otto Brunner, *Land and Lordship: Structures of Governance in Medieval Austria* (Philadeiphia: University of Pennsylvania press, 1992).

33 Michel Foucault, *Histoire de la Sexualité 2* (Paris: Gallimard, 2008, 1984), pp. 169-183.

社會領域，其間具有辯證關係——兩者雖是相互對立，卻也偶有相互調
合、補足的作用。對女性解放者而言，馬克思主義以階級來解析差別待
遇與壓迫的結構，的確極具分析力，然而「市場」所及的範圍，卻也
成為馬克斯理論的界限，忽略了在「市場」之外，還有市場原理所不及
的「家庭」之私領域。在家庭的再生產制度中，人被納入各種與再生產
相關的權利義務中，沒有單純的個人，而是成為夫／妻，父／母，親／
子，子／女等角色。這樣的角色分配，是一種用性別與輩分將規範、權
威做不均等分配的權力關係，女性主義者稱之為「家父長制」（或「父
權體制」）。[34]

　　這些探索西方家政學與家務勞動的重要論著蘊含一種理論的力量，
對中國治家議題的研究具有反照的作用，有助於從另一個角度梳理中國
傳統歷史中的家政，這是過去研究者較少關注的部分。其次，這些論著
含有新觀點和新方法，對於非西方社會的歷史研究者也有很好的啟發。
如 Otto Brunner 將家共同體的概念結合西方歷史演變的實際內容，提
供了一個絕佳的人文社會學科的跨領域應用範例，該書對於「家（父）
書」這種兼具農書和訓誡特點的史料的檢討、反省很值得借鏡，有別於

---

34 關於女性主義學者對馬克斯理論的批判、以及闡述「家務勞動」的研究論著非
　常豐富，如 Annette Kuhn and AnnMarie Wolpe edited., *Feminism and materialism: women and modes of production* (London: Routledge, 1978). Susan Himmelweit and Simon Mohun, "Domestic labour and capital," *Cambridge Journal of Economics*, 1:1 (March 1977), pp. 15-31. Susan Himmelweit, "The Real Dualism of Sex and Class," *Review of Radical Political Economics*, 16:1 (March 1987), pp. 167-183. Christine Delphy, Diana Leonard trans, "A Materialist Feminism Is Possible," *Feminist Review*, 4 (1980), pp. 79-105. Christine Delphy, Diana Leonard trans, *Close to Home: A Materialist Analysis of Women's Oppression* (London: Hutchinson, 1984). Ivan Illich, Shadow Work (London: Marion Boyer, 1982). Mary MacLeod and Esther Saraga," Abuse of Trust," *Marxism today*, Aug.1987, pp. 10-13. Mariarosa Dalla Costa and Selma James edited., *The Power of Women and the Subversion of the Community* (Bristol: Falling Wall Press, 1975). 在此不一一列舉。關於此一論題系統性討論的中文專書，請參見上野千鶴子著，劉靜貞、洪金珠譯，《父權體制與資本主義：馬克思主義之女性主義》（臺北：時報出版公司，1997）。

過去多將「家（父）書」視為農書的觀點。傅柯從家政的實踐，說明家庭、親屬、產業經營等人類的知識或技術，如何透過日常生活勞動的每一環節，對人們進行規訓的工作。女性主義學者將「市場」與「家庭」分題並論，深刻闡述兩者生產關係的歧異，提醒我們家務勞動不能視為是「自然」分工，[35] 它正是父權體制的物質基礎，其重要性有待我們進一步加以分析。

目前歷史學界關於「家政」"home economics" 的討論多是民國史的著作，[36] 明清時期的討論不多。從家務勞動出發，將經濟史與家庭史結

---

35 馬克思把男與女的性別分工，視為是基於男、女身體差異的「自然」分工，因此他也將性與生殖，以及家庭視為「自然過程」。事實上現代女性主義學者提醒我們，肉體差異與性別分工不能畫上等號，男女肉體的「不一樣」是經由社會文化的生產和建構，最後使得「不一樣」具有層級性，並成為男女不同勞動方式的立論基礎（典型代表例子就是性別分工）。

36 民國史關於「home economics」的討論，主要從現代女子教育（學科史）和科學新知譯介兩方面著手，前者的重要著作如舒海瀾（Helen Schneider）以 1920 年以後代燕京大學、金陵女子大學、華南女子大學等高等院校家政系的設立，系統論述了美國方面對中國女子高等教育發展的影響。Helen Schneider, *Keeping the Nation's House: Domestic Management and the Making of Modern China* (Vancouver: UBC Press, 2011). 亦參見王惠姬，〈廿世紀前期留美女生與中國家政學的發展（1910s-1930s）〉，《中正歷史學刊》，第 8 期（嘉義縣，2006.3），頁 3-66。實藤惠秀提到晚清女學校就有不少的日本教習，將日本女子教育制度（包含家事課程）移到中國女學校。實藤惠秀著，譚汝謙、林啟彥譯，《中國人留學日本史》（香港：香港中文大學出版社，1982），頁 42-45。謝長法、周一川則指出晚清民初留日女學生，也以入下田歌子（著名的家事教育專家）創建的實踐女學校居多。謝長法，〈清末的留日女學生〉，《近代史研究》，1995 年 2 期（北京，1995.3），頁 272-279。周一川，《近代中國女性日本留學史》（北京：社會科學文獻出版社，2007），頁 1-25。關於民國初年家政知識注重衛生科學的特色，參見周敘琪，《一九一〇～一九二〇年代都會「新婦女」生活風貌——以《婦女雜誌》為分析實例》（臺北：國立臺灣大學出版委員會，1996），頁 76-94、204-221。游鑑明，〈《婦女雜誌》（1915-1931）對近代家政知識的建構：以衣食住為例〉，收於走向近代編輯小組編，《走向近代：國史發展與區域動向》（臺北：東華書局，2004），頁 233-251。關於女子月經衛生、懷孕護理和養育子女的討論，參見周春燕，《女體與國族：強國強種與近代中國的婦女衛生（1895-1949）》（臺北：國立政治大學歷史學系，2010）。上述舒海瀾的書中討論家政學的發展，也指出現代主婦的任務除

合來進行跨領域的研究，此一新的主題與研究方法的嘗試，不但可以釐清現實社會生存中「家」的運作管理及其經營型態，把握住治生最務實的一面，將生產活動所具有的經濟價值及其家庭成員的管理，與所對應的社會文化理念相對照。這一方面回應了學界以往對明清社會經濟體制轉變的關注，讓「耕讀」傳家的哲學理想，得以從經濟生產和日用生活的角度重新被檢視，更細緻地被討論，呈現家長在面對不同自然環境、經濟條件、生產關係下的動態實踐；也能在過去學者偏重於倫理訓誡與家訓體裁的靜態描述之外，突出明清轉型過程中家政經營重點變化的不同圖象，重新認識傳統歷史脈絡中的「家」與「家政」。

二、「治生」作為家政經營重點

　　「重治生」作為一種新價值觀的發展，在過去二十餘年的經濟思想史研究中受到矚目，不少權威學者都曾做過相關論證。特別是如余英時分析晚明以降「士商相雜」局面反映明清以來深受禪宗、新儒家、道教影響的「治生論」，以及林麗月、卜正民（Timothy Brook）對晚明經濟思想史相關問題所做種種相關論證，都是學界極負盛名的論著。那麼，本書的核心主張：明清家政作品凸顯一種「重治生」的新價值觀，有何新穎之處呢？這個問題與本書（及主要研究對象）為何以「家政」為名密切相關，可從主題、目標和研究方法三方面來加以說明。

了操持家務、養育兒女和家庭經濟之外，到了 1920、30 年代，隨著中國資產階級的形成，還增加了情緒管理和布置家庭等重要項目。近年來筆者在上述兩種研究取徑之外，嘗試從傳統與現代的辯證，來探索 20 世紀初「家政」概念之變動（近代「家政」概念有其變與不變，在家政性別化的轉變之外，對於性別角色和知識權力之間的關係，也有其一貫的脈絡可循），有別於過去從全球化角度將家政學視為西方移植（無論新學科或科學知識）的觀點。周敘琪，〈清末民初家事經濟論述的建構與實踐〉，《臺大東亞文化研究》，第 2 期（臺北，2014.6），頁 103-136。以及〈家庭經濟與現代主婦：邵飄萍譯介《實用一家經濟法》析論〉，《近代中國婦女史研究》，第 29 期（臺北，2017.6），頁 1-50。

余英時《中國近世宗教倫理與商人精神》一書，所關懷的主題是儒學如何因應明清社會經濟的變化而產生新的看法，其中關於「治生」論的探討，一是指出明清士人對個體之「私」和「欲」的肯定，是儒家倫理的一種最新發展，此一見解與溝口雄三《中國前近代思想の屈折と展開》所論不謀而合，中文學界的經學史研究者在義理學轉變的大框架下，亦將「治生」論的新發展作為其轉變特徵之一。[37] 二是從「士商」文化的交融，進一步推衍士人文化對於商業經營的影響。[38] 然就史料性質上來看，這兩個層次頗有跳躍矛盾之處，如陳確（1604-1677）〈學者以治生為本論〉一文，為余英時據以論斷儒者重視個人經濟條件的核心資料，但陳確的原意中治生計僅限定於從事農業生產，反對經商逐利以敗壞人心，可以說余氏討論的商人倫理，本非明清士人講「治生」的核心命題（甚至是反命題）；而這些重治生的士人，透過著書立訓、教子孫以家庭產業經營增殖的實際行動，卻不在思想史學者討論的「人欲」與「私」新發展的考察對象之中。例如與陳確同屬浙西士人群體的張履祥（1611-1674），曾編著《補農書》二卷（即《沈氏農書》和張履祥自撰《補農書》的合訂本），作為實踐「耕讀」的指導用書，陳確和張履祥的文集中談論家業經營相關資料不少。

其次，林麗月、卜正民對晚明經濟思想史相關問題所做種種論證，將晚明奢侈風氣視作一種促進消費流通的經濟行為，由此重估明代商業的歷史角色，有別於晚明清初的士人將奢侈視為一種「社會風氣」，在評論時帶有強烈的道德色彩，主張社會的種種道德墮落是商業發展造成

---

37 溝口雄三，《中國前近代思想の屈折と展開》（東京都：東京大學東洋史研究會，1980）。中文學界與此相關、討論明清之際儒學思想變遷的著作非常多，如林聰舜，《明清之際儒家思想的變遷與發展》（臺北：臺灣學生書局，1990）。鄭宗義，《明清儒學轉型探析：從劉蕺山到戴東原》（香港：香港中文大學，2000）。張麗珠，〈清代的義理學轉型與《四書》詮釋：以《論語正義》、《孟子正義》為觀察對象〉，收入黃俊傑編，《東亞儒者的四書詮釋》（臺北：國立臺灣大學出版中心，2005），頁 63-115。此處不一一具引。
38 余英時，《中國近世宗教倫理與商人精神》（臺北：聯經出版社，1987）。

的惡果的觀點。[39] 不過，林麗月也強調倡導「奢易為生」的學者陸楫，「仍是偏重社會特定階層（豪富之家）的大量花費，並未鼓勵個人或家庭『崇奢黜儉』」。[40]

治生產業成為「家政」的重要項目，與明末清初出現的一批家政作品密切相關，其中最為人所熟知的經典著作，如張履祥補輯的《補農書》二卷及張英（1637-1708）《恆產瑣言》，這兩本家政作品在整個清代不斷被摘抄、刊刻及新編，顯見其受到後世人們某種程度的重視和歡迎。其餘還有茅垠（1515-1584）《農桑譜》、[41] 丁耀亢《家政須知》、蒲松齡（1640-1715）《家政外編》和《家政內編》、王士俊（1683-1750）《閑家編・家政》、楊屾（1687-1785）《知本提綱・修業章》、《修齊直指》及《豳風廣義》、丁宜曾（1707-1773）《農圃便覽》、王文清（1696-1787）的家訓《治生要術》、胡煒（1712-1796）《治家略》（又名《胡氏治

39　Timothy Brook, *The Confusions of Pleasure: Commerce and Culture in Ming China* (Berkeley: University of California Press, 1998). 林麗月，〈晚明「崇奢」思想隅論〉，《歷史學報》，第 19 期（臺北，1991.6），頁 215-234。以及〈陸楫（1515-1552）崇奢思想再探——兼論近年明清經濟思想史研究的幾個問題〉，《新史學》，第 5 卷第 1 期（臺北，1994.3），頁 131-153。兩文經改寫收錄於林麗月，《奢儉・本末・出處：明清社會的秩序心態》（臺北：新文豐出版社，2014），第二、三章。類似的消費經濟觀點也見巫仁恕，《品味奢華：晚明的消費社會與士大夫》（臺北：中央研究院・聯經出版公司，2007）。

40　林麗月，〈陸楫（1515-1552）崇奢思想再探——兼論近年明清經濟思想史研究的幾個問題〉，頁 140。

41　茅垠，《農桑譜》，載同治《湖州府志》（同治 13 年刊本），卷 58〈藝文略三〉，頁 30b。清初張履祥曾聽聞茅氏農業技術高超的大名去借閱農書，從而抄錄茅氏《農書》的副本，兩者時間相差約百年。考明清文獻中記載茅氏家族所寫作的《農書》僅有茅垠《農桑譜》六卷，懷疑張履祥所稱的茅氏《農書》與茅垠的《農桑譜》可能是同一本書。且當時士人常將內容討論農業生產的書籍稱為《農書》，也就是說《農書》未必是真正的書名，如丁宜曾在《農圃便覽》序言中引述丁耀亢《家政須知》，便習慣性稱該書為「農書」，不直接寫出書名。張履祥，〈與姚四夏〉，《楊園先生全集》（北京：中華書局，2002），上，卷 12，頁 356。相關討論參見本書第四章。

家略》)「農事編」、楊秀元（生存於嘉慶、道光年間）《農言著實》[42] 等等（以下稱為家政書）。

　　這些家政書植基於家長數十年持家的實際經驗，書中所設定的「家」的範圍，就是他們平時管理的二三代同堂的家人，這些人共有一些產業，因此著書立說教導家人共同經營。它們大多體系清明、讓人一目了然，立基於農業科技，「經營」思想自成體系，全然不同於一般家訓文本談產業經營的簡單、零碎。可以說家政書作為一種歷史研究的資料，特別是有關於家庭經濟研究的價值是相當顯著的，因為它包含了家庭經濟研究的兩種核心要素：家與經濟生產的實踐記錄。在農業生產十分發達的江南、華北，甚或西北等地區，從長期持家經驗中生產出來的家政書，提供了極為豐富的文本材料。

　　本書從「家政」作為 "home economics" 的角度，析論明清家政書強調治生產業的重要性，因為它們正是家長著書立訓，來探討經濟生產，及與此相關的家庭秩序（家長掌握經濟大權以指揮全體家庭成員共同協作）為主題的作品。這些家政書本為官宦富室大型家計的生產實踐記錄，故多在序、跋和內文中提到是為「家政」或治生產業而作，或者書名直接以「家政」命題。內容講述男性家長如何善用智能以減少支出、擴大家業，進而連結到農業科技與市場經濟、勞力管理的統籌，建構出一套家庭經濟的生產模式，藉由這種「經營」思想的規律性實踐，將家庭組織延續到未來，其中所展現的生存心態，正是本書欲探討的問題。至於家業龐大者，其中涉及產業的經營、增殖，乃至於商業利益的

42　《農言著實》約成於 1821-1850 年間。蒲松齡（1640-1715）《家政外編》和《家政內編》，都是正在編輯中的書稿，最後並未完成。依據兩書的序文來看，主要是從內外之別來講述家務相關知識，外編討論男性如何管理農業生產，內編則是婦女操持家務的技藝（飲饌食譜），旁及一些文化用品的製作（「柳絮之堂，閨房解賦」）。其他以「家政」為題討論家務經營者，如蒲立德（蒲松齡的長孫，生存於清乾隆年間）撰有《家政匯編》，目前僅存書目，載於《淄川縣志》中。參見蒲松齡，《蒲松齡全集》（上海：學林出版社，1998），頁 2233、2277、3445。

追求，自非一般家庭可以比擬，更不同於貧士之家汲汲於衣食的追求。

　　所謂「重治生」的新價值觀發展，即這些家政書強調產業經營增殖，內容呈現出以農業科技充實士人「耕讀」理想之特色（傳統儒家文化所標榜的「耕讀」，著重在一種田園意趣和人格志節，並不真正重視產業經營，陶淵明的歸耕守志為歷代士人所津津樂道，實際情形卻是「種豆南山下，草盛豆苗稀」）。相較之下，宋元時期著名治家文本中所談到的家庭經濟問題，主要側重在儉德、「制用」，很少談到財富累積，產業的經營增殖。另一方面，也指明清社會轉型時，士人之家在社會主流的重科舉之外，亦關注產業經營增殖對家庭生存競爭的重要性。茲將上述各家所論「重治生」的要點列成一表如下，以便參閱。

表 1-2

	重治生	主題	對照組
余英時	1. 對個體之私、欲的肯定	儒學史	與宋儒以「治生」妨學、輕視商人的觀念相比較。
	2. 士人文化對商業的影響	經濟思想史	
林麗月、卜正民的著作	奢易為生	經濟思想史	從現代將奢侈視為一種消費現象，改變晚明清初士人將奢侈視為一種社會風尚的觀點。
本書	1. 產業經營增殖 2. 農業科技對士人「耕讀」理想的充實	家庭經濟論（治家議題）	與宋元時期側重儉德、「制用」的家庭經濟論述，及社會上重視科舉的價值觀相比較。

　　在詞彙的使用上，本書以「家政」"home economics" 為題來展開討論，而不用「治生」一詞，乍看之下後者似乎更合乎明清史的情境，然細思其語義及用法，兩者仍有相當程度的不同。就知識意涵而言，在中國傳統社會裡「家政」是士大夫的用語，一般農民普遍不稱家政而稱家務、家計。此與士人的文化身分與社會實踐有相當密切的關係，如張履祥、張英用諸侯三寶「土地、政事、人民」比喻家政管理；或者丁耀亢

用「家國一理」來論述家政（見張履祥《補農書》「總論」、張英《恆產瑣言》、丁耀亢〈家政須知敘〉）。而「治生」側重於積聚錢財（包含不同行業），我們不能將士人的家政經營簡單地化約為經營生計、來加以單獨看待，它本身就是控管家庭生存風險及家庭秩序的重要部分，即在治事之外，更重要的是管理眾人。另一方面，「家政」一詞的使用也跟產業規模的大小攸關，明清家政書的知識內容表明其為官宦富室的大型家計，小農生產可以用「治生」，卻不能稱為「家政」。再就現有的研究成果而言，晚明以後的士人「治生」已有許多研究，主要討論士人的職業問題（因迫於生計流入各行各業），本書的主題「家政」要討論的不是職業問題，而是家業經營和家父長支配的問題。又或者如余英時、林麗月等人對「重治生」的研究，皆側重於商業發展，與明清家政書以農為本的家業經營有著本質上的不同。

三、從控制家用到產業經營增殖

宋元時期家庭經濟論述受到禮治思想的深刻影響，主要側重在儉德、「居家制用」的部分，很少談及產業經營增殖的問題，而理學家強調「理」、「欲」衝突，更形成「以治生為俗累」的士林風尚。如北宋大政治家司馬光（1019-1086）的治家思想主要希望透過行禮以凸顯長幼尊卑、強化人倫綱紀，穩固家族制度，這些理念具體展現在他所編撰的《家範》、《居家雜儀》等書中。在禮治架構之下，他很自然地便將節儉、控制家用作為家庭經濟首要論述的重點，因為管理家計是為了家庭的生存所需，而不是為了財富的擴展。當時對於如何控制家用以實踐儉樸生活的系統論述主要見於陸九韶（1128-1205，著名理學家陸九淵的兄長）的〈居家制用〉和倪思（？-1220）的〈歲計〉、〈月計〉。〈居家制用〉主張將年總收入分為十分，用七留三，可餘不可盡。〈歲計〉、〈月計〉則要求子孫做到年、月、日的家庭用費計算。

又如，葉夢得（1077-1148）《石林治生家訓》主張在道德可容許的

範圍內進行「治生」活動，不過書中對「治生」的討論多是一些原則性的訓誡，並未就家庭產業的實際經營管理加以闡述。

另一位南宋的理學大儒朱熹（1130-1200）認為日常生活中的人倫關係是成德的重要場域，強調「天理」、「人欲」不容並立，人要進行存善去惡、變惡為善的思想道德修養，就必須以道德意識克服違背道德原則的過分追求私欲。[43] 因此，他的家訓集中在探討父子、兄弟、夫妻之間倫理道德關係，但完全沒有提到家庭財富的問題，從而避開了產業經營所帶來的道德質疑。

此外，對治生產業談得最多的應是南宋官員袁采（？-1195）編纂的《袁氏世範》「治家」，該書從人情公義的角度，對權貴勢豪之家兼併土地的現象提出勸誡和警告，要小心激起民怨和階級對抗，以致傾家覆亡，強調買賣田產必須公允交易。[44] 至於義門式家族，如著名的元代浦江鄭氏的家範，則側重在實行絕對平均主義的分配方式，以和睦族人，消弭紛爭。

晚明以後產業經營增殖論興起之意義，恰因其與宋元時期禮治架構下重視「制用」、甚或朱熹等「以治生為俗累」的觀點處於對立面。此一「重治生」的新價值觀發展，涉及到職業、階級、私我等不同層面的問題，始於明代中晚期以來經營地主發展生產、累積財富的治生觀點，繼而為士人階層所接受、挪用，而有關於「經營」思想、「耕讀」生活以及士之道德人格保存的一系列新命題的提出，最終導致宋儒治家論述中一項思維框架——「居家制用」、「以治生為俗累」的變化與重構。

就作者的出身背景而言，這種強調產業經營增殖的家政書，原是

43　雖然朱熹並不一概排斥或否定人的自然欲望，但他的整體思想傾向是強調把個人欲望盡可能減低，以服從社會的道德規範。參見陳來，《宋明理學》（臺北：洪葉文化，1994），頁 159-161。張君勱，《新儒家思想史》（北京：中國人民大學出版社，2006），頁 169-170。

44　Patricia Buckley Ebrey, trans., *Family and Property in Sung China: Yuan Ts'ai's Precepts for Social Life* (Princeton, NJ: Princeton University Press, 1984).

農業技術家族的實際生產經驗記錄，如《農桑譜》作者茅民出身於湖州府歸安縣茅氏家族，該家族在 16 到 17 世紀之間以「治生有法」聞名於世，鄰鄉漣川沈氏（《農書》作者）同樣以農業科技發展生產而廣為人知。這類經營地主關注管理生產，在長期的生產實踐中總結為一套經營之「法」，從而發家致富、改換門庭，屢屢見諸當時的文獻記載。它不僅是這些農業技術家族「指揮一方」的社會基業，也是賴以輔助子弟「由庶入士」、向上流動的主要憑藉。相較而言，宋元時期家庭經濟論述的文本多為聞名全國的官宦世家或理學大儒所做，側重於禮治的儒家理念，因此對於治家的看法自然與上述「草澤之人」相去甚遠。

這些「草澤之人」的持家心得，本應隨著時間的遷移而淹沒（實際上《沈氏農書》作者資料的佚失和《農桑譜》等書的失傳，就是一個最好的證明），蓋因傳統中國社會的知識傳播、書籍流通與士人階層密切相關。今日我們能夠看到《沈氏農書》全本，除了該書本身體系完備、立意精詳為藏書家所蒐羅之外，更重要的是，張履祥將之作為耕讀指導手冊，又將十餘年的躬身實踐心得，續成《補農書》，不遺餘力向親朋好友、門人大力推廣，在浙西士人群體中形成一股耕讀風潮。從沈氏的《農書》到張履祥輯補《補農書》二卷，此一改造工程使得《沈氏農書》產生新的意義，從農業起家、新興富民階層的持家之訓，過渡成為士人儒者的耕讀範本。

那麼，這種產業經營增殖之學如何可以得到士人階層的認同，並將之作為耕讀範本呢？對於像張履祥這樣的下層士人來說，明清政權更迭固然加速了其治生以立身的迫切性，然總體而言，士的貧困化是一種大趨勢，因為自宋元到明清時期，士的社會地位和經濟身分已然發生劇烈的變化，科舉競爭激烈使得多數學子出仕無望，造成大量滯留於底層的下層士人。明代中葉以後治生在士階層中已成為一嚴重問題，在社會形勢的驅使之下，遂有士風尚利之流弊，士之道德人格的保存亦是岌岌可危，於是，怎樣合理地因應治生、財富問題，同時保有士之獨立人格，遂成為儒者們重要的思考問題。

　　同樣重要的是，在城市商業高度發展的地區，財富成為一種劃分社會等級的新標準，在這種功利社會中，作為「無成」或「尚未成」的士人因生計問題倍感困窘，而新興富民憑借其治生之學累積財富，向上流動，對仕紳階層造成滲透，使得財富與菁英家庭之間的關係日益複雜，家庭地位與未來之發展的種種不確定性，日益升高。另一方面，儒者也從實際持家經驗中，體悟到治生產業對家庭發展的重要性，家務勞動卻在科舉社會中卻被賦予較低的價值，由此修正過去「以治生為俗累」的觀點，強調「理」在「氣」中，對「私」和「人欲」產生新的理解，與此相關的「治生」問題也有了不同的看法。

　　此外，19 世紀中葉以前，儘管商業和手工業已有所發展，但農業一直是中國最重要的經濟部門，即使高度商業化的江南也是如此。對於士人之家而言，將農事經營作為治生產業的主要方式，還包括了投資田土是最有利的家庭經濟生產方式（相對於商業的高風險和離鄉背井之苦）、身分考量等等原因。

　　上述各種跡象顯示，士的貧困化和商品經濟的蓬勃發展，把家庭的生存發展與治生產業之間的各種複雜情況進一步擴大、並尖銳地凸顯出來。從時代的進程來觀察「耕讀」傳家的理念，第一個主要變化發生在明代晚期以後。傳統士大夫所言「躬耕」並不在於親自參與田間勞動的沾體塗足，而更像一種觀賞田園之樂，此與家政書所反映明末士人親自參與農事經營、規劃農業生產內容，並將之作為支撐家庭經濟的主要收入的情況，截然不同。17 世紀農業商品化已成為時代潮流，陶淵明式清苦的耕讀生活不再是道德優越的象徵，家業日落更可能是一種「失德」，注重家政經營的士人認為，家長在一定程度上要管理生產，不可「安享地利」，是以關於農業經營規模、農作順序、播種量、飼育家畜、勞動力、經營效益等，在家政書中多有詳細的記述。

　　入清以後，產業經營增殖論由農業技術家族和下層士人，再擴大其影響力到官僚世家、學者官員和蒙學教育等不同層面，是第二個主要的變化。當時在《補農書》、《家政須知》等下層士人寫作的家政書之外，

稍晚有康熙朝禮部尚書張英的《恆產瑣言》出現，同樣是強調以土地投資作為產業經營增殖的重要性，因久在官場與上述經營地主的持家經驗不同，故「經營」理念亦有所差異。另一位雍正名臣王士俊依據知識的效用，將舊有的治家知識分為「家訓」、「家禮」、「家政」、「女訓」四類，反映出治家知識分化的歷史趨勢，其中「家政」的核心事務為產業經營，因為「家」不能無藉於產，故以之為首務。到了18世紀，「講學」模式的家政教育的出現尤其重要，士人對產業經營之學的研究，也從過去挪用農業技術家族的文本，到自己潛心創發一套天人符應的治生產業之法，將農學納入蒙學教育的基本內容。

在時間方面，這個「重治生」的新發展出現在16世紀中期以後的明代，其後一直有所延續，到了20世紀初西方新學科輸入，家政知識內容始有巨幅的轉變。本書處理的家政歷史主要是19世紀中葉以前的部分，並聚焦在明末到清中葉的這個時段，主要的考量是：家政書的產生、對後世影響深遠的幾本家政經典、「居家日用類書」的出版流行都出現在這一時段，至18世紀「講學」模式家政教育形成了具規模的研究，在此一家政知識發展、實踐及流通、傳佈的過程中，彼此保有一致性，為中國傳統社會文化的產物。19世紀末、20世紀初西方「家政學」輸入中國，新學科和新名詞重新界定了「家政」的內涵；[45] 另一方面，「家庭經濟」也成為民初男性知識分子新家庭論述的重要組成部分，理想的主婦是家內之人，能使用經濟學原理和現代新學科來支配家庭經濟和整理家務，以建立現代化的家庭。[46] 可以說，20世紀初以後「家」與「經濟」的交涉，已不同於傳統「家」與家庭經濟論述，需要另外處

<hr>

[45] "home economics" 在清末民初有各種不同的翻譯，較常見的如「家事經濟」，也作「家庭經濟」，或譯作「家政」，另有家政用財學等不同名稱。北京圖書館編，《民國時期總書目：1911-1949‧經濟》（北京：書目文獻出版社，1993），「家庭經濟學」，頁50。張石朋，〈家政用財學〉，《半星期報》，第3、4、5、7、8、11、12、13、14、17、18期（廣州，1908）。

[46] 周敘琪，〈家庭經濟與現代主婦：邵飄萍譯介《實用一家經濟法》析論〉。

理，以免重點分散。

扣緊上述問題，本書除了第一章序論之外，第二章梳理宋元時期家庭經濟論述重儉德、制用的特色，藉以和強調治生產業的明清家庭經濟論述作比較，凸顯家政經營重點的轉移，並考察此一產業經營增殖論從新興富民階層中生產出來的背景。至於「重治生」觀點的普及與流行，主要有賴於士人階層的接受和挪用，故第三章接著說明這種「重治生」觀點興起的社會文化背景，旁及「重治生」與「居家日用類書」的出版、流通。在理解整體社會經濟、思想文化之變遷與明清家政論的交錯關係後，我們才能更清楚的理解明清時期「重治生」的新價值發展之時代意義。

本書的第四章到第六章，一方面是順著歷史時間軸來說明治生產業論的發展和擴大，另一方面是從區域性的角度，以幾本重要的家政書來實地分析其「經營」思想的特色。這些個案包含清人普遍熟悉的兩本家政經典——張履祥《補農書》二卷和張英《恆產瑣言》，反映南方因商業化程度高低不同，所產生不同地主意識及其經營型態。此外，還有代表華北移墾社會、以經營才能著稱的丁耀亢《家政須知》，在西北邊境地區具有廣泛影響力的楊屾《知本提綱》、《修齊直指》和《豳風廣義》等。

士人既因經濟生活之需而與經營地主的產業經營增殖論有所共鳴，那麼，他在現實生活中的躬身實踐也必然經歷了兩者之間的磨合，第四章透過張履祥補輯《沈氏農書》，及其十餘年來躬身實踐之心得所撰成的《補農書》的比對，我們可以清楚看到士人階層透過管理僕人、「經營」思想的研究，來對「草澤之人」的持家心得——《沈氏農書》進行挪用和改造，深刻闡明如何「耕讀」相兼、如何治生等問題，傳統「耕讀」遂由哲學思想向實際生存的意義轉變。若從書籍流通、知識傳播的角度來檢視這份產生於江南地區的家政文本，可以發現《沈氏農書》與《補農書》主要流傳於南方水稻栽培區（未能跨越秦嶺以北），深受農耕制度的地域性限制。

　　第五章將提問的焦點凝聚在明清之際山東諸城仕紳丁耀亢身上。丁耀亢著有《家政須知》，其詩文作品中保存了豐富的經濟生產和生命史的資料，可與《家政須知》相互印證，考察其家政觀的轉移與成書動機，相對於大多數家政書這方面的資料十分稀少或已佚失，此一個案材料的豐富多樣實屬難得。丁耀亢的家庭經濟活動反映出明末清初華北經營地主的多樣性生產，這種多元的莊園經營生產進而連結到農業、手工業和商業中的供應、銷售和運送等，此一經營型態的成功，促使其田宅規模一度大增。然在明清易代的世變之下，山東諸城縣仕紳丁耀亢的家族和產業數度遭受嚴重的打擊，終有晚年《家政須知》之創作，強調家政的重點不僅止於教子孫讀科舉，守成之道還應在於家父長將農業生產與商業經營結合的家政管理。丁耀亢《家政須知》的研究不僅有助於了解江南以外華北移墾社會家政知識的發展特色及其實踐，也可從中看出明清鼎革對於士人「家」之理念的衝擊。

　　第六章探討清帝國統治穩定以後的家庭經濟論述，藉以檢視明清之際轉折後的發展。清代家政論述已經多元化，在前述新的經營地主的家政論之外，還出現了像張英這樣的大官僚、以收租地主為主要論述對象的《恆產瑣言》。同時，在重視產業經營的社會潮流及清代前期倡導家庭價值之下，部分官員學者如王士俊《閑家編》，蒐集舊有的治家知識，以「家訓」、「家禮」、「家政」、「壼教」為提綱，明確將家事、家務作為〈家政〉篇的知識內容，首之以「諸產」，於是「家政」一詞的語義與家庭經濟日益接近。到了18世紀，中國第一次出現了大規模「講學」模式的家政教育，陝西楊屾的耕讀講學團體，其組織方式不再依託於不定期、不定點的文人結社為媒介，而代之以制度化的設館教學形式，向庶民大眾廣為傳播，較之過去囿於一家一地之產業經營，所產生的效應更為廣泛，其思想內涵又更趨於成熟。

　　最後第七章綜合上述作出結論。

第二章
近世家庭經濟重點的轉移

　　中國傳統「家」做為一個生產和控制資源的家計，早見於相關文獻中的記載，《易經‧家人》象辭說：「富家，大吉。」顯示家之為「家」背後需要產業的支撐。經典論述中隱含「家」是一個經濟單位，且財富對於家庭生存乃不可或缺，但它並不鼓勵人們追求利益。著名的〈孟子‧梁惠王〉篇說：「王曰：『叟！不遠千里而來，亦將有以利吾國乎？』孟子對曰：『王何必曰利？亦有仁義而已矣。』王曰：『何以利吾國？』大夫曰：『何以利吾家？』士庶人曰：『何以利吾身？』上下交相利，而國危矣。」這種義利之間的緊張性成為後世主家政者所必需面對的難題，故「治生」向來與道德是分不開關係的，形成士人「以言利為深恥，以治生為俗累」的傳統觀念。

　　16世紀以後，中國的經濟發展達到另一個高峰，較諸宋代所帶來的社會和文化上的變化更為劇烈。經濟的迅速發展不僅帶來人口大幅度的成長，城鄉之間的聯繫日益增加，商品經濟隨著水路交通的發達向鄉村地區輻射性擴散，將農業生產者捲入市場貿易的價格波動風險中。經濟成長使得城鄉之間的社會階層化日益明顯，從中衍生的財富不均、階級對立，社會變得不安、分化，且競爭激烈。

　　這一波社會經濟的高度發展，對於家庭經濟論述產生怎樣的影響？若說晚明以後產業經營增殖論的興起，有別於過去側重在節儉與制用的家庭經濟論述，凸顯家政經營重點的轉移，那它又是如何形成、內容的主要特色是什麼？另一方面，這種新價值觀與晚明以來歷史轉型、「社會流動」的增長及家庭面對日益激烈的社會競爭有何關係？

　　基於上述提問，以下先就宋元時期的治家與經濟論述，作一扼要梳理，次述明代中晚期以後新的經營地主及其產業經營增殖論的出現，以闡明 16 世紀以後經濟發展、社會轉型與產業經營增殖論出現之間交錯複雜的關係。

一、宋元時期禮治架構下的家庭經濟論述

（一）宋代家庭教育的重點：以禮治家

　　宋元時期仕宦之家的家訓內容重在禮治、教化家人，著名的代表人物司馬光（1019-1086）認為國君若能「以禮治國」，百姓「以禮治家」，如此家可齊，國可治。[1] 這些政治理念具體地展現在他所編撰的《家範》、《居家雜儀》等書中，對於宋代及後世家訓的發展影響深遠，故以之作為討論的起點。

　　北宋大政治家司馬光，字君實，號迂叟，山西運城夏縣涑水鄉人，世稱涑水先生。他編撰《家範》的主要目的在提供子孫一套治家之法，卷首本於《大學》所言「欲治其國者，先齊其家」之理，採集經史兼及

1　任繼愈指出，儒家禮治的理論在司馬光的思想中根深蒂固，任繼愈主編，《中國哲學史》（北京：人民出版社，1996），第 3 冊，頁 200-204。此一觀點也見諸後來學者們對於司馬光家訓的研究，參見陳延斌，〈論司馬光的家訓及其教化特色〉，《南京師大學報（社會科學版）》，2001 年 4 期（南京，2001.7），頁 24-29。王立軍，〈試論司馬光禮學思想的基本特徵〉，《唐都學刊》，2001 年 3 期（河南，2001.7），頁 47-50。楊建宏，〈略論司馬光的禮學思想與實踐〉，《長沙大學學報》，2005 年 1 期（湖南，2005.7），頁 50-53。周愚文，〈司馬光的家訓內涵及其對宋代家族教育的影響〉，《師大學報：教育類》，50 卷 2 期（臺北，2005.10），頁 1-12。李宏勇、孔令慧，〈淺析司馬光家訓中的治家思想〉，《運城學院學報》，2008 年 4 期（山西，2008.7），頁 33-35、42。盧仁淑（중앙대학），〈司馬光『家範』의 禮學 특성에 대한 연구〉，《儒教思想研究》，第 42 輯（韓國，2010.12），頁 81-106。張凱作，〈論司馬光的禮治思想〉，《中國經學》，2019 年 1 期（北京，2019.5），頁 57-68。宋文杰，〈宗經與從俗：論司馬光家禮的創制原則——以司馬光《書儀》為研究中心〉，《文教資料》，2020 年 7 期（河南，2020.5），頁 78-80。

子書中聖人「正家」之語，及後世「卿士以至匹夫，亦有家行隆美可為人法者」，雜以作者自己的分析、議論，從而編成《家範》，以示家人。又說：「夫治家莫如禮。」可見「正家」講的就是儒家的禮治觀念，即每個人各自有他的社會角色，須知道自己在家庭裡所處的地位，依其名分做好該做的事，不要越位，不要做不屬於自己職能範圍內的事。而其中「男女之別，禮之大節也，故治家者必以為先」。全書分為治家、祖、父母、子、女、孫、伯叔父、侄、兄弟、姑、姊妹、夫、妻、舅甥、婦、妾、乳母等，共十卷，19 篇。

　　卷 1〈治家〉篇，司馬光引述史傳中的故事，揭示君義臣行、父慈子孝、兄愛弟敬、夫和妻柔、姑慈婦聽的道理，以建立五倫的關係。卷 2〈祖〉篇，司馬光指出為人祖者應當學習聖賢，遺留給子孫德、禮、廉、儉，告誡人們道德教育比「廣營生計」更能造福子孫。卷 3〈父〉、〈母〉篇，司馬光引述史傳中為父、為母之道，佐以周大任之娠文王、孟母三遷等數十位賢母教子的典範供人效法。卷 4〈子上〉、卷 5〈子下〉摘錄《孝經》、《禮記》等有關孝道的論述，提出孝道的標準，並引用老萊子、曾子、郭巨等人的故事，具體說明孝道在生活中的實踐。卷 6〈女〉、〈孫〉、〈伯叔父〉、〈侄〉等篇，摘錄儒家經典中對於這些不同輩分、不同身分的人各自應遵守的道德規範和行為準則，其中不乏對婦女守貞的讚揚。卷 7〈兄〉、〈弟〉、〈姑姊妹〉、〈夫〉中援引儒家經典和名人故事，闡述兄友弟恭、姊妹和睦、夫和妻順等道理。卷 8〈妻上〉、卷 9〈妻下〉以大量篇幅講述為妻之道，羅列了 40 多位「節婦」、「賢妻」的事蹟，大力倡導孝敬公婆、順從丈夫、勤儉持家、教育子女、和睦妯娌等行為價值，與前篇〈夫〉之簡略，極不相襯。最後 1卷〈舅甥〉、〈舅姑〉、〈婦〉、〈妾〉、〈乳母〉5 篇，涉及其他家庭成員的人際關係的處理，以及妻妾之間的尊卑次序、正偏之道。

　　全書節目備具，簡明扼要，切於實用，自成書以來，深受當時世家大族的推崇，援引為治家、教子的範本，之後家訓作者亦有不少引述其中的名篇佳句，以為立論的根據或佐證，到了明清時期更反覆被翻刻、

重印，[2] 在民間廣為流傳，被視為家庭必備之教育課本。後世對它的評價甚高，《四庫全書總目提要》將之與朱子《小學》相提並論，又稱「似較《小學》更切於日用」。

司馬光的另一本《居家雜儀》（又稱《涑水家儀》），篇幅短小，僅 21 則。專論家庭日常儀節規範，對不同身分的家庭成員都有相應的準則規定，亦為當世士大夫所仿效，南宋朱熹把它的全文收錄在自己所著的《家禮》第 1 卷中，並說：「此章本在昏禮之後，今按此乃居家平日之事，所以正倫理篤恩愛者，其本皆在於此。必能行此，然後其儀章度數有可觀焉。不然則儀文雖具而本實無取，君子所不貴也。故亦列於首篇，使覽者知所先焉。」隨著朱熹《家禮》的流通該書得到廣泛傳播。到了明清時期，《居家必用事類全集・乙集》、張履祥《楊園先生全集》、《性理大中》卷 14 皆收錄有全文，可見其對社會大眾影響力之深遠。[3] 要言之，司馬光的治家思想主要希望透過行禮以凸顯長幼尊卑、強化人倫綱紀，穩固家族制度；並藉由家規的制定，維護家族的生存與發展。

相較而言，北宋理學的代表人物張載（1020-1077）對於「修齊治平」理想的闡述，與司馬光有很大的不同。他在《西銘》首句說：「乾稱父，坤稱母；予茲藐焉，乃混然中處。故天地之塞，吾其體；天地之帥，吾其性。民吾同胞，物吾與也。」[4] 乾坤即「天道」，天道為萬物的根源，此一思想來自於《易傳》，《易傳》講乾卦和坤卦就是天道的內容，故以乾坤代表天道。稱天道為父母是一種比喻，從天到人不是一個

2　現存司馬光《家範》的主要版本有明萬曆 24 年西吳沈氏忠恕堂刻本，天啟 6 年刻本，清《四庫全書》本，《留餘草堂叢書》本，清朱軾評點本，收入《烏石山房文庫》「朱文端公藏書」11。本書使用《文津閣四庫全書》收錄的《家範》版本（北京：商務印書館，2008 影中國國家圖書館藏本），收入《文津閣四庫全書》，子部，儒家類，冊 697。關於司馬光《家範》版本的整理，可參考張芝芳，〈司馬光《家範》版本、成書考〉，《參花》，2018 年 17 期（吉林，2018.9），頁 107-109。

3　《居家雜儀》常見有《說郛》本，《五種遺規・訓俗遺規》本等。

4　張載，〈西銘〉，《張子全書》（上海：商務印書館，1935），卷 1，頁 1-3。

外在的天、或與人相對立的天，而是天道就在人心裡，天之統帥就是人性，人都有人性，所以萬民就好像我的同胞，萬物都有我參與其中。[5]這種「民胞物與」的思想是儒家和諧價值的世界觀，形而上的道德理想，也是歷來儒家的理想生活型態的代表。不過，此一理想將士人的道德實踐和社會責任，投向「家」以外的寬廣世界，從而降低了真實的家庭生活的重要性。

　　另一位南宋的理學大儒朱熹（1130-1200）側重在「修齊」與成德之關係。他認為家庭人倫是最切身的道德實踐場域，成德的最重要的原則是居敬，居敬包含收斂、謹畏、警省、主一、嚴肅等意義，貫穿從格物致知到治國平天下的所有節目。由此衍生的「天理」與「人欲」乃成為評價歷史人物的地位與價值之標準，因此，朱熹心目中最高的政治理想並非漢唐盛世，而是堯舜統治，朱熹貶低漢高祖與唐太宗的地位與價值，除了認為他們「全體只在利欲上」，只是出於「利欲之私」外，更重要的是，他們沒有絲毫的心性修養和道德實踐的功夫。也正因為如此，堯舜三代成為「公」、「義」、「天理」、「合道」與「盡善」，為天下人服務，大公無私的道統典範。[6]

　　家庭人倫既為成德的重要場域，因此朱熹編纂了《小學》來培養童蒙教育的基礎工夫，藉由生活儀節的實踐，習得明倫之事與敬身之事，使儒家道德的基本原則在日積月累的默化中成為人們的道德品質，以備進入學校教育後，進而誦詩讀書，學習六藝之文，奠定幼學根基，為未來大學成聖教育作準備。從內容架構上來看，除去首卷講教育的重要和方法的〈立教〉篇外，全書的主軸有二：一是對於幼儀事上的重視，如〈明倫〉講父子之親、君臣之義、夫婦之別、長幼之序、朋友之交；

5　關於張載「民胞物與」思想的分析，參見任繼愈主編，《中國哲學史》（北京：人民出版社，1996），第 3 冊，頁 220-223。
6　朱熹，〈答陳同甫〉，《晦庵先生朱文公集》（臺北：光復書局，1959 影明初刊本），卷 36，頁 22a-23a，24a-30b。

二是注重義理之學的學習，如〈敬身〉講恭敬修養功夫。其餘篇卷則為輯錄歷代思想家的言論和行為表現，作為上述要點的補充和說明。可以說，將性理之學與儒家禮治的理想結合在一起，是朱熹童蒙教育內容的特色。《小學》一書對後世童蒙道德教育的影響很大，該書的注釋校勘本主要有明代陳選《小學集註》、清代張伯行《小學集解》。此外，還有清末民初上海廣溢書局版的《朱子小學白話解》和商務印書館《朱子小學節本》。

（二）禮治框架下的家庭經濟論述：儉德與制用

在上述禮治的前提下，宋代的治家論述也談到了家庭經濟相關問題。司馬光對「治生」一事抱持相當的疑慮，對於當時世俗鼓勵治生的作法相當不認同，他認為保家最重要的是人倫秩序的維護調節，而非物質生活。司馬光在《家範》中曾提出家長如何利其子孫的問題，他強調子孫的命運是由其行為、特質所決定，而形塑子孫行為、特質的根源，就是他們從小耳濡目染所受到的身教與言教，與祖上遺留多少資產並無必然相關，所謂「自於數十年中勤身苦體以聚之，而子孫於時歲之間奢靡遊蕩以散之」，甚至遺留的財富愈多反而愈容易有爭奪家產和家庭不和的情形。由此司馬光下了一個結論：重利之家不知有義，最終反累子孫，實屬下下之策。[7] 又舉當朝史事為例證，反覆強調「使其子孫果賢耶，豈蔬糲布褐不能自營，至死於道路乎？若其不賢耶，雖積金滿堂，奚益哉？」[8]

雖然司馬光強調家長治家應重義不重利，然而，他自己的家是個累世同居的複合家庭，調理家庭經濟以滿足家庭成員的基本生活需求，是維持人倫秩序的必要條件，也是家長在處理實際事務時所必須承擔的重

7　司馬光，《家範》，卷 2，頁 1a-b，4a。
8　司馬光，《家範》，卷 2，頁 2a-b。

要職責所在。如〈贈都官郎中司馬君墓誌銘〉中說：

> （司馬氏）累世同居，食口甚眾，父兄以君孝謹，自幼以家事委
> 之。君晝夜服勤，不遺餘力，專以稼穡畜牧致饒給，不事奇袤末
> 業，所獲悉以奉六親，有餘則及鄰人，身無私焉。[9]

輩分和能力是主持家務的兩項重要指標，在這裡傳主因能力卓越，且品
行孝謹，所以父兄將家務全權委託予他。文中強調傳主以農事經營致
富，而不事末業，顯然是出於道德上的考量。

　　到了司馬光的伯父司馬浩當家長的時候，家庭經濟也是治家的重點
之一。如〈贈衛尉少卿司馬府君墓表〉中說：

> 司馬氏累世聚居，食口眾而田園寡，府君竭力營衣食以贍之，均
> 一無私，孀婦孤兒，皆獲其所，凡數十年始終無絲毫怨言。[10]

　　關於此一主題的闡述，司馬光從實際持家經驗的觀點，提出節儉對
於家庭生活運作的重要性，但較少談到財富累積，產業的經營增殖。根
據司馬光的治家觀點，管理家計是為了家庭的生存所需，而不是為了財
富的擴展，因此他很自然而然的便將控制家用作為首要論述的重點。司
馬光認為控制家用首重節儉，透過節儉可以將家庭經濟的重要價值和儒
家道德合為一體，對於培養子弟的道德品質、維持家道門風有極大的助
益；而追求財富容易敗壞人心，導致風俗侈靡，衣冠逾禮，反不利於家
之保存。

　　由於節儉在整個家庭生活中的關鍵作用，但多半是負面教材，故成
為訓誡子弟改變的中心議題。司馬光一生節儉純樸，「平生衣取蔽寒，
食取充腹」，卻也「不敢服垢弊以矯俗於名」。[11]他常常告誡兒子，生活

9　司馬光，《司馬文正公傳家集》（上海：商務印書館，1937），卷77，頁954。

10　司馬光，《司馬文正公傳家集》，卷79，頁982。

11　司馬光，〈訓儉示康〉，《司馬文正公傳家集》，卷67，頁839。

儉樸表面上看來不是經國大事，但實質上是興家繁國之基業，正是這些
道德品質，才能修身、齊家，乃至治國、平天下。為了使兒子認識儉樸
的重要，他寫作了〈訓儉示康〉一文，明確指出：

1. 節儉與道德之關係。司馬光認為儉樸的重要性在於：「由儉入奢
易，由奢入儉難。」告誡兒子這句至理名言是大賢之深謀遠慮，豈庸人
所及哉！因為功名利祿不能常有常存，「家人習奢已久，不能頓儉，必
致失所。」他引用春秋時魯國大夫御孫的話：「儉，德之共也；侈，惡
之大也。」進而對道德和儉約之關係作了辯證與詳盡的解釋：「言有德
者皆由儉來也。夫儉則寡慾。君子寡慾則不役於物，可以直道而行；小
人寡慾則能謹身節用，遠罪豐家。」反之，「侈則多欲。君子多欲則貪
慕富貴，枉道速禍；小人多欲則多求妄用，敗家喪身；是以居官必賄，
居鄉必盜。」

2. 力戒奢侈以齊家。為了教育兒子警惕奢侈的禍害，司馬光常常援
引史事以為鑒戒。他曾對兒子說：西晉時「何曾日食萬錢，至孫以驕溢
傾家」。「石崇以奢靡誇人，卒以此死東市。」近世「寇萊公豪侈冠於一
時，……子孫習其家風，今多窮困」。

3. 反對奢靡陋習。司馬光提到「古人以儉約為美德，今人乃以儉相
詬病。嘻，異哉！」又說：「近歲風俗尤為侈靡，走卒類士服，農夫躡
絲履。……風俗頹敝如是，居位者雖不能禁，忍助之乎！」[12]

至於節儉的具體做法，司馬光主張先建立家長制，由家長慎選管
事，勤於督導，同時注意量入為出（不僅是依據收入來制定家庭支出標
準，也包含一種與身分等級相當的消費觀念）和裁減冗費，才能做到家
有儲蓄以備不時之需的最佳狀態。《居家雜儀》中說：「凡為家長，必謹
守禮法，以御群子弟及家眾，謂朝夕所幹及非常之事。分之以職，授之
以事，而責其成功。利財用之節，量入為出，以稱家之有無，以給上下

12　司馬光，〈訓儉示康〉，頁 839-840。

之衣食及吉凶之費，皆有品節，而莫不均一。裁省冗費，禁止奢侈，常須稍贏餘存，以備不虞。」[13]

另一種對家庭經濟的看法可以葉夢得（1077-1148）為代表。葉夢得原籍蘇州吳縣，居烏程。紹聖四年（1097）登進士第，歷任中書舍人、翰林學士、戶部尚書、江東安撫大使等官職，是北宋末年的重要詞人。葉夢得的治家觀點主要見於兩種家訓：《石林家訓》和《石林治生家訓要略》。《石林家訓》中的許多重要建議都與司馬光十分相近，而以盡忠、保孝、力學做為葉家子孫立身的三大原則。如力學方面，葉夢得便要求子孫「且須先讀書三五卷，正其用心處，然後可以及他事。暮夜見燭亦復然。若遇無事，終日不離案。」[14]

在《石林治生家訓要略》中，葉夢得開宗明義論述了道德可容許範圍內的「治生」活動：

> 人之為人，生而已矣。人不治生，是苦其生也，是拂其生也，何以生為？自古聖賢，以禹治水，稷之播種，臯之明刑，無非以治民生也。民之生急欲治之，豈己之生而不欲治乎？若曰聖賢不治生，而惟以治民之生，是從井可以救人，而摩頂放踵，利天下亦為之矣，非聖賢之概也。[15]

依照上述論述邏輯的發展，治生是生活所必需，故葉夢得也提到儒家中善於治生的代表人物子貢，認為他的道德並不比貧窮的原憲差。

《石林治生家訓要略》中對於「治生」的討論多是一些道德性、原則性的訓誡，並未就家庭經濟的實際生產狀況進行闡述，與晚明以後家政書詳載治生產業之「法」截然不同。例如：勸誡子孫勤以治生，「每日起早，凡生理所當為者，須及時為之，……若有因循，今日姑待明

13　張煥君校點，《司馬氏書儀》（北京：北京大學出版社，2012），卷4，頁31。
14　葉夢得，《石林家訓》（宣統三年葉氏觀古堂刻本），頁5b。
15　葉夢得，《石林治生家訓要略》（宣統三年葉氏觀古堂刻本），頁1b-2a。

日，則費事損業，不覺不知，而家道日耗矣。」又強調「夫儉者，守家第一法也。」凡此大多與時人的見解相類。

第三種看法是陸九韶（1128-1205）和倪思（？-1220）有關控制家用內容的論述。倪思是湖州歸安人，他的〈歲計〉和〈月計〉要求子孫做到年、月、日的家用計算，要子孫居家過日子要儉樸節省，量入為出。[16] 陸九韶是著名南宋理學家陸九淵（1140-1192）的兄長，他跟司馬光一樣來自一個累世同居的複合家庭，陸九淵說：「家素貧，無田業，自先世為藥肆以營生。」[17] 而且，根據他的回憶：「吾家合族而食，每輪差子弟掌庫三年，某適當其職，所學大進。」[18] 可見陸家是藥商出身，陸家子弟也富於管家經驗，從這個角度來看，陸九韶對於控制家用的觀點，更可能是基於社會生活所需而累積的處事經驗，並非是一個哲學問題的解答。

陸九韶在〈居家制用〉這篇文章中，將古代「國君以三十年通計國用」的做法用於闡述私家制用的內容，清楚指出人們必須依照收入來安排家庭消費，致力於在奢、儉之間尋求一種中庸之道，他建議的具體操作方法如下：將年總收入分為十分，用七留三，可餘不可盡，故一年可儲蓄三個月之用，三年可儲蓄一年之用。陸氏的制用之法因簡便易行，故廣受歡迎，在明清文集、「居家日用類書」、家訓類文獻中，均提及或輯錄了梭山居家之法，這種反覆印刷、刊刻的現象，顯示人們的接受程度非常高；張英《聰訓齋語》便說：「生平最喜陸梭山過日治家之法，以為先得我心。」可知其影響之深遠。

16　倪思，《經鉏堂雜志》（瀋陽：遼寧教育出版社，2001），卷7，頁97-98。

17　陸九淵，〈宋故陸公墓志〉，《陸九淵集》（北京：中華書局，1980），卷28，頁322。

18　《陸九淵集》，卷34，頁428。

（三）從人情公義出發的家庭經濟觀點

在儉德與制用的討論之外，袁采（？-1195）從現實社會生活的需要提出自己的看法，認為家庭產業的經營和發展很重要，這是他不同於宋代儒者以道德觀念來看待治生問題之處。袁采是衢州人，孝宗隆興元年（1163）進士，官至監登聞鼓檢院。他的治家論主要見於《袁氏世範》，這是他在淳熙 5 年（1178）任樂清縣令時所作，分為睦親、處己和治家三卷，家庭經濟的討論主要集中在「治家」卷。

《袁氏世範》是廣為人知的一份訓俗文本，首次刊刻於 1179 年袁采任職樂清縣令時，[19] 再版於 1190 年任婺源縣令時。[20] 本書在刊行之初，確實已具有相當影響力。到了元代，《袁氏世範》分別被收入：1.《居家必用事類》：主要使用 1179 年刻本，2.《事林廣記》：以 1190 年刻本節取部分內容編入，文字方面並沒有更動，而在章節方面重新編輯使之更容易閱讀。[21] 明清以後，人們將《袁氏世範》視為家訓來理解和流通，如《四庫全書提要》譽為《顏氏家訓》之亞，許多「居家日用類書」[22]、輯錄家訓的書籍，[23] 都收錄了《袁氏世範》全文或刪節本，不僅刊本繁多且一再翻刻，流傳極廣，尤其受到士大夫家庭的一致好評和高度重視。海外方面，清代時此書在日本越南流行，晚近有日文和英文譯

19　〈跋〉，《袁氏世範》（上海：文明書局，1922 年），收入《寶顏堂秘笈》「彙集」，第 3 冊。

20　〈跋〉，《袁氏世範》（臺北：藝文出版社，1966 年），收入《知不足齋叢書》。

21　參見 Patricia Buckley Ebrey, *Family and property in Sung China: Yüan Ts'ai's Precepts for social life.* 古林森廣，〈南宋の袁采《袁氏世範》について〉，《宋代社會史の研究》（東京：圖書刊行會，1995），頁 62-85。

22　例如：明清時期《居家必用》系列的「居家日用類書」。《居家必用事類》（京都：中文出版社，1984），乙集「家法」中收錄了《袁氏世範》。又如《居家必用事類全集》（上海：上海古籍出版社，2002，影明隆慶 2 年飛來山人刻本），乙集「家法」，收入《續修四庫全書》，「子部」，冊 1184。

23　例如清代陳宏謀的《五種遺規》。

本。[24]

在《袁氏世範·治家》中，袁采敏銳的觀察到宋代整體經濟環境的特點（治家的立論基礎），隨著土地買賣盛行和土地所有權的轉換加速，不僅地主之家升降浮沉、成敗無定，而且整個社會上也出現土地向少數人（兼併之家）集中的趨勢。而土地兼併的原動力主要是經濟條件，至於官宦富家憑藉著政治權勢強取豪占者亦十分常見。書中說：「兼并之家，見有產之家子弟昏愚不肖，及有緩急，多肯將錢強以借與，或始借之時，設酒食以媚悅其意，或既借之後，歷數年不索取，待其息多，又設酒食招誘，使之結轉，並息為本，別更生息，又誘勒其將田產抵還。」[25] 就是對那些奢侈愛揮霍的富家子弟給予借貸，再利用高利貸利滾利的性質，使得富裕地主因此破產。甚至有不仁之家利息極高者，借 1 貫錢，約還兩貫錢，借 1 石米，而收 1 石 8 斗的例子。[26]

同卷還提及收買親鄰田產的特權之人，其中「無人敢買」乃出於買主的政治經濟權勢之外，還有「親」、「鄰」及「典主」等人，為土地兼併者提供了「扼損其價」的方便之門。[27]

又如，書中提到土地兼併的生動例子：

> 蓋人之賣產，或以闕（缺）食，或以負債，或以疾病死亡、婚嫁爭訟，已有百千之費，則鬻百千之產。若買產之家即還其直，雖轉手無留，且可以了其出產欲用之一事。而為富不仁之人，知其欲用之急，則陽距（拒）而陰鉤之，以重扼其價。既成契，則姑還其直之什一二，約以數日而盡償。至數日而問焉，則辭以未

24　西田太一郎譯，《袁氏世範》（大阪：創元社，1941）。Patricia Buckley Ebrey, *Family and Property in Sung China: Yüan Ts'ai's Precepts for Social Life.*

25　《袁氏世範》（北京：北京圖書館出版社，2003 影宋刻本），卷 3「治家」，頁 18b-19a。收入《中華再造善本》，唐宋編，子部，冊 16。

26　《袁氏世範》，卷 3「治家」，頁 18a。

27　《袁氏世範》，卷 3「治家」，頁 17a。

辦。又屢問之，或以數縑授之，或以米穀及他物高估而補償之。
出產之家必大窘乏，所得零微，隨即耗散，向之所擬以辦某事
者，不復辦矣，而往還取索，夫力之費，又居其中。[28]

文中指出在田產所有權轉換過程中，富戶巨室不僅決定了買賣的成敗，
還苛刻地利用各種陰險手段對出產者加以刁難和剝削。

　　依據書中的論述邏輯，富家易於傾覆破蕩的原因，除了上述子孫不
肖之外，還包括奢侈炫富、貧富懸殊、「積惡」甚多和殘虐鄰里等，如
此看來，家庭中負責治生產業的家長，對於家庭、甚至是家族的繁榮興
衰，便負有很大的責任。而從其所出的家庭產業的經營增殖，及與此相
關的公平交易之道德問題，也和家長之經營謀劃、甚至奢侈誇富密切相
關。由於治生產業是整個家庭生活運作的基礎，然多半於道德有礙，故
成為訓誡的主要重點。

　　袁采在書中說：「多蓄之家，盜所覬覦，而其人又多置什物，喜於
矜耀，尤盜之所垂涎也。」[29] 在「防盜宜多端」條則提到：「劫盜有中夜
炬火露刃，排門而入人家者，此尤不可不防。須於諸處往來路口，委人
為耳目，或有異常，則可以先知。仍預置便門，遇有警急，老幼婦女且
從便門走避。又須子弟及僕者，平時常備器械，為禦敵之計。」[30] 這些
說法顯示當時貧富差距懸殊，富家巨室經常成為盜賊劫掠的對象，故須
建置高厚垣牆、周密藩籬和牖壁門關堅牢，招誘丁多之人居之，時時提
防盜賊之入侵。[31] 更重要的是，袁采凸顯道德問題（如「為富不仁」、
「積惡」或「殘虐」），是引起盜賊和民變的關鍵，而非歸諸於社會治安
問題。在「刻剝招盜之由」條中說：

28　《袁氏世範》，卷3「治家」，頁 17b。
29　《袁氏世範》，卷3「治家」，頁 1b-2a。
30　《袁氏世範》，卷3「治家」，頁 2a。
31　《袁氏世範》，卷3「治家」，頁 1a-1b。

> 劫盜雖小人之雄，亦自有識見。如富家平時不刻剝，又能樂施，
> 又能種種方便，當兵火擾攘之際猶得保全，至不忍焚掠污辱者
> 多。盜所快意於劫殺之家，多是積惡之人。富家各宜自省。[32]

另一個生動的例子：

> 有士大夫平時多以官勢殘虐鄉里，一日為仇人刃其家，火其屋
> 宅。鄰里更相戒曰：「若救火，火熄之後，非惟無功，彼更訟我
> 以為盜取他家財物，則獄訟未知了期。若不救火，不過杖一百而
> 已。」鄰居甘受杖而坐視其大廈為灰燼，生生之具無遺。此其平
> 時暴虐之效也。[33]

文中清楚指出這類大土地所有的來源多不依循正當的合法手段而取得，
大抵不乏前述的祕密謀劃，且管理上又多爭趨覓利（高利貸等等），而
這類平日殘虐鄉里的行為，在富家巨室發生變故、受到打擊時，便容易
伴隨民眾落井下石的抗爭之事，一發不可收拾。更甚者，袁采將「報」
視為一種天道命定論，依取得方式是否合乎公平正義，而決定其財富之
存續發展，「彼富家方自竊喜，以為善謀。不知天道好還，有及其身而
獲報者，有不在其身而在其子孫者。富家多不之悟，豈不迷哉！」[34]

　　要言之，袁采對治生的觀點，是在投資土地的基礎上，以追求保
持仕紳身分和社會地位為最高理想。從滿足家庭成員基本需求的角度來
看，「治生」有其正面意義，但不乏權貴勢豪之家利用政治特權或經濟
力量，兼併土地或吞併房舍者，從中衍生階級對抗或激起民怨的各種社
會現象，故袁采勸戒治生產業必須公允交易。這種重視世俗生活的觀

32　《袁氏世範》，卷3「治家」，頁 2a-2b。
33　《袁氏世範》，卷3「治家」，頁 3a。
34　《袁氏世範》，卷3「治家」，頁 17b。關於中國傳統「報」的觀念，參見楊聯陞，
　　〈報—中國社會關係的一個基礎〉，《中國思想與制度論集》（臺北：聯經出版社，
　　1976），頁 349-372。

點，自然而然的將家庭經濟聚焦在與經濟生產密切相關的奴僕管理。書中說：「國家以農為重，蓋以衣食之源在此。若人家耕種，出於佃人之力，可不以佃人為重。」[35] 也就是維持士人階層社會身分的經濟生產活動，不僅在於擁有土地，還必須倚靠佃人為之耕作交租，才能夠支撐家庭日常生活的正常運作。而擁有龐大田土地產的官宦富室，家長分身乏術，倚賴管事奴僕幫忙打理產業，或從事各類經營活動。因此，產業管理的主要重點，就是監督管事奴僕，以及處理和調節租佃關係。

對於這兩類奴僕，袁采主張採取不同的管理策略，第一種在土地上直接從事生產勞動的佃人，應多加關照，以慰其辛勞。「遇其有生育、婚嫁、營造、死亡，當厚周之。耕耘之際，有所假貸，少收其息。水旱之年，察其所虧，早為除減。不可有非理之需，不可非時之役，不可令子弟及幹人私有所擾，不可因其仇者告語增其歲入之租，不可強其稱貸，使厚供息，不可見其自有田園，輒起貪圖之意。」[36] 文中顯示當時地主對佃農的剝削十分普遍（種種「不可」），因此袁采從世俗人情的角度強調對待佃人寬厚，才是家業繁榮的根基。

至於第二種管事奴僕，因主人託付田土，代為經營，從中衍生之貪污舞弊、中飽私囊的機會甚多。袁采認為這類管事奴僕是家庭財富的主要威脅者，且其道德低下，借主人之勢擾亂社會秩序，有待家長的教化和督導，才能成為可用之幫手。「幹人有管庫者，須常謹其簿書，審其見存。幹人有管穀米者，須嚴其簿書，謹其管鑰，兼擇謹畏之人，使之看守。幹人有貸財本興販者，須擇其淳厚，愛惜家累，方可付託。蓋中產之家，日費之計猶難支吾，況受傭於人，其饑寒之計，豈能周足！中人之性，目見可欲，其心必亂，況下愚之人，見酒食聲色之美，安得不動其心！」[37] 因此他告訴家長督察的原則，首重勤和謹，常常「審其見

35　《袁氏世範》，卷3「治家」，頁 12b。
36　《袁氏世範》，卷3「治家」，頁 12b。
37　《袁氏世範》，卷3「治家」，頁 11b-12a。

存」、「謹其管鑰」，並挑選淳厚之人付託，如此方可防止幹人侵欺之累
積擴大，卒至破家。

（四）治生妨學

　　與上述幾種家庭經濟論述相反的則是程氏兄弟與朱熹的看法。前面
提到朱熹對「天理」與「人欲」的看法投射到「治生」問題的討論，主
張「人之一心，天理存，則人欲亡；人欲勝，則天理滅。」即人要進行
存善去惡、變惡為善的思想道德修養，就必須以道德意識克服違背道德
原則的過分追求私欲。雖然朱熹並不一概排斥或否定人的自然欲望，但
他的整體思想傾向是強調把個人欲望盡可能減低，以服從社會的道德規
範，他也沒有把人的正常欲望與「私欲」區分開來，因此經常造成人們
在理解上的混亂。[38] 例如《近思錄》中引程頤與其學生的問答，探討孝
道與兒子奉養雙親的問題：

> 問：家貧親老，應舉求仕，不免有得失之累，何修可以免此？
> 伊川先生曰：此只是志不勝氣。若志勝，自無此累。家貧親老，
> 須用祿仕，然得之不得，為有命。
> 曰：在己固可，為親奈何？
> 曰：為己為親，也只是一事。若不得，其如命何？孔子曰：「不
> 知命，無以為君子。」人苟不知命，見患難必避，遇得喪必動，
> 見利必趨，其何以為君子！[39]

在這裡程朱一派認為在面對名和利時應堅守道德立場，不應放縱自己追
求物質和社會的利益，即使以孝道之名為之。實際上，程朱批評為了科

38　陳來，《宋明理學》（臺北：洪葉文化出版社，1994），頁 159-161。張君勱，《新儒
　　家思想史》（北京：中國人民大學出版社，2006），頁 169-170。
39　朱熹，《近思錄》（臺北：廣文書局，1967），卷 7，頁 10。

舉或求仕而讀書是惑也，對於問學、修舉業，程頤告誡學者要端正其心，盡人事以聽天命，不可急於求成，更不可落於功名利祿之追逐而苟利機巧，舉業是為了成為能治國平天下之人，是安性命而不是為了獲得財富地位。[40]

朱熹並沒有像司馬光那樣對於家庭財務問題的複雜心情，他讚揚不帶利祿之心以應舉，亦不為生活而逐利，他訓誡兒子的話中，就慈、教、孝、友、恭、和、柔諸方面，對父子、兄弟、夫妻之間倫理道德關係做了重要論述，指出每個人在家庭中應盡的道德責任和相應的角色義務，由此建構一幅相親和睦的理想家庭圖像，但完全沒有提到家庭財富的問題。[41] 經典中「齊家」一語，他將之解釋為對家庭成員的完美倫理訓誡，而避開了治生產業所帶來的道德質疑。

整體而言，宋儒的治家論首重人倫秩序的維持，強調施行禮治、教化家人的重要性。在此一前提之下，他們也注意到家庭經濟的問題，特別著重在制用內容、量入為出之外，明確指出「儉」是與身分等級相適應的合理用度，逾此即為「奢」，但較少談到產業的經營增殖。主要的觀點有三：第一種是從實際持家的觀點，提倡節儉和控制家用的重要性，如司馬光和陸九韶、倪思，但我們注意到司馬光對於鼓勵治生這件事是不舒服的，他反覆提到保家的關鍵是人倫，而不是物質。第二種從現實社會生活的需要，提出家庭產業的管理和發展的重要性，如袁采《袁氏世範》。而葉夢得《石林治生家訓要略》則介於第一種和第二種之間，葉夢得肯定治生對於家庭的意義，認為善治生者的道德未必比貧者差，這一點和司馬光已有所不同。但在討論到治生內容時，則相當簡略，遠不及《袁氏世範》詳盡具體。第三種是程朱理學家的看法，這一派繼承儒家義利觀而將「家」視為哲學領域的問題，強調「齊家」的重

40　朱熹，《近思錄》，卷 7，頁 9-10。

41　〈朱文公家訓〉，《紫陽朱氏宗譜》。收入江源主編，《中華姓氏始遷祖世系大典》（北京：線裝書局，2008），第 141 卷，朱氏（19 卷之 4）。

點在於人倫秩序的維持，以消解治生產業所帶來的道德緊張問題。

　　到了元代浦陽鄭氏的治家規範延續了宋儒「齊之以禮法」的看法，並突出「十世同居」、「九世共爨」的特點，「食貨田賦之屬，各有所司，無敢私。凡出納，雖絲毫事，咸有文可覆」，「一錢尺帛無敢私」。作為家族共同財產的田地，皆印有「義門」字樣，家族任何成員都不得私有；嚴禁子孫的「私房」、「梯己」，「有不服者，告官以不孝論」。[42]至於家族中出外做官的，「廩祿有餘，亦當納之公堂，不可私於妻孥」。[43]

　　在同居共財的基礎之上，鄭氏在管理家庭的生產和生活的部分，皆以均平為重，這是因為用度不一乃是引起各種紛爭，破壞生活秩序的源頭，故對於家族成員的日常行為，制訂了嚴密的規章制度加以規範。如家中所有成員的基本需要，皆由公堂供給，飯是「設掌膳二人，以供家眾膳食之事」，[44]衣則根據年齡、性別等差別而給以不同的供給，「男予衣資一年一給，十歲以上者半其給，給以布：十六歲以上者全其給，兼以帛；四十歲以上者優其給，給以帛，仍皆給裁製之費。若年至二十者，當給禮衣一襲。巾履則一年一更。」，「女子及笄者，給銀首飾一副。」[45]乃至於成婚之後，「各房用度雜物」，也全部由「公堂總買而均給之，不可私託鄉族越分競買鮮華之物，以起乖爭。」[46]

　　幾百口人的大家庭，要維持其生活秩序，必須建立一套家長制，「總治一家大小之務，凡事令子弟分掌」。[47]供奉鄭氏祖先的祠堂，是家長議事、教育和訓斥子弟的場所，「卑幼不得抵抗尊長」，子弟受呵責，

42　鄭太和，《鄭氏規範》（長沙：商務印書館，1939影《學海類編》本），頁 4b。
43　鄭太和，《鄭氏規範》，頁 15a。
44　鄭太和，《鄭氏規範》，頁 11a。
45　鄭太和，《鄭氏規範》，頁 10b。
46　鄭太和，《鄭氏規範》，頁 22a。
47　鄭太和，《鄭氏規範》，頁 3b。

不論是非只能默受。[48] 為了貫徹實行家長的威權，家長每月兩次率全部成員「參謁祠堂」，男女分立堂下，由1個年輕子弟聲喝：「聽！聽！聽！凡為子者必孝其親，為妻者必敬其夫，為兄者必愛其弟，為弟者必恭其兄。」[49] 極力宣揚倫理思想和道德觀念，又引述許多家族因為內鬥而沒落的故事，告誡子孫孝悌仁恕對於維繫家族的重要性。[50]

二、明代中晚期經營地主與產業增殖論的出現

上述「以治生為俗累」、「制用」內容的家庭經濟模式，在17世紀中葉以後已經不再是主流觀點，當時出現了《沈氏農書》、《補農書》、《家政須知》等等，[51] 強調治生產業的家政文本，從「家」作為經濟實體的角度出發，以督課經濟生產活動來組織家庭成員發展生產、累積財富，從而引導和形塑一種理想的家庭生活方式；家長是在經濟生產活動中牟求最大利益的實踐者，能依照其專業素養來作出最合宜的決定與判斷。書中所見的農事經營，十分注意市場供求關係和商品價格的變化，明確提到部分農產品主要以出售為目的，非僅是家庭使用的價值。因為經營利潤主要是由作物的收穫量、雇工成本、市場價格和租稅等項目共同組成，除了租稅由國家制定之外，整體經濟效益的高低主要取決於農業科技、市場價格和勞力管理三者之間的互動關係，故成為家政書論述的主要核心。

這種產業經營增殖論的出現並非偶然，最好的例子就是《沈氏農

48　鄭太和，《鄭氏規範》，頁17b。

49　鄭太和，《鄭氏規範》，頁2b。

50　鄭太和，《鄭氏規範》，頁3b。關於浦江義門鄭氏的相關研究，參見漆俠，〈宋元時期浦陽鄭氏家族之研究〉，《劉子健博士頌壽紀念宋史研究論文集》（東京都：同朋社，1989），頁159-166。

51　丁耀亢《家政須知》雖作於1669年，書中所記主要是1642年逃難以前的家政經營心得。

書》中所介紹的一整套農業耕作和經營管理的技術，早在約半個世紀之前烏鎮人李樂所纂修的《烏青志》已粗具雛形。依據學者考證，《烏青志》中關於稻的栽培技術，與《沈氏農書》「運田地法」中所載有關水稻干田（烤田）、施肥、育秧等部分，十分相似，這種繼承沿襲關係反映當時人們對於水稻栽培技術已經有了一套通用的作法。在此一知識基礎之上，沈氏並不照抄《烏青志》的觀點，而是針對個別生產問題添加字句、引用農諺，以補《烏青志》敘述的不足，使內容更為清楚，上下環節更為銜接。又或者根據他自己的實踐經驗，修正《烏青志》中的作法，並解釋新作法的生長原理，及其對於提高畝產量的好處，凡此皆可以看出農業技術積累發展的痕跡，其意義遠超出兩書之外。[52]

因此，若將 17 世紀中葉重要家政論著出現的這一起點問題化，梳理其來龍去脈，我們可以發現：晚明以後隨著江南耕地的開發進化，在農村地區出現了一群新的經營地主，他們對農事經營高度關注，將長期管理生產的經驗總結成一套系統化的「知識」，與舊式「深居不出」、「足不履田」的官紳地主有明顯的區別。

如歸有光（1506-1571）〈歸府君墓誌銘〉記述他同族的歸樁之具體事蹟：

> 府君少時亦嘗學書，後棄之，夫婦晨夜力作。白茆在江海之壖，高仰瘠鹵，浦水時浚時淤，無善田。府君相水遠近，通溪置閘，用以灌溉。其始居民鮮少，茅舍歷落，數家而已。府君身長古貌，為人倜儻好施捨，田又日墾，人稍稍就居之，遂為廬舍市肆如邑居云。晚年諸子悉用其法，其治數千畝如數十畝，役屬百人如數人。吳中多利水田，府君家獨以旱田。諸富室爭逐肥美，府君選取其磽者，曰：「顧吾力可不可，田無不可耕者。」人以此

52　游修齡，〈《沈氏農書》和《烏青志》〉，《中國科技史料》，1989 年 1 期（北京，1989.3），頁 80-84。

服府君之精。[53]

歸有光在當時文名顯著，然中舉後歷經二十餘年才登進士第，在長期居鄉期間，他與當地中小地主階層有較多接觸，文集中載「家世孝弟力田」、「家世業農」、「世居蘇州昆山之羅巷村，以耕農為業」[54]等人物，多以從事水土開發、役使多人，力耕致富。此處提到的水利田已見諸元代《王禎農書》，是一種在淺沼窪地，建造堤岸阻攔外水，排除內澇以圍墾良田，變淤泥為沃土的水利工程。[55]之後這種水利田相關的技術和知識又有所改進，如《居家必用事類全集》「蓄水法」中提到關於水池的建造較諸《王禎農書》的更深，可兼做養魚之用。[56]明代中晚期隨著《居家必用事類全集》之類書籍受到人們重視、大量印刷，水利田的做法也廣泛流傳開來。墓主歸椿具有一定文化素養，在江蘇常熟白茆河邊濕地的開墾，其田雖「高仰瘠鹵」，卻連年獲得好的收成，關鍵在於他「相水遠近，通溪置閘，用以灌溉」，就是這類水利田的廣泛運用。在勞動力的使用上，當時頗不乏採取佃耕制者，不過明代中期以後江南各地方志中常見農村地區存在一定數量的忙工、短工等，而雇傭這些忙工、短工的大多是如歸椿這類經營地主或富農，隨著商品經濟的發展而愈加擴大其經營規模，由此吸引大批人群前來定居，原先寥落數家的荒廢之地也不斷發展，成為「廬舍市肆如邑」。

　　歸椿晚年時兒子們「悉用其法」，即歸氏產業經營之法，可見其治生內容已形成一套系統「知識」。依據文中上下脈絡，歸氏「家法」必然與「旱田」攸關，這種旱田技術和吳中水田的種植之法完全不同，推

53　歸有光，〈歸府君墓誌銘〉，《震川先生集》（臺北：源流出版社，1983），卷19，頁481。

54　歸有光，《震川先生集》，卷24、25，頁568、579、581、588。

55　王禎，《農書》（北京：中華書局，1956），卷3「農桑通訣三·灌溉篇第九」，頁26。

56　《居家必用事類全集》（上海：上海古籍出版社，1995年影明隆慶2年飛來山人刻本），戊集，頁7b-8a。收入《續修四庫全書》，子部，冊1184。

測應是為了改進江海接界的河邊濕地的瘠鹵情況，所運用的一種耕地
改良技術。基本上，只要是濕地開墾的初始階段，所開的土地在「干田
化」（「分圩」）之前，生產能力頗低，而且產量頗不穩定。而「干田化」
就是將低窪田裡排出多餘積水，以改善耕地質量，增加土壤肥力的一種
技術。這種工程的主要功能在於提高水稻的畝產量，而且有助於推廣水
稻與冬季乾旱作物相結合的一年二作制，可謂效益巨大。與「干田化」
緊密相連的是改進水利設施，此舉又極大的穩定了生產。[57] 從歸樁在江
海交界處墾荒、興修水利和旱田的諸點特徵，大概可以判斷是採用「干
田化」技術。

　　類似歸樁這種注重農事水利以發家致富的事例，常見於明人文集。
如朱國楨《湧幢小品》卷 6 記述他家鄉的情況：

> 余家湖邊，看來洪荒時一派都是蘆葦之灘，……中間條理，原自
> 井井。明農者因勢利導，大者隄，小者塘，界以埂，分為塍，久
> 之皆成沃壤。今吳江人往往用此法力耕，以致富厚。余目所經
> 見，二十里內，有起白手致萬金者兩家。[58]

這些「蘆葦之灘」之所以能夠成為沃壤，得力於「明農者」因勢利導的
水土資源開發活動，「大者隄，小者塘，界以埂，分為塍」，由明農和堤
利可推知其人應是具有文化修養者。有別於歸樁經營之法似乎以家為限
的傳承方式，這裡力耕之「法」已超出了家的界限、在吳江一帶傳播開
來，人們仿效為之亦成為富家。

　　另一方面，受到市場經濟的影響，地主經營者對生產內容十分關
注，他們親自籌畫佈署，指導耕作，力求將田地、水利設施等各項投入
資金做最佳配置，讓整體生產效益得以最大化。著名的譚照兄弟的圩田

57　關於「干田化」的技術效益，可參見濱島敦俊，〈土地開發與客商活動：明代中期
　　江南地主之投資活動〉，頁 111-117。
58　朱國楨，《湧幢小品》（明天啟 2 年刻本），卷 6「堤利」，頁 30b。

經營即是一個經典事例，反映太湖流域的水文環境和農業經營的時代趨勢，其因地制宜、多種經營的規畫頗為合理，常為後人所引用。[59] 從內容來看，這是經濟力量雄厚的經營地主的農場，體現了一種對於產業經營的獨特「心計」，因此值得加以仔細分析：

> 譚曉邑東里人也，與兄照俱精心計。居鄉湖田多窪蕪，鄉之民皆逃而漁，於是田之棄弗治者以萬計。曉與照薄其值買，傭鄉民百餘人，給之食，鑿其最窪者為池，餘則圍以高塍辟而耕之。歲入視平壤三倍。池以百計，皆畜魚，池之上架以梁為芡舍，畜雞豚其中，魚食其糞易肥；塍之上植梅、桃諸果屬；其汙澤則種菰、茈、菱、芡；可畦者，以藝四時諸蔬，皆以千計，凡鳥、鳧、昆蟲之屬，悉羅取而售之。……於是資日益饒。[60]

依據文中所述，譚照兄弟趁荒年低價購得荒田一區，修築了萬畝以上的大圩田，雇傭大量的勞動力從事耕作，在原有的基礎上，進行築土、作堤、鑿池的改造工程，更重要的是，對於生產的合理安排，以牟取最大利潤。如在資源的利用上，根據自然資源的特點，採取不同的利用方式，因地制宜地進行立體式的生產活動。如池中養魚，池上架設豬圈、雞舍養豬和雞，塍上種植各種水果，田地種水稻，稻田之外的零星地塊，（特別低窪的）「汙澤」之處種植菰茈菱芡，稍高一些的種各種蔬菜。另一方面，把不同性質的生產部門都包括進來，不僅生產糧食、水果、蔬菜、菰茈菱芡等植物性產品，而且也生產豬、雞、魚等動物性產

59　其本事具載於李詡，〈譚參傳〉，《戒庵老人漫筆》（明萬曆刻本），卷4，頁36a-37a。後又轉錄入以下文獻中：包括康熙《常熟縣志》（康熙26年刻本），卷26「雜記」，頁22b-23b。乾隆《江南通志》（清文淵閣四庫本），卷195「雜類志」，頁27b。同治《蘇州府志》（清光緒9年刊本），卷147「雜記四」，頁6a-b。光緒《常昭合志稿》（光緒30年刻本），卷48「軼聞」，頁17a-b。王應奎，《柳南隨筆》（清借月山房彙鈔本），卷5，頁17a。陳祖範，〈書譚半城事〉，《司業文集》（清乾隆29年刻本），卷3，頁12a-12b。

60　光緒《常昭合志稿》，卷48「軼聞」，頁17a-b。

品，如此，農牧生產彼此結合，化廢為用，可以大幅降低生產成本，並在固定的水利投資成本之上額外增加生產量，故能夠收到「歲入視平壤三倍」、「視田之入又三倍」的高額利潤。

對於譚氏的經營，學者認為其核心是「企圖把農業變成企業性的東西，並使用大量的僱傭者」。[61] 對於這種最大限度牟取利益的「經營」，紀錄者李詡（1506-1593）早已有所認識：

> 昔馬遷論貨殖，謂巧者有餘，拙者不足。噫！亦安所論巧拙哉？莫巧於參矣。……丁南湖奉常，為語嘲之曰，其取利也，窮天極地而盡人。[62]

文中指出「窮天極地而盡人」是譚氏農場取利的關鍵，即經營者必須精打細算，從生產規劃的合理安排，周圍市場經濟的掌握，到勞動力的成本等，凡事皆做到胸有定數。其中包含一種注重產業經營發展、累積財富的鮮明觀點，從生產計劃的擬定便可以得到深刻的印象。李詡及其友人所觀察到譚氏農場的心計之「巧」別處也能見到，這種與農業商品化伴隨而生的精算精神，凸顯當時地主經營的一種時代特色。

明代中晚期以來社會正處於轉型階段，16世紀起「一條鞭法」將賦稅化繁為簡、並一律折算為銀錢徵收，促進了銀錢貨幣流通的發展，經濟的貨幣化程度提高，推動商品經濟向前邁進，而商品經濟的繁榮又帶動銀錢貨幣的流通。此一經濟上的急速成長，為長江下游、鄰近大運河的華北和東南沿海地區帶來農業的進一步商品化，定期集市和小鎮激增，從而構成各級市場網絡體系。[63] 在當時最繁榮的江南地區，出現了

61 傅衣凌，〈明代江南地主經濟新發展的初步研究〉，《明代江南市民經濟試探》（上海：上海人民出版社，1957），頁63-64。

62 李詡，〈譚參傳〉，頁37a。

63 劉翠溶，〈明清時期長江下游地區都市化之發展與人口特徵〉，《經濟論文》，第14卷第2期（臺北，1986.9），頁43-86。劉石吉，〈明清時代江南地區的專業市鎮〉，《明清時代江南市鎮研究》（北京：中國社會出版社，1987），頁1-72。劉石

作物專門化、城市手工業發展，並形成國內地區性貿易市場的基本格局（江南中心與其他地區經濟交流）。[64] 從中衍生的社會流動的增長，租佃制與經濟競爭的展開，無不顯示出它與前一時代本質上的不同。[65]

　　這些生存於社會轉型時期的經營地主，具有那個時代的一些共同特徵：從「市場經濟」的角度來看，他們以農業技術高超而聞名，強調「管理」生產的重要性，透過下層佃戶、奴僕的生產活動及其相關的商業計算，持續擴大田土經營的規模，來鞏固其在當地社會中的優勢地位。從「社會流動」的角度來看，他們將財富投資於科舉，以經濟資本尋求向上流動的入仕機會，企圖改變自我的社會身分，進而擴大自己在當地的統治勢力。現代學者如何炳棣利用社會學 "social mobility" 理論來討論明清社會，揭示士庶之間的垂直流動性。[66] Elman 研究近世中國科舉制度，強調士大夫出身的經濟階層，決定了他是否能獲得必要的文化水平，此為士大夫與民眾的分界線。[67] 說明此一時期經濟條件極大程度地超越法律、禮制對社會地位的各種規範和限制，對精英階層的優越

吉，〈小城鎮經濟與資本主義萌芽：綜論近年來大陸學界有關明清市鎮的研究〉，《人文及社會科學集刊》，第 1 卷第 1 期（臺北，1988.11），頁 171-198。李國祁，《清代杭嘉湖寧紹五府的市鎮結構及其演變初稿》（臺北：中山學術文化基金董事會，1981）。樊樹志，《明清江南市鎮探微》（上海：復旦大學出版社，1990）。G. W. Skinner（施堅雅）著，王旭等譯，《中國封建社會晚期城市研究：施堅雅模式》（吉林：吉林教育出版社，1991），頁 54-94、95-223。巫仁恕，〈明清近代市鎮墟集研究的回顧與前瞻〉，《九州學刊》，第 5 卷第 3 期（臺北，1993.2），頁 95-112。范毅軍，〈明中葉以來江南市鎮的成長趨勢和擴張性質〉，《中央研究院歷史語言研究所集刊》，第 73 卷第 3 期（臺北，2002.9），頁 443-552。

64　劉翠溶，〈明清時代南方地區的專業生產〉，《大陸雜誌》，第 5 卷第 3、4 期合刊（臺北，1978.4），頁 125-159。張海英，《明清江南商品流通與市場體系》（上海：華東師範大學出版社，2002）。

65　John R. Watt, *The District Magistrate in Late Imperial China* (New York and London: Columbia University Press, 1972), pp. 2-4.

66　Ping-ti Ho, *The Ladder of Success in Imperial China : Aspects of Social Mobility, 1368-1911* (New York: Columbia University Press, 1962).

67　Benjamin Elman, "Political, Social, and Culture Reproduction via Civil Service Examination in Late Imperial China," *Journal of Asian Studies*, 50:1(1991), pp. 7-28.

地位造成滲透和挑戰。

　　這些新興的富民階層大多出現於 15 世紀中葉到 17 世紀前半，[68] 他們與清初以後的地方領導者在思想和經濟生活上都有明顯的區別。若說晚明清初的新興經營地主是在鄉村地區與庶民混居，推動土地開發，從事農業經營，並在地域社會中扮演指導角色，那麼，清初以後居住在城市，完全放棄農業經營的鄉紳地主則是另一種生活型態。

　　上海浦東以經營圩田起家的陸氏家族，即是從鄉居經營地主而上升至「士」的事例之一。根據陸深（1477-1544）在〈敕封文林郎翰林院編修考竹坡府君行實〉中記先祖在浦東成家興業的經過：

> 祖居百年有餘，皆自府君（陸平）漸次充拓，……因田高下以修水利，皆為膏腴，扶杖行阡陌間課耕觀植，若有至樂存焉。

可見陸家是在浦東地區的廣闊濕地，從事土地、水利開發活動而起家，而文中也提到陸平對於家族、僕人的嚴格管束，其儉樸勤勉的人格促使「遠近化之，故一方無惰農，至今環浦而東，雞鳴、犬吠與機杼桔槔之聲，相間而作，人比之桃源焉。」[69] 雖然傳記中不免有所修飾溢美，但陸氏在浦東洋涇的地域社會中擁有相當的影響力亦不難想見。

　　陸平在起家後，對兒子們的教育十分重視，常常告誡其子弟說：

> 督之學，每過必撫之曰：汝毋惰偷，當以文學顯庸也！吾家待此者，數世矣。[70]

68　過去經濟史學者認為清初（17 世紀上半）江南耕地開發接近完成，可餘耕地不多，農業投資利潤變得十分微薄，故轉而城居投資商業，也就是從鄉居地主轉為城居地主的過程。

69　陸深，〈敕封文林郎翰林院編修考竹坡府君行實〉，《儼山集》（臺北：臺灣商務印書館，1983 影國立故宮博物院藏本），卷 81，頁 3b-4a，收入《文淵閣四庫全書》，集部，別集類，冊 1268。

70　陸深，〈敕封文林郎翰林院編修考竹坡府君行實〉，頁 5a。

他的妻子吳氏具有相當的文化修養，紡織時則從旁督促二子陸深讀書或背誦。[71] 陸深娶妻後進學為諸生，每當書商來時，吳氏為他買書不計其資。長兄陸沔為了管理家業不得已放棄科舉，在延師教導族中子弟讀書時，也一起學習，執禮甚恭。之後陸深以二甲八名的優異成績登第，終於改換門庭，實現了家族中有人出仕的夢想。[72] 浦東陸氏的例子透露出在社會身分（從「庶」到「士」）轉變的過程中，較低階層家庭的經濟資源提供子弟向上流動的關鍵支撐，從而將財富轉換為政治文化資本。

另一個活躍於 16 世紀到 17 世紀初湖州府漣川歸安縣著名的茅氏家族，可謂「耕讀」之家奮起的代表性事例。依據張履祥〈近鑑〉中的記載，茅氏家族的崛起過程與浦東陸氏十分相似：「以多財雄鄉邑，廣田疇，豐棟宇，多僮僕，其家風也。」可見其自歸安地區發跡乃藉由產業經營活動，厚植經濟實力。又說：「治生有法，桑田蓄養所出，恆有餘饒，後人守之，世益其富」。[73] 這段話是張履祥對茅氏家族興盛百餘年的評論，即茅氏治生已形成一套系統化「知識」（「法」），後世子弟藉由規律性實踐以鞏固家庭在地方上的勢力，幫助子弟取得更好的發展機會。

茅遷（1488-1540）是茅家發跡的關鍵人物，據載他好詩書農桑，業饒富，性尤樂施。顯見是典型親自參加勞作的鄉居地主，似乎沒有經商，因為具有文化素養在鄉間擁有一定的權威。茅遷對兒子們的教育非常注重，次子茅坤（1512-1601）的藏書在當時雄霸一方，應從此時便開始奠定基礎。[74] 嘉靖 17 年（1538）茅坤登進士第後，茅家始進入地

71　陸深，〈先孺人吳母行實〉，《儼山集》，卷 81，頁 7b。

72　關於陸氏的家政經營，參見濱島敦俊、吳大昕譯，〈明代中後期江南士大夫的鄉居和城居〉，頁 76。濱島敦俊，〈土地開發與客商活動：明代中期江南地主之投資活動〉，頁 101-121。另，陳炯智，《陸深（1477-1544）家書之研究》（臺北：臺灣師範大學歷史所碩士論文，2009），頁 81-87。

73　張履祥，〈近鑑〉，《楊園先生全集》，下，卷 38，頁 1036。

74　《湖錄》記載茅坤「藏書甲海內，練市新構書樓，凡數十間，至於充棟不能容。」其基礎當始自茅遷投資子弟舉業。鄭元慶，《吳興藏書錄》（臺北：廣文書局，1969），頁 12。

方士族的行列，茅坤主要以文學聞名，在官場上並不特別活躍，他本身擁有廣闊田宅，90 歲時仍親自出門，從雙林鎮到歸安花林的所有地去收取地租。

三子茅民少時即以農事聞名鄉里，於植桑養蠶有特殊的才能，累積資產達到數萬餘兩。傳記中說：

> 君諱民，……起田家子，少即知田，年十餘歲，隨府君督農隴畝間，輒能身操畚鍤，為諸田者先，其所按壤分播，薙草化土之法，一鄉人所共首推之者。已而樹桑，桑且數十萬樹，而君並能深耕易耨，輦糞蔰以饒之，桑所患蛀與蛾，君又別為劘之拂之，故府君之桑首里甲。……君又能以田與桑自為起家，累數萬金而羨。[75]

茅民曾做《農桑譜》載在縣志，從書題和一些被他書徵引的內容看來，是本推廣其栽桑育蠶經驗的專著。此外，清初張履祥拒不出仕，避居鄉間，從事「耕讀」以立身，他曾聽聞茅氏農業技術高超的大名去借閱農書，從而抄錄副本，預備作為經營家業的指導用書，在給友人姚四夏的書信中提到已借得「茅氏農書」，還來不及寄下，[76] 這個「茅氏農書」究竟與《農桑譜》有何關係？有沒有可能指的就是《農桑譜》（雖然張履祥借書的時間距離《農桑譜》成書已相隔近百年）？從張履祥欲以「茅氏農書」為治生產業的指導用書來推測，該書的內容應與茅家幾代人治農力田之「法」密切相關。無論「茅氏農書」或者《農桑譜》，至今還未聽說有存本遺留於世，這可能是因為茅氏家族因受莊廷鑨《明史》案牽連而急遽衰落，故入清以後，茅家已少見於各類記載，茅坤著

75　茅坤，〈亡弟雙泉墓誌銘〉，《茅鹿門先生文集》（上海：上海古籍出版社，2002 影印明萬曆刻本），卷 23，頁 10a-b。收入《續修四庫全書》，集部，冊 1345。

76　張履祥，《楊園先生全集》，上，卷 12，頁 356。

作的佚失，大概皆與此分不開關係。[77]

這種直接從事農業生產的經驗，不僅僅是涉及生活方式的差異，也對新興富民階層的家政觀影響甚深，產業經營增殖做為這些新興富民發展勢力的強大後盾，其重要性正如李日華在《味水軒日記》中所說：

> 草澤間擁有成業，指揮一方，又稍飾以文，激揚吐氣，此其人豈讓古千戶侯。[78]

這段文字本是李日華記其家鄉張姓地主千金嫁女之盛況的評語，但也不可因此忽視該現象的普遍性，財富的饒足在這裡是充滿正面意義的，這類「草澤之人」以善治產業囂囂自得，實來自於心理深層對治生之勞動價值的高度肯定。

就生存心理而言，從這類「草澤之人」的持家經驗生產出來的家政書，其強調「重治生」的新價值觀發展，本為他們真實生活奮鬥過程之反映，即「耕讀」理想中關於耕作的技術知識，透過經濟實體的「家」之內在整編，已然發展到了一個高峰，而「讀」的文化知識，尚在初起步的追趕階段。這與前述著名家訓的作者多為具有全國性影響力的官宦大儒，兩者之家庭生活經驗截然不同，故不為過去以禮治優先，側重儉德和制用的家庭經濟論述框架所限制。因此，這種「耕讀」之家在孜孜於培養子弟科考之外，也很重視保守家業，以力求分散風險，往往留一個子弟在家鄉從事經營。如浦東陸氏的狀況是陸深在京城當官，由兄陸沔掌管家政，直到民國時期陸氏家族都還在浦東從事開發活動。

77　參見張夢新，〈茅坤著述考〉，《浙江大學學報（人文社會科學版）》，1999 年 5 期（杭州，1999.9），頁 127-130。另，《明史》案主要當事人的南潯莊氏，在當時亦以治桑技術聞名，在莊允誠（？-1661，莊廷鑨的父親）時已成巨富，故而廷鑨得以憑藉其財富延攬吳中人才編修明史。張履祥，《補農書》（濟南：齊魯書社，2001 影清乾隆 47 年刻楊園先生全集本），頁 20b。收入《四庫全書存目叢書補編》，冊 80。

78　李日華著，屠友祥校注，《味水軒日記》（上海：上海遠東出版社，1996），卷 2，萬曆 38 年庚戌，八月四日條，頁 120。

　　要言之，明末清初幾本重要的家政書對於治生產業的強調和主張，是以這類以農起家之新興富民為中心，隨著他們經濟力量的增長而成為地方上強有力的勢力集團所產生的。就知識生產脈絡來看，新的經營地主之講求家政、並進一步著書立說闡述治生產業之學，乃是順應明代中期以後社會經濟變遷而產生；另一方面也與新興富家欲鞏固其地方勢力，並尋求向上流動的社會潮流密切相關。因此，側重治生產業的家政書可說是體現了當時社會經濟體制轉變和士庶流動之社會期望，引導「家」之理念發展的一個側面，隨著明代中葉以來商品經濟的發展，治生產業已成為家政經營的重要項目，來達致家庭發展的目的。

Chapter 3

第三章
明末清初產業經營增殖論興起的社會背景

　　明代中期以後士人已注意到這些新興以農起家的富民階層對於發展生產、直接參與農事活動所展現出來的積極性，特別是這些新的經營地主的「心計」，但作為記錄對象和自己成為家政書的實踐者，並據以作為「耕讀」傳家的指導手冊，是完全不同的兩件事。那麼，這種新興富民的產業經營增殖之「法」，是如何跨越職業區隔，為士人階層所重視、接受，並以之為本，從身體力行中提出關於「經營」思想、「耕讀」活動以及「士」之道德人格保存的一系列新命題呢？以下將從需求面、思想面和出版文化等，探討明末清初家政論興起的原因。

一、明清士人的貧困化及其心理危機

（一）明中葉以後士人的貧困化

　　士人經濟生活的貧困化在明代初期已經出現，但表現尚不明顯，到了中葉以後成為嚴重問題，經濟困窘的描述常見於文集記載當中。楊繼盛（1516-1555）記述自己為生員時的生活：「時居僧人佛永房。予無僮僕，僧無徒弟。僧嘗念經於外，予自操井竈之勞。秫杆五根剖開可以熟飯。冬自汲水，手與筒凍住，至房口呵化開，始作飯。夜長缺油，每讀書月下。夜無衾，腿肚常凍，轉起而繞室疾走始愈，其苦難言萬一

矣。」[1] 唐文獻（1549-1605）對自己做生員時歲末為生計所迫，百般奔波而影響學業的情況，亦不諱言：「我往時做秀才，每至歲殘，則有貧窘奔波之苦，必廢業一兩月。至於新春開卷，甚覺粗疏。」[2] 類似情況的描寫，在明清文獻中並不少見，[3] 甚者有「貧不能葬，身無完衣，長無家室者。」[4] 杜濬（1611-1687）在回覆友人的書信中曾說：「承問窮愁何如往日，大約弟往日之窮以不舉火為奇，近日之窮，以舉火為奇，此其別也。」[5] 雖是自嘲，也反映了士人經濟生活日益貧困化的處境。清初丁耀亢任容城教諭時，目睹貧士因荒年忍飢借貸，倚賴政府賑濟穀麥而得活，甚至到了「傭工荷鋤、代賃織紝，或牛儈販豎，日以自給者」的地步，連士的人格尊嚴都喪失，不禁賦詩悲之。[6]

這類赤貧之士似乎廣泛存在，魏禧（1624-1681）在〈溉堂續集敘〉中便提到失去生活來源的貧士，遊幕乞援以為權宜者數量眾多，稱其「長年刺促乞食於江湖」，[7] 可見處境之艱辛。彭士望（1610-1683）〈與陳少遊書〉則說：「易堂諸子各以饑驅，遊藝四方。……魏善伯以明經貢入太學，客宰相之家，不樂仕宦，旅貧至不能治歸擔。」[8] 戴名世（1653-1713）的〈種杉說序〉更直接指出當時士人經濟生活的迫切性：「余惟讀

1　楊繼盛，〈自著年譜〉，《楊忠湣公集》（明刻本），卷 4，頁 5b。

2　唐文獻，〈家訓〉，《唐文恪公文集》（臺南：莊嚴文化出版社，1996 年影明楊鶴崔爾進刻本），卷 16，頁 10a。收入《四庫全書存目叢書》，集部，冊 170。

3　如耿定向〈黃忍江先生傳〉中說：「嘗睹里中諸寒士，擔簦徒跣為俯仰計，良苦辛也。歲時曠容聚族而謀，則又以無能脩儀為恥，或稱貸拮据以往，至學宮前，頭岑岑加重、足僵僵不敢前。」《耿天臺先生文集》（臺南：莊嚴文化出版社，1996 年影明萬曆 26 年劉元卿刻本），卷 15，頁 24a。收入《四庫全書存目叢書》，集部，冊 131。

4　萬曆《永安縣志》（明萬曆 22 年刻本），卷 3「建置誌‧學田」，頁 10a。

5　杜濬，〈復王于一〉，《變雅堂集》（清光緒 20 年黃岡沈氏刻本），卷 8，頁 20b。

6　丁耀亢，〈甲午春畿南大饑捐俸紀事并序〉，《椒丘詩》（臺南：莊嚴文化出版社，1996 影清初刻丁野鶴集八種本），卷 1，頁 15b。收入《四庫全書存目叢書》，集部，冊 235。

7　魏禧，《魏叔子文集》（清寧都三魏全集本），卷 9，頁 2a。

8　彭士望，《恥躬堂詩文鈔》（清咸豐 2 年刻本），卷 2，頁 13a。

書之士，至今日而治生之道絕矣。田則盡歸富人，無可耕也；牽車服賈則無其資，且有虧折之患；至於據皋比為童子師，則師道在今日賤甚，而束脩之入仍不足以供俯仰。」[9] 黃宗羲在文集中屢屢訴說俗累，反覆提到自身生存重負下的苦狀，憂慮經濟困窘將導致士人意氣的喪失，在〈汪氏三子詩序〉中感嘆士人命運之不濟，對嘉、隆以下「一名為士，口不言錢，更無米鹽俗事」深致艷羨。[10]

　　士人貧困化的普遍趨勢，與明代政府的科舉錄取名額、養士舉措和行為的政治結構性因素，密切相關。明清時期科舉競爭的壓力高於任何時代，何炳棣估計，從 14 世紀晚期到 1600 年，中國的人口可能從 6500 萬增加到 1.5 億，生員的數目大概在同期增加了 20 倍，而舉人、進士的名額卻未相應增加，因此低層生員考中功名的機會自然越來越小。[11] 明朝時期入學而能仕者不過只佔兩成，八成的學子出仕無望，造成大量滯留於底層的下層士人。

　　這些取得下層士人身分的生員階層中，顧炎武（1613-1682）估計大約有七成是靠著學籍來達到「保身家」的目的，[12] 我們可以想到在這種估計中也考慮到出身官宦富家的子弟無須依靠這一身分來「保身家」。即使如此，顧炎武的估計還是跟實際情況有極大的距離，學者研

9　戴名世，〈種杉說序〉，《南山集》（清光緒 26 年刻本），補遺卷下，頁 1a。

10　黃宗羲，〈吾悔集題辭〉、〈汪氏三子詩序〉和〈黃復仲墓表〉，《黃宗羲全集》（杭州：浙江古籍出版社，2005），第 10 冊，頁 33、39、270。

11　例如明代（1368-1644）共取進士 24,594 人，清代（1644-1911）共 26,747 人，增加人數微不足道。參見 Ping-ti Ho, *The Ladder of Success in Imperial China: Aspects of Social Mobility, 1368-1911*, pp. 182-189。吳宣德考訂明代進士總人數略有差異，應是 24,866 人。《明代進士的地理分佈》（香港：香港中文大學，2009），頁 50。相較於何炳棣從進士錄取人數的統計，說明明清時期科舉競爭激烈對於舉子的考試壓力，余英時則從時人文集的記載，說明科舉名額確已應付不了士人數量的不斷增長。參見余英時，〈士商互動與儒學轉向〉，《中國近世宗教倫理與商人精神》，頁 178-181。

12　顧炎武，〈生員論〉上，《亭林詩文集》（四部叢刊影清康熙本），亭林文集卷 1，頁 18a。

究指出，明代領取廩膳的生員數量遠遠不及七成，因為廩生遠遠少於增廣、附學生，廩生有定額，府學 40 名，縣學 20 名，而附學生動輒數百。廩於官者，十纔一二，大部分生員半菽不充，懸鶉百結，暮雨青燈，卻不得朝廷升合之養，這種情況是造成士人大多貧困的政治社會結構。另一方面，生員階層在人事上也經常遭受學校教官盤剝，教官對待生員，只問束脩、幣金、贄敬多寡，不管生員家境貧富。更有一些教官，或假借造冊公費，或假借迎送郡縣的名頭，科斂貧生，媚人肥己，更加重了生員的貧困化。[13]

　　這些領取廩膳的生員，生活水平大多僅能勉強維持溫飽。根據陳寶良對明代生員的收入做出的一個大略統計：明代廩生的廩膳銀約處於 8 到 18 兩之間，低者年支 8 兩，中者年支 12 兩，高者年支 18 兩。相對於平民百姓食不果腹，衣不蔽體的情況，生員可支廩膳銀，又有日常的膏火銀、花紅、賞銀、供給，整體來說日子不至於難過。然相對於舉人、進士來說，生員已然陷於貧困，生員一旦考上舉人，身分便自不同，中舉後利用優免特權，接受他人的土地投獻，以此積聚產業者十分常見。而一個新中進士，剛剛步入京城仕途，其歲費最節儉者亦需 100 兩銀子，一般歲費 300 兩，最多者達 6、700 兩。生員一年所得最多 18 兩，要維持一家生活已屬勉強，遑論與新中進士相比，故相對於舉人、進士來說，生員生活可謂相當貧困。[14]

　　至於占明代生員大多數的增廣生、附學生，僅僅享受「復其身」的繇役優免權，卻無緣廩膳學中，故生活無以為繼者甚多，於是學田隨之興起。明初學田本由公產撥付，為供官學師生祭祀、俸祿以及筆札之需，中葉以後卻成為資助貧士問學的憑藉，這些資助性的學田不乏鄉紳、義民的捐獻。如崇明縣舊例，「若有科第新發，請撥公產，以資養

13　陳寶良，《明代儒學生員與地方社會》（北京：中國社會科學出版社，2005），頁429。

14　陳寶良，《明代儒學生員與地方社會》，頁 428-429。

廉，名曰摘撥。」[15] 到了萬曆年間，浙江省平湖知縣羅尚忠捐俸置田贍
貧士；寧波知府戴新以安嚴寺田三百餘畝撥贍奉化縣學，「歲收十之六
以賑貧士」；崇禎時，寧波知府陳之美亦於鄞縣置田 41 畝 3 分，「解府
賑給貧士」。[16] 萬曆 26 年（1598），福建建陽縣義民劉有延「輸田一百
籮到縣，並送入學宮」，作為生員的會課田。[17] 學田性質的轉變清楚顯示
士人貧困已經普遍化、並成為一個重要的社會問題，須要透過政府竭力
「以贍貧士」來減輕這個問題，這是過去未曾見到的。有些地方貧困生
員佔學校生員數額的一半以上，[18] 其無奈者憑藉妻子女紅之勞，維持家
計，方能繼續科舉學業。

我們也注意到，有一些記載呈現了生員生計問題的不同樣貌，如顧
公燮《丹午筆記》中記載貧生無力完糧，每日朔望赴縣懇准詞 10 紙以
乞恩者，亦有包攬富戶錢糧，立於自名下隱吞的不安分生員。可知生員
在合法的優免繇役外，還有一些非法獲利的途徑。[19] 但是這些零星記載
較諸眾多文獻所反映的一般現象，顯然是種特別的例外，不足以改變下
層士人貧困化的整體趨勢。

（二）貧富觀念變化與士人的心理危機

貧士在明清時期所感受到的社會壓力是多方面的，科舉制度發展
到明代中晚期，已無法提高士的身分，另一方面，隨著晚明以來商業

15　康熙《重修崇明縣志》（江蘇：中國書店出版，1992 影清康熙刻本），卷 4「賦役
　　志」，頁 838。收入《稀見中國地方志匯刊》，第 1 冊。

16　參見民國《重修浙江通志稿》（北京：方志出版社，2010），第 122、124 冊，頁
　　10340、10365、10374。

17　萬曆《建陽縣志》（北京：書目文獻出版社，1991 影萬曆 29 年刻本），卷 2「建置
　　志・學田」，頁 298。收入《日本藏中國罕見地方志叢刊》，第 12 冊。

18　崇禎《海澄縣志》（江蘇：中國書店出版，1992 影明崇禎 6 年刻本），卷 2「學
　　校」，頁 453。收入《稀見中國地方志匯刊》，第 33 冊。

19　顧公燮，〈明季生員〉，《丹午筆記》（南京：江蘇古籍出版社，1999），頁 69。

發達，城市文化發展，社會風俗發生重大變化，在一些高度商業化的地區，貧或富成為劃分等級的新標準，隱隱然取代儒家士庶尊卑的分別，在新的秩序中，傳統尺度已無法衡量人的社會地位，經濟條件已明顯地比以前更能影響人們的社會地位。[20] 在這種功利化的社會中，作為「無成」或「尚未成」的下層士人，因為生計艱困而備感困窘，在文化身分與經濟條件之間形成一種矛盾和反差，「貧窮」遂成為新的道德問題。[21]

士人以治生為俗累，以「不事生產」為高，由來已久。宋代以後普遍以科舉取士，在以讀書作為榮耀家庭主要方式的社會中，功名和官職是男性終生追求的目標，家務管理僅屬次要，必要時，男人可以因為讀書而不問家人產。

在儒家早期的傳統中，貧士不存在道德的問題，士與貧經常聯繫在一起，而士人也常以貧來表示清高，孔子的弟子顏淵一簞食、一瓢飲的形象深入人心，與曾參、原憲（子思）同為中國兩千年來貧士的典範。相對的，善治生而富有的子貢曾嘲笑子思：「夫子豈病乎？」子思回答

20　劉志琴，〈晚明城市風尚初探〉，《中國文化研究集刊》，第 1 輯（上海：復旦大學出版社，1984），頁 190-208。吳仁安，〈明代江南社會風氣初探〉，《社會科學家》，1987 年 2 期（桂林，1987.4），頁 39-46。徐泓，〈明代社會風氣的變遷——以江、浙地區為例〉，《中央研究院第二屆國際漢學會議論文集（明清近代史組）》（臺北：中央研究院歷史語言研究所，1989），頁 137-159。徐泓，〈明代後期華北商品經濟的發展與社會風氣變遷〉，《第二次中國近代經濟史研討會論文集》，（臺北：中央研究院經濟研究所，1989），頁 107-174。陳學文，〈明代中葉民情風尚習俗及一些社會意識的變化〉，《山根幸夫教授退休紀念明代史論叢》（東京：汲古書院，1990），頁 1207-1231。劉志琴，〈晚明時尚與社會變革的曙光〉，《文史知識》，1987 年 1 期（北京，1987.1），頁 50-55。暴鴻昌，〈論晚明社會的奢靡之風〉，《明史研究》，第 3 輯（安徽：黃山書社，1993），頁 85-92。邱仲麟，〈明代北京的社會風氣變遷——禮制與價值觀的改變〉，《大陸雜誌》，第 88 卷第 3 期（臺北，1994.3），頁 1-15。牛建強，《明代中後期社會變遷研究》（臺北：文津出版社，1997）。岸本美緒，〈明清時代的身分感覺〉，收入森正夫等編，《明清時代の基本問題》（東京：汲古書院，1997），頁 403-427。林麗月，〈衣裳與風教——晚明的服飾風尚與「服妖」議論〉，《新史學》，第 10 卷第 3 期（臺北，1999.9），頁 111-157。
21　梁其姿，《施善與教化：明清的慈善組織》（臺北：聯經出版社，1997），頁 10-19。

說：「吾聞之，無財者謂之貧，學道而不能行者謂之病，若憲，貧也，非病也。」使得子貢慚愧一生，由此大概已可窺得儒家對於士之經濟條件的基本觀點。[22] 春秋時期孔子游於泰山，隱士榮啟期對他說：

> 貧者，士之常，死者，人之終，處常得終，當何憂哉。[23]

孔子大為佩服。這種出於道德感而不在乎治生問題，將貧窮與志節相提並論的觀點，對後代儒者有很大的影響。

到了宋代，以貧士自居的士人特點似乎空前的普遍。由於魏晉至唐代的士族門閥瓦解，階級消融，宋代時以布衣入仕者相當普遍，社會流動隨著科舉制度的進一步推廣而較諸前代活潑。隨之而來士人在政治、文化上的領導地位也獲得了社會的肯認，是以對於家境清貧的士人處境，已無子貢的質疑。而且，中舉為官者以貧窮來彰顯自己的清廉與氣節，並不罕見，而砥礪節操的貧士或貧官堅持君子固窮的態度，毋貪圖非分的金錢利益，或辭受非分的俸祿與上司的利誘，成為他們立身原則的實踐。[24] 換言之，在科舉制度與政治權力的緊密結合下，士為四民之首，讓士人較不在乎貧窮，貧窮也不構成道德上的問題或焦慮，許多士人可以安於清貧，乃至中舉後放棄入仕的機會，以高士自居。[25]

然而這些觀念到了 16 世紀以後都已不再是主導思想，「貧非盡賢」的觀點體現明末社會對財富意義的重新衡量，顯示了上述觀念的變化和不穩定性。如陳龍正（1585-1645）說：

> 貧者多高，富者多劣，此其大凡也。間有家業日落，未必賢，產

22　司馬遷，《史記》（清乾隆武英殿刻本），卷 67「仲尼弟子列傳第七」，頁 15a-b。

23　王肅，《孔子家語》（四部叢刊景明翻宋本），「六本」，頁 7b。

24　梁庚堯，〈南宋的貧士與貧宦〉，《臺大歷史學報》，第 16 期（臺北，1991.8），頁 91-138。

25　荒木敏一，《宋代科舉制度研究》（京都市：京都大學文學部東洋史研究會，1969），頁 71。

殖漸滋，未必不肖。如公子荊日增一日，勤儉所致，無損於品。
故有品人自不至太富，富則能散之，若汰侈成性，妄取過費，入
不供出，墮盡祖宗之業，彌彰其不肖耳，豈得以自附於灑落，以
不問家人產為高致耶？[26]

文中指出一般情況下「貧者多高」，但社會的真實狀況是：「間有家業日
落，未必賢，產殖漸滋，未必不肖」。陳龍正並未直陳貧富與道德之關
係，卻迂迴地對傳統將貧和清高緊密連結的觀念提出質疑，他認為對道
德的界定必須深入地去探究財富的生產方式，「貧」可能是因為汰侈、
妄取（意味著道德上的不足），而「富」也可能由於「勤儉所致」（對勞
動致富的肯定）。他提出最合乎道德的家庭生活水平是「不貧不富」，也
就是適當的財富（「產殖漸滋」）是好的，那麼傳統以「不問家」為高的
觀點也就不成立了。

　　又如，黃姬水（1509-1574）、黃省會（1490-1540）與黃魯曾
（1487-1561）三人出身吳中官宦富家，為父子伯侄，皆不善經營，卻都
有收藏古書畫等嗜好。黃魯曾晚年和黃姬水在中年時已耗盡祖產，生活
拮据。黃姬水在《貧士傳》的序中自言：「幼遭坎壈，雖處屢空之時，
緬懷古人，實獲晏如之抱。」[27] 以古代貧士之精神聊以自慰。然而在這
個消費文化發達的時代，黃姬水早已失去宋代士人以清貧標榜自己德行
的傲骨，更多的是身處「困蹇」的無奈，是窮途末路的感喟。可以說，
《貧士傳》的撰寫其用意不在於標榜清貧的高貴，反而是貧士在社會貧
富觀念的變化下倍感壓力，對昔日典範所發出的悲歡與緬懷。

　　至於像唐甄（1630-1704）這樣出身於官宦富家，因未習生產勞
動，又不善經商，導致經營諸事皆亡其資，產業寥落者亦不少見。唐甄

26　陳龍正，《幾亭外書》（上海：上海古籍出版社，2002影明崇禎刻本），卷9，頁
　　75a-75b。收入《續修四庫全書》，子部，雜家類，冊1133。
27　黃姬水，〈貧士傳序〉，《貧士傳》（明寶顏堂秘笈本），頁2b-3a。

晚年時生活貧困潦倒，每況愈下，「往往闔門而臥，出則披敗絮，蹣跚
吳市中，入廣座，終席不發一語。有進而與之言者，唯唯而矣，不甚
答。」可見其精神上的痛苦。甚至到了「父死三十一年而不能葬，母死
五年而不能葬，姊死三十年而不能葬，弟死二十九年而不能葬，乃遊
于江西，乞於故人之宦者。家有一石一斗三升粟，懼妻及女子之餓死
也。」[28] 無以承擔養生送死之家庭責任的愧疚與悲傷，躍然於紙上，充
分流露出明代晚期士人生活擔子之沉重，以及不善治生所導致精神上的
自責。

　　貧富觀念的變化對於士人的心態有極大的影響，促動晚明士風從清
高向世俗尚利的趨勢轉化，為了維持一定的生活水準，入仕收受賄賂、
兼營商業、無官位直接從商或手工業等經濟活動，比比皆是。為官者
不擇手段致富已成為普通現象，賄賂成為官場文化的重要部分，堅持傳
統廉吏氣節者為眾人所恥笑，視為不識時務。[29] 近些年來，對於士人社
會交往的關注增加，學者也提到貧寒之士既不屑於治生，又鄙於結交權
貴，生活困頓使得他們的社會交往活動相對萎縮，促使他們回歸「安貧
樂道」的儒學傳統中尋求支撐。[30] 另一種相反的情況是，接受縉紳之家
的餽贈維持生計者，則曲意善承以邀其寵，為時人所嘲，已喪失士人維
繫社會交往的道德與人格準則。[31] 貧窮在經濟繁榮的明清社會中所顯示
的負面意義，由此充分地顯示出來，傳統儒家宣稱「安貧樂道」對於品
格的鍛鍊與意義，但現實生活中物質的貧困往往導致道德與人格精神的
消解，於是，明清士人從自身經驗中感悟到治生與志節之間的密切關

28　唐甄，〈大命〉，《潛書》（清康熙刻本），上篇下，頁 66a-66b。

29　劉曉東，〈晚明士人生計與士風〉，頁 17-22。

30　徐林，〈明代中晚期江南地區貧士的社會交往生活〉，《史學集刊》，2004 年 3 期（吉林，2004.6），頁 34-37。徐林，《明代中晚期江南士人社會交往研究》（上海：上海古籍出版社，2006），頁 105-113。

31　劉曉東、趙毅，〈晚明士人社會交往的失範及其評述〉，《東北師大學報（哲社版）》，2005 年 5 期（吉林，2005.9），頁 109-114。

聯，使得人們要求儒家在道德哲學中，必須將基礎的物質經濟條件包括進去，而文集中也經常提到物質經濟生活獨立對於保全人格尊嚴的重要意義，如何在個人利益和道德之間做出權衡，成為士人必須面對的重要課題。

二、明清之際「治生」論的新發展

士人對於「治生」的客觀需要提供了產業增殖模式的家政論興起的一個必需的背景及條件，與「治生」密切相關的儒家倫理（「人欲」、「私」）的重新詮釋與理解，才真正改變了過去「以治生為俗累」的士林風尚，為產業增殖論的廣泛接受、挪用與倡導奠定了重要的思想基礎。

首先，「治生」的勞動價值在此時得到了新的道德意義。明代儒者主張成聖的關鍵在於個人心體工夫，家庭人倫屬於次要。明清之際儒者面對社會經濟發展的挑戰，對於成德方式的認識和過去已經有所不同，他們強調以家庭為修道場域，重視日用人倫，為學必須在家庭內實踐，不可好高騖遠。[32] 如周汝登（1547-1629）認為人應時時查驗自己：處父母前，心是否能低下？處兄弟間，心是否能捨得？處奴僕間，心是否能忍？這些家居生活的查驗就是修心的工夫。他甚至說，人若不能以家庭為道場，以父兄妻子為之師友，在奴僕下人中砥礪己心，一切學問都是虛假。周汝登在這方面的看法，與明代中期的王畿（1498-1583）正好形成明顯的對比。王畿好離家遠遊，認為與朋友講學比處家庭中更有益於學，至於家居生活和經營產業則是「閑思妄念」，是「世情俗態」，於性理有礙。[33] 又自言「予性疏懶，不善理家」，合理化將家務交給妻子處

32　呂妙芬，〈儒門聖賢皆孝子：明清之際理學關於成聖與家庭人倫的論述〉，《清華學報》，第 44 卷第 4 期（新竹，2014.12），頁 629-660。

33　王畿，《龍谿先生全集》（臺南：莊嚴文化出版社，1996 年影明萬曆 15 年蕭良翰刻本），卷 5，頁 28a-b。收入《四庫全書存目叢書》，集部，冊 98。

理。[34]

　　又如，高攀龍的學生陳龍正（1562-1626），他的功夫論較高攀龍更重視在日用人倫間的實行，說學問只能在倫常日用中息息體驗，由下學而上達天則流行，反之必不能成。潘平格（1610-1677）極力主張「盡力於人倫，綿密於日用」，[35] 一再強調求道求仁當於家庭生活孝弟中落實，他在〈孝悌〉中說：「學者但須篤信而力行之，肫肫於愛親敬長，切切於強恕反求，分毫未到則不愜，分毫未愜則必盡，如是綿密懇摯，則渾身是性善，渾身是良知。」又說：「審知學脈而篤志力行，則確確一孝字盡之。」[36] 謝文洊（1616-1682）的看法與潘平格相近，堅持儒學應以盡五倫、完成家庭責任為首務，強烈批評那些淡薄於世緣，「棄父母妻子，不事人間生業，相聚於山谷間，潔身自適，一切是非風波之險杳不相及」的學道者，都是受誘於出世之學而迷途，儒學必不能離棄五倫以為道。[37] 謝文洊說：

　　溫清定省，刑於教訓，理生居業，日用常行之事，何時可緩？若一概屏絕，閉關靜坐，萬事勿理，不幾與出家子滅棄倫常者相類乎？[38]

　　在這種重視日用人倫的觀點中，學者道德的圓融，並非自度自化的工夫，家庭人際關係即是最切身的道德實踐場域。就現實的生存狀態而言，提供家庭的基本物質生活，妥善照料父母妻兒的基本工作，便成為盡人倫之職的必要條件，甚至比讀書來得更重要。陳確的〈學者以治生為本論〉可說是此一論點最具代表性的文獻：

34　王畿，〈亡室純張懿氏安人哀辭〉，《王龍溪先生全集》，卷20，頁110a-b。
35　潘平格，《潘子求仁錄輯要》（北京：中華書局，2009），卷2，頁47。
36　潘平格，《潘子求仁錄輯要》，卷6，頁51-152。
37　謝文洊，〈癸巳復南城劉子淳書〉，《謝程山集》（清道光30年刻謝程山先生全書本），卷9，頁22b-23b。
38　謝文洊，〈戊戌答彭躬菴書〉，《謝程山集》，卷9，頁36a。

> 學問之道，無他奇異，有國者守其國，有家者守其家，士守其
> 身，如是而已。所謂身，非一身也。凡父母兄弟妻子之事，皆身
> 以內事。仰事俯育，決不可責之他人，則勤儉治生洵是學人本
> 事。……確嘗以讀書、治生為對，謂二者真學人之本事，而治生
> 尤切於讀書。……唯真志於學者，則必能讀書，必能治生。天下
> 豈有白丁聖賢、敗子聖賢哉！豈有學為聖賢之人而父母妻子之弗
> 能養，而待養於人者哉！魯齋此言，專為學者而發，故知其言之
> 無弊，而體其言者或不能無弊耳。 39

文中以為儒者為學有二事：一是「治生」、二是「讀書」，而「治生」比
「讀書」還要來得迫切。陳確明確指出士必須在經濟得以獨立自足，然
後才可能保全個人的尊嚴和人格。同時強調每一個士都必須把「仰事俯
育」看作自己最低限度的人生義務，而不能「待養於人」。

　　「治生尤切於讀書」，這一次序上的顛倒，是富有深意的，凸顯明清
儒學面對政治、經濟的變化所急需解決的一項課題，以及現實生活經驗
如何影響他們對於個人道德和經濟物質問題的界定和闡述。

　　陳確出身於士人之家，早年銳意於讀書，家用所需諸事「吾弗知
也」。40 新政府的建立是他經濟生活的重要分水嶺，身為明遺民，陳確的
話背後自然含有不仕異族的意味，但在個人的選擇之外，也不能忽略此
一新倫理觀的普遍性意義。〈學者以治生為本論〉寫於丙申年（1656），
當時陳確已親身經營家務 10 年，農耕活動使陳確深刻體會到農民的
勤勉刻苦，1646 年他寫〈蠶謠〉和〈蒼天七章〉還僅是以旁觀者的身
分，去描繪和「體恤」農民生活的艱辛，此時他卻親身經驗農家炎炎烈
日，「焦髮裂背」的生活，更體會到民生日用的米鹽瑣事，千頭萬緒，

39　陳確，《陳確集》（北京：中華書局，1979），上，頁 158-159。
40　陳確，〈婦王氏傳〉，《陳確集》，上，頁 280。

最易「消磨人心」。[41] 可以說，陳確主張「治生尤切於讀書」的觀點並不是從讀書為學中得來，更多是他與生活長期奮鬥所獲得的總結，遂由此充分認識到「治生」對於盡人倫之職的重要性，高度肯定管理家業的勞動價值，打破傳統士人鄙薄生產的觀念，可謂意義重大。相較之下，王陽明在「學為聖賢」的大前提下，始承認「治生」亦不礙、甚或可以是聖賢，陳確則以「讀書」與「治生」的恰當處就是聖賢之學，故對於「人欲」與「私」也有了新的看法。

陳確反對將「天理」與「人欲」予以絕對的對立化，主張「天理正從人欲中見，人欲恰好處即天理也。」[42] 即作為人的自然欲望的人欲是無法消除淨盡，也不必消除淨盡，是以道德修養並不在於滅欲、靜坐絕欲來達致本初，而是重新重視人欲的想法，並從人欲的「恰好處」求天理，由此給予人欲正面的肯定。若「人欲」中的恰好處之天理，可以理解成私的充足狀態（擁有足以生活得安心和充足的田土），在「人欲」和「私」中尋求個人產業的擴大，便取得其道德上的合理性，從過去「滅人欲」轉向給予人欲正面肯定。

清初諸儒對於「私」有更進一步的理解。黃宗羲說：「有生之初，人各自私也，人各自利也。」顧炎武說：「天下之人各懷其家，各私其子，其常情也。」而戴震在《孟子字義疏證》中所說的理欲關係，幾乎與陳確如出一轍：

> 天下之事，使欲之得遂，情之得達，斯已矣。惟人之知，小之能盡美醜之極致，大之能盡是非之極致，然後遂己之欲者，廣之能遂人之欲；達己之情者，廣之能達人之情。道德之盛，使人之欲無不遂，人之情無不達，斯已矣。[43]

41　陳確，〈日燒一擔柴〉，《陳確集》，下，頁 634。
42　黃宗羲，〈與陳乾初論學書〉，《陳確集》，上，頁 149。
43　戴震，《孟子字義疏證》，卷下「才」，《戴震集》（上海：上海古籍出版社，1980），頁 309。

達情遂欲凸顯了戴震從情欲之達處來理解道德的特色。

　　清代儒學對肯定利己之私欲的新發展，認為尊重個人經濟的充足並不等於負面意義的自私，在肯定現實人情的生存欲，及與此相關的財物、田地等物質欲、占有欲的前提之下，故能從「君子食無求飽，居無求安」的「安貧樂道」的桎梏中掙脫出來，不再受到「諱言利」的思想束縛。

　　重要的是，何謂「私」的充足狀態？明清儒者關注的並非一般庶民的生存問題，而是從等級秩序的角度，去談士人所擁有足以支撐他們社會身分的經濟實力，其理想狀態是一種合於「不貧不富」（陳龍正）、「不足有餘」（王士俊）、[44]「不寒不暖」（丁耀亢）的中庸之道。丁耀亢在散詞〈丁野鶴〉中描述了其具體內容：

> 治幾處莊兒，不近又不遠；騎一個驢兒，不勤又不懶。茅屋兩三間，閒書數十卷。撲面春風，不寒又不暖；順口油腔，不長又不短。清閒日子臨到俺，吃幾頓消停飯。樽中酒不空，爐內勤添炭。得玩玩且玩玩，還嫌玩的晚。

「野鶴」為丁耀亢的化名，文中描繪了一種官宦富室的家庭生活方式，其必要條件是擁有幾處「不近不遠」的莊田，兩三棟茅屋，數十卷藏書，與此相對稱的是「不寒不暖」的清閒日子。實際上，丁耀亢擁有的產業內容至少包括：一座以上墾荒而成的廣大莊園（每座約 20 餘頃），外加耕作性的奴僕近百人，佃農莊客近 400 人，以及藏書樓中千餘卷藏書。這樣的經濟生產規模對於一個士人家庭而言，稱得上是「適當地富足」。類似觀點也見於海寧人許相卿（1479-1557）《貽謀》：「吾家書生門戶，世無大富貴……奴婢毋出百人，良田毋踰十頃。」[45] 大概不出這個數量。相較於當時在文集中經常提到的江南豪富者，擁有土地數百頃

44　王士俊，《閒家編》，卷 5，頁 1a-1b。
45　許相卿，《貽謀》（明天啟樊維城輯刊鹽邑志林本），卷 27，頁 4a-b。

到數千頃以上，役使僮僕數千人，丁耀亢、許相卿擁有的產業數量，給人的印象大概可說是中等規模的富家。

若將此一「不貧不富」懸為理想，那麼，為達致私的充足狀態的「經營」，便有其道德上的合理性，而「治生」的積極性也受到前所未有的重視，成為檢視家長的家庭職責已「才德兼備」的證明，產業日落更成為「失德」的一種象徵。[46] 在此一思想基礎之上，進一步從現實生存狀態「家」作為經濟實體的角度，重新詮釋產業增殖論的重要性，由此經營地主的治生產業之學才完成了向士人階層的轉化，成為他們普遍接受、甚或推崇的家政論述。

在這種看法中，「治家」不再是宋儒所強調的禮治和教化家人，而是肯定私、欲與治生的想法，欲藉由「經營」思想的規律性實踐，將家庭組織延續到未來。它看似與宋儒的論調相近，實則其中天理與人欲、治心與治生的先後順序已經轉變，兩者相去甚遠；較諸過去強調士人對社會、國家的責任，他們更加關注一己之私的充足問題，更不同於司馬光反對「多藏以遺子孫」，倡導家庭經濟重在控制家用的看法。表面上看來，士人階層對於這種產業增殖論的關注，與當時社會上貧富觀念變化所引起身分秩序的混亂，密切相關，因此希望保持經濟上的優勢以支撐其社會地位的優勢。但是問題並不是那麼簡單，由於「私」的主張本非對於社會大眾一視同仁的看待，不同身分等級之間也存在著欲的對立，在明清抗租和奴變不斷發生的狀況下，如何調和這種欲的對立，以達致相互性的公平（例如張履祥所強調的「撫卹」佃戶之道），便成為治生產業過程中探討生產關係的重要問題，這個部分我們將在後面幾章有所說明。

46　丁耀亢，〈十敗〉，《家政須知》（臺南：莊嚴文化出版社，1996 年影清初刻丁野鶴集八種本），頁 15b-17a。收入《四庫全書存目叢書》，集部，冊 235。

三、「重治生」與「居家日用類書」的刊刻、流行

　　如上所述，明清時期士人貧困化的整體趨勢及所引發的心理危機，與社會上「重治生」的思潮，兩者相互促進，而士人對「治生」相關的儒家倫理也進行了重新詮釋，改變過去「治生妨學」的價值觀，進一步奠定家政論興起的基礎。在這樣的社會思潮下，治生產業既已成為家政經營的新重點，與實踐密切相關的農業技術知識，乃培養治生能力的重要基礎，就此而論，士人學習家政時「閱書」似乎是自然不過之事，如丁耀亢《家政須知‧因時》中說：「今有《田家五行》、《居家必用》等書，要不外周之〈月令〉一篇，大而敬天勤民，小而立身治家，盡乎此矣。」即從天候陰陽農殖的角度，來談《田家五行》、《居家必用》的實際使用。文中提到的《田家五行》、《居家必用》是當時流行於大江南北的「居家日用類書」，從出版文化來觀察這些「居家日用類書」的大量刊行，可以發現其與社會上「重治生」的思潮息息相關。

　　學界一般將所謂百科全書式的日用手冊書籍，稱為「日用類書」。目前關於日用類書的研究十分豐富，各系列的日用類書重點也各有不同，酒井忠夫從知識範疇的角度，將以「居家」為題的《居家必備》、《居家必用事類全集》之類的日用類書，稱之為「居家日用類書」，與《事林廣記》類的「總括事文的日用類書」區別開來。[47]

　　這些「居家日用類書」有些早在元末明初已經成書，內容包含許多家務管理的資料，然受到重視則是明中葉以後的事。當時流行最廣的，莫過於上述丁耀亢所提到的《居家必用》，元代佚名者所撰，到明代

47　參見酒井忠夫，〈明代の日用類書と庶民教育〉，林友春編，《近世中國教育史研究》（東京都：國土社，1958），頁 62-74。或者如吳蕙芳稱《萬寶全書》系列的日用類書為「民間日用類書」。吳蕙芳，《明清以來民間生活知識的建構與傳遞》（臺北：臺灣學生書局，2007），頁 31-37。關於日用類書的研究目錄，參見杉浦廣子編，〈明代日用類書研究論文‧著作目錄稿〉，頁 1-21。https://core.ac.uk/download/pdf/236669327.pdf（頁面擷取日期 2021/7/23）

中葉才重新校刊再版，據筆者初步統計，從 15 世紀中葉到萬曆時期的一百數十年間，《居家必用》就在北京、江南、福建等地區，至少刻版了 10 次，有官刻本和商業出版等不同流通方式，且內容方面也經過多次修訂、增補。

　　現存《居家必用事類》較早的明刻本應是熊宗立（1409-1481）刻本，[48] 其人乃活躍於正統、天順年間福建地區的著名書賈，書坊名「種德堂」，曾刊刻眾多圖書。而明司禮監官刻本的《居家必用事類》十卷，學者從版式、字體來看，推測應是嘉靖以前或成化年間的版本，依天干分卷，是美觀的大字本。又，嘉靖 39 年（1560）刊本開頭有田汝成序，記載了該書重新刊刻的經過。序中說：「凡十集，以甲乙丙丁等字為序第，不著纂輯者姓名，疑元時人為之。以其所引占書宅經，多宋元人事，是以知之耳。」田汝成列名《明史・文苑》，著作等身，有名於世。他根據該書的內容考證其為元人作品，應為可信；又指明出書原由在於該書將訓蒙、孝親、婚喪、田圃、食饌等集為一書，實「居家居官不可缺」。序文中還提到：「國朝內府已有刻板，然簡表重大，不便奚囊，方泉洪君子美勒而小之，讎校精嚴，逾於前刻。」[49] 可知刊刻於元代的大字版《居家必用》，在明代時曾經庋藏於宮廷書庫中，洪方泉得到其中一部後，製成縮小版做商業出售，此一版本即嘉靖版的精緻版本（洪方泉本是根據司禮監本加以縮小），較諸其他版本，誤刊文字較少。[50]

　　至於隆慶 2 年（1568）刊刻的《居家必用事類全集》十卷，書首有飛來山人的序，提到該書增補的經過。文中說：「往年梓於吾杭洪氏，今則廢棄矣。予深惜之，于是捐貲收集，重加校正，補刊遺闕，使永其

48　《千頃堂書目》卷 12 載熊宗立《居家必用》卷十，誤將刻書人當成作者。

49　田汝成，〈居家必用事類敘〉，《居家必用事類》（京都：中文出版社影嘉靖 39 年田汝成序刊本，1984）。

50　橋川時雄，〈居家必用の解說〉，田中ちた子、田中初夫編，《家政學文獻集成・續編》，江戶期第 7（東京都：渡边書店，1969），頁 6。

傳，以公於同志云。」[51] 序中提到洪氏本（應是洪方泉本）在杭州曾經
多次刊刻，而這個重刻的本子，乃根據洪氏本經飛來山人修改過的，即
飛來山人序刊本的特點是對原書進行了補充、增訂。大概明代中期的
版本演進是：司禮監本→洪氏縮小本→ a. 田汝成序本，b. 飛來山人本
（補充、增訂）。

《居家必用事類全集》與治生產業相關的部分，包括丁集「牧養良
法」及戊集「農桑類」。丁集「牧養良法」中，在「養馬總論」、「王良
相馬捷法」、「牧養須知」、「相馬法」之後，列舉了治療處方箋，其後分
述「養牛類」、「養雞類」、「養鵝鴨類」、「養魚法」，但並未提到養豬方
面的記載。戊集「農桑類」中，種藝吉凶便佔了「農桑類」大半，蠶桑
方面記載了一些栽桑養蠶的方法（技術），並有「種藝」、「種藥」、「種
菜」、「果木」、「花草」、「竹木」六項，分別記述了各項的耕作和栽培方
法，這些知識技術多摘錄自前人的農書。整體來說，《居家必用》中所
收錄的農牧知識多側重在「農圃技藝之方」（飛來山人語），也就是供給
家庭日用所需的園藝蔬果之栽培，但是不知為何對於經濟生產核心部分
的「農桑」本業，反而收錄很少，僅有少數條目提到耕鋤、種麥、植桑
等。

《居家必用》除上述幾種著名的版本之外，還有萬曆 9 年（1581）
《重刊校正居家必用事類》八卷，明代黃希賢序刊本；《居家必用事類全
集》二十卷 15 冊的明刊本，無田汝成序，刊印年代不詳，並刪去每冊
所附「月到天心處，風來水面時」的標誌性文字，可判定為田汝成序的
嘉靖刊本之後的另一版本。另一種萬曆 7 年（1579）《新刻增補官板居
家必用便覽》福建寶善堂繡梓本，該書卷 7 以前是司禮監刻十集本的精
選，卷 8 則從其他書籍中增補。

此外，南京圖書館藏嘉靖 27 年（1548）《日用便覽事類全集》十卷

---

51 〈居家必用事類敘〉，《居家必用事類全集》（上海：上海古籍出版社，2002 影明隆
慶 2 年飛來山人刻本），頁 1a-b。收入《續修四庫全書》，子部，冊 1184。

潘藩刻本，第 4 冊為「牧養良法」，第 5 冊為「種藝、種菜、花草、果木、種藥、竹木類」，與《居家必用事類全集》十分相似，可能是出版商人為了利益加以改頭換面的做法。[52]

　　關於《居家必用》的讀者群，從內容上看來包含許多有關家禽家畜的牧養、蔬果藥材的種植，以及醃醬菜的方法與衛生養身的秘訣等農業知識，反映鄉紳地主對管理家業的需求。從引用《居家必用》作為家業經營參考者如明末士人丁耀亢，或者目前墓葬出土品的陪葬品，如太倉縣雙鳳鄉南轉村施貞石夫妻墓（施貞石據考是一識字鄉紳），[53] 主要為士人和具有文化修養者，學者從閱讀能力考察該書的讀者群，也得出同樣推論。[54] 但我們也會看到不同學者從《居家必用事類全集》中所載「養金魚法」，推論出是反映「當時飼養金魚已成為庶民經營，並在市面販賣情景的記載」的不同見解（如橋川時雄），以及認為《居家必用事類全集》、《多能鄙事》是反映富民階層的家業經營（如 Craig Clunas），或「貼近於下層民眾的日常實用」的看法（如劉天振）。[55] 所謂「庶民」、「下層民眾」是從蒐集資料的角度來看；若就關注「家政」的學習角度視之，粗識文字是「閱書」的基本要求，以士人和具有文化修養者為其讀者組成，應無疑義（關注農事經營的「富民階層」也常與士人和具有文化修養者相互重疊）。

　　除了上述的《居家必用》之外，明代中期以後世面上還流行不少「居家者」遵用的日用類書，如《多能鄙事》、《墨娥小錄》、《便民

52　王毓瑚，《中國農學書錄》，頁 124。

53　吳聿明，〈太倉南轉村明墓及出土古籍〉，《文物》，1987 年 3 期（北京，1987.3），頁 19-22。

54　王正華從閱讀能力考察「居家日用類書」的主要預設讀者，應是士人階層和有一定文化修養者（粗識文字）。參見王正華，〈生活、知識與文化商品：晚明福建版「日用類書」與其書畫門〉，《近代史研究所集刊》，第 41 期，頁 18-19。

55　橋川時雄，〈居家必用の解說〉，頁 6。Craig Clunas, *Fruitful Sites: Garden Culture in Ming Dynasty China* (Durham: Duke University Press, 1996). 劉天振，《明代通俗類書研究》，頁 56。

圖纂》等。[56]《多能鄙事》據《明史・藝文志》著錄，撰人題作劉基（1311-1375），現存最早的版本為嘉靖19年（1540）刊本。[57] 該書的刊刻經過，據范惟一（1510-1584，蘇州人，河南布政使）於嘉靖42年（1563）所撰的序言：「余在京師，從友人所偶見二冊，非全書，已視學浙中，屬青田尹購得之，然亦多錯亂脫落，攜至汝南，因稍為校訂而刻焉。其脫無考者，仍闕之。」講述了該書完成後經歷散佚又被重新發掘、校正刊刻的過程。

　　至於《墨娥小錄》的作者可能也是明初人，卻遲至隆慶5年（1571）才刊行出版。[58] 刻書者啟玄道人吳繼所寫〈引言〉中，提到該書的發掘經過：「余暇日檢篋藏書，偶及是集，名《墨娥小錄》，自文藝、種植、服食、治生，以至諸凡怡玩一切不廢，……不知輯于何許人，并無脫稿行世，晦而湮者，亦既久矣。客有訪，余出共閱之，以為民生日用所需甚患，……按簡應事，則愚可明，拙可巧，鋟而廣之，亦覺世之一道也。」[59]

　　內容方面，《多能鄙事》秋卷卷之7有農圃、牧養，種果、種藥、種竹、種花及養治六畜之法，都是談一些家常瑣碎需要的農牧之法。與《居家必用事類全集》的農圃知識比對之後，可以發現兩書文字相同或接近之處，占整體項目的7成以上，前者更像是後者的文摘（推測是因應市場需要的仿作）。[60]《墨娥小錄》卷8「種植怡情」和卷13「禽畜宜

56　（明）佚名，〈刻墨娥小錄引〉，《墨娥小錄》（北京：北京圖書館影明刻本，1988），頁1b。收入《續百子全書》，冊18。

57　王毓瑚，《中國農學書錄》，頁135。

58　隆慶5年《墨娥小錄》的初刻本為吳氏聚好堂刻印。

59　（明）佚名，〈刻墨娥小錄引〉，頁1a-b。

60　筆者將《多能鄙事》秋卷卷之7農圃、牧養與《居家必用類全集》丁集「牧養良法」、戊集「農桑類」的相互比對，兩者內容相同和相近者高達7成以上。這種情形並不限於該書農圃知識的部分，西諦（鄭振鐸）曾提到篠田統先生將《多能鄙事》與《居家必用類全集》對比，約有7成內容相同或相近。〈漫步書林〉，《人民日報》，1956年8月1日。

忌」涉及家庭養殖副業和園藝種植。

　　在明代中晚期社會「重治生」的潮流下，一方面促使這些「居家日用類書」應時而起，大量刊刻，廣泛流通。另一方面「居家日用類書」輕於農桑、詳於園藝的知識特色，到了明末也發展出巨大的轉變，轉變的要點有二：一是將「治生」獨立成為一個項目，提出來做為「居家日用經濟」的經營重點，改變過去那種閒暇、補充式的家庭園藝型態。二是出現了專門以治生產業為編輯宗旨的日用類書。前者最具有代表性的就是《居家必備》，後者首推《陶朱公致富奇書》。

　　明末讀書坊所刻《居家必備》，以「居家」為題，選輯眾書彙編而成，設目錄八類，共十卷，收書凡 108 種。其中「治生」為一獨立類別，分為上下兩卷（卷 3、卷 4），可知其分量之重，且不再使用《居家必用》「農圃技藝之方」的說法。該書前有瞿祐（1347-1433）的序言，文中說：

> 夫居家以教子弟為先，教子弟以讀書為本，讀書人又必以治生為急。……郳侯三萬籤，方存乎見少，而悉問治生奉養、米鹽瑣屑之編，為家之富，履之祥耶。[61]

瞿祐字宗吉，錢塘人，詩詞於當世聞名，明代文學選集中，不乏其傳記。[62] 瞿祐的序並未言明為《居家必備》而寫，從該書流行於明末（其蒐羅的書籍有多種晚明著作，推測成書於明末），對比瞿祐生存於元末明初來看，這篇序文顯然不是（也不可能是）專為《居家必備》而寫，然出版者將該序置於書首，表明認可其看法。文中提出將農業生產作為家庭主要收入，且這種「治生為急」的觀點在這部書的內容編輯上也有清楚的展現。

61　《居家必備》（明刊本），卷 3「治生」。
62　關於瞿祐的身分考訂，參見王正華，〈生活、知識與文化商品：晚明福建版「日用類書」與其書畫門〉，頁 19。

　　就知識架構看來，《居家必備》「治生」類有很大的擴展，匯集了前人及明代中晚期新刊的多本知名農書（主要記述吳中的情形），涵括了農業生產的不同部分，已然形成「耕，桑、畜、樹」的完整體系，輔以農業占候，對治生產業相關的農業知識的蒐羅可謂完備。

　　「治生」上主要匯集農耕畜養類書籍，包括賈思勰《齊民要術》；唐‧陸龜蒙（？-881）《耒耜經》；黃省曾（1490-1540）《養蠶經》、《稻品》；俞宗本（元末明初）《種果疏》、《種藥疏》、《田牧志》、《種樹書》（成於 1376 年、托名郭橐駝）、《納貓經》；范蠡《養魚經》；世懋《瓜蔬疏》。「治生」下則匯集農業氣象和占候之著作，包括婁元禮（元末明初）《田家五行》（農業氣象和占候之作）、《紀曆撮要》；[63] 漢東方朔（前154- 前 93）《探春歷記》、《田家曆》；漢崔寔（103-170）《農家諺》；錢唐瞿佑《俗事方》。

　　這些書籍是瞭解當時農業技術知識的重要參考資料，取材對象除了前代的重要著作外，也不乏舊書新編者，如俞宗本的《種果疏》、《種藥疏》、《田牧志》三書的內容主要出於元代《農桑輯要》而略有刪節，透過《居家必備》之編纂、刊刻，而成為家庭副業的基本內容。同時納入當代新出的精品，如黃省曾《稻品》將太湖地區的水稻農家品種做了系統、細緻的紀載，包括水稻品種的名稱、別名、異名，該品種的生育期、植株型態特徵和生理特徵，對品質特點如粳稻、秈稻或糯稻等也有說明，是現存較早以區域性水稻品種為論述對象的重要專書。[64] 又如俞宗本《種樹書》，為第一本較有系統記載果木嫁接方法之著作，是作者

63　《紀曆撮要》一書在《居家必備》中題為「唐‧鹿門老人」，但胡文煥《格致叢書》第 37 冊所輯題為「明‧婁元禮輯」。另，明代張師說《田園經濟》所輯本題為「新刻田家五行紀曆撮要　錢塘都城維翰訂」，缺撰者姓名。天野元之助，《中國古農書考》，頁 145。

64　中國第一部水稻品種專著為宋人曾安止的《禾譜》，明末時已失傳。1983 年泰和縣文物普查工作隊在石山公社匡原村所藏光緒 34 年刊《匡原曾氏重修族譜》中發現刪削過的《禾譜》部分內容。曹樹基，〈《禾譜》及其作者研究〉，《中國農史》，1984 年 3 期（南京，1984.6），頁 84-91。

閑居城南時，採集前人之言參互考訂而成，如賈思勰《齊民要術》、宋吳懌《種藝必用》、元司農司《農桑輯要》、魯明善《農桑撮要》、張福《種藝必用補遺》。[65]

我們可以就知識架構上的演變，將《居家必用事類（全集）》和《居家必備》之間的差異列表如下（表 3-1），圖中淺灰色部分（耕、桑）即為兩者內容最大的不同處。

表 3-1　《居家必用事類（全集）》和《居家必備》之知識結構差異

	《居家必用事類（全集）》	《居家必備》
耕	僅有少數條目提到耕鋤、種麥、植桑。占候：「種藝」（吉凶占了大半）。	賈思勰《齊民要術》；唐・陸龜蒙《耒耜經》；黃省曾《稻品》。占候：婁元禮《田家五行》、《紀曆撮要》；東方朔《探春歷記》、《田家曆》；崔寔《農家諺》；錢唐瞿佑《俗事方》。
桑		黃省曾《養蠶經》
樹	包含「種藥」、「種菜」、「果木」、「花草」、「竹木」等項。	俞宗本《種果疏》、《種藥疏》、《種樹書》；世懋《瓜蔬疏》。
畜	分為「養馬總論」、「王良相馬捷法」、「牧養須知」、「相馬法」、「養牛類」、「養雞類」、「養鵝鴨類」、「養魚法」等項。	俞宗本《田牧志》、《納貓經》；范蠡《養魚經》。

明末另一部以治生產業為編輯宗旨、十分實用之入門參考書：《陶朱公致富奇書》，與「居家必用」系列之廣泛收錄居家日用相關知識的模式，截然有別。該書原為何時何人所作，不得而知，戴羲《養餘月令》（成書於 1640 年）曾加以引用，可見書成於戴書之前。清代傳刻本多作四卷，康熙 36 年（1697）郁郁堂重刻本書名前多「重訂增補」字樣，分作八卷，內容與四卷本全同，只在鍾山逸叟序之外，多了一篇陳繼儒的序，題崇禎丙子（1636），文中說：

65　天野元之助，《中國古農書考》，頁 149。

奇書之遞傳，所由來已夫（久？）……惜舊本鄙譌，未有正之者。今余年七十有九，山居無事，手訂其誤，別採農桑、月令諸集補之。[66]

此乃傳刻本皆注明「陶朱公原本，陳眉公手訂」的緣故，實則學界一般認為該書是經過多人紀錄整理而成。

陳繼儒（1558-1639），字仲醇，號眉公，松江華亭人，長期隱居昆山，著有《眉公秘笈》（《致富奇書》引用文獻中時代最晚的一部）、[67]《種菊法》，《明史‧隱逸傳》中有傳。鐘山逸叟提到陳繼儒校訂此書的目的是：

地財莫禁，勤者致富，百穀有秋，名花維茂。[68]

即為發展農業生產以發家致富提供一門途徑。鐘山逸叟補入的是「方藥」的部分。

全書四卷，卷1分穀、蔬、木、果四部；卷2分花、藥、畜牧三部，附耕種吉凶、田家曆（農家月令）及每月栽種書，分述1年12個月的農事收種安排；卷3分占候和詩賦兩部；卷4包括四季備考、群花備考、衛生至要、服食方等篇，其中四季備考和群花備考皆是雜錄一些故事，無關農業生產。

該書與農業生產相關的技術和知識，多是摘錄、剪裁前人著述而成，可貴之處在於編排頗為精當扼要，如「穀部」開頭有耕種總論和開荒，然後依序講述鋤田、浸種、壅田、插蒔、耘耰、閣（擱）稻等工序，再分述稻、麥品種特性，閱讀起來頗有系統且條理分明。鋤田養地

---

66 陳繼儒，〈陶朱公致富奇書序〉，《陶朱公致富奇書》，頁1a。

67 游修齡，〈關於《致富奇書》〉，《農史研究文集》（北京：中國農業出版社，1999），頁477。

68 鐘山逸叟，〈致富奇書序〉，《致富全書》（鄭州：河南教育出版社，1994影乾隆40年刻本），頁1a。

部分的解說與《居家必用事類》相比，已十分詳盡，然與當時一流的家政書（如《沈氏農書》）講求精耕細作，對各環節皆有具體操作標準的要求相去甚遠，但從壅田到攔稻的整個水稻生長環節，已符合集約農作的工作模式，此與《沈氏農書》合在一起便可看出。

表 3-2　《致富奇書》與《沈氏農書》關於水稻種植之比較

書名＼工序	基肥	插秧		除草	稻田水分管理技術		追肥
沈氏農書	墊底	插種	宿草	鋤盪	烤田	處暑接水	下接力
致富奇書	壅田	插蒔	×	耘攪	攔稻	×	×

從上面的比較表可以看出，《致富奇書》在水稻種植的部分主要缺「追肥」一項工序（至於宿草一項是補充插種的前置作業，說明沈氏經營對於土地精耕的要求更高；處暑接水應是當時的習慣作法而被略去）。實際上，「追肥」是否必要在當時頗有爭議，因為「追肥」不當會干擾水稻的自然生長機制，導致結穗不佳的副作用，而晚幾年成書的《沈氏農書》在這方面有獨到心得，兩書時間相近，[69]《致富奇書》的編者陳繼儒或者還來不及知道下接力的正確方法。

其次，該書也顯示了種植業與養殖業之間的有機性連結。如「畜牧部·養魚」分述種（魚苗）、法（養魚法）、品（魚的品種）。談及建魚池時，闡述了魚池周圍植物與養魚效益的增進，如「池之旁樹芭蕉，則露子滴而可以解汎。樹楝樹，則落子池中，可以飽魚。樹葡萄，則架子於上，可以免鳥糞。種芙蓉，則叢生岸畔，可以避水獺。」[70] 這樣的佈置，雖較諸著名的譚氏兄弟、張履祥《補農書》的立體種植和多種經營的巧妙規劃，相去甚遠，但從農（種植業）牧（養殖業）結合以提高經營效益的角度來看，又比《居家必用事類全集》、《居家必備》有所進步。

69　陳繼儒卒於 1639 年，而《沈氏農書》約成書於 1640 年前後。
70　《致富全書》，頁 955。

　　《致富奇書》由於具有相當高的實用價值，各地翻刻此書者甚夥，著名者如康熙 43 年（1778）文盛堂本，有鐘山逸叟小引，而乾隆 40 年（1775）刻本題為《致富全書》。

表 3-3　清代《致富全書》的刻印版本

年代	書名	卷數
清初刻本	致富奇書	2 卷首 1 卷
清刻本	致富奇書	6 卷
清初刻本	重訂增補陶朱公致富奇書	8 卷
清初聽松樓刻本	重訂增補陶朱公致富奇書	8 卷
清康熙 17 年刻本	重訂增補陶朱公致富奇書	8 卷
清康熙 36 年郁郁堂刻本	重訂增補陶朱公致富奇書	8 卷
清康熙中經倫堂刊本	重訂增補陶朱公致富奇書	4 卷
清康熙 43 年文盛堂刻本	重訂增補陶朱公致富奇書	8 卷
清康熙 45 年刻本	重訂增補陶朱公致富奇書	3 卷
清乾隆 40 年金閶二酉堂刻本	重定增補陶朱公致富奇書	4 卷
清乾隆 44 年文盛堂刻本	重定增補陶朱公致富奇書	4 卷
清嘉慶 7 年刻本	重定增補陶朱公致富奇書	4 卷
清道光 2 年裕文堂刻本	重定增補陶朱公致富奇書	4 卷
清道光 20 年綠野草堂刻本	重定增補陶朱公致富奇書	4 卷
清咸豐 4 年味根齋刻本	重定增補陶朱公致富奇書	4 卷
清光緒間杭城聚文堂刻本	重定增補陶朱公致富奇書	4 卷
清善成堂刻本	增補致富奇書	4 卷
清末刻本	重定增補陶朱公致富奇書	4 卷

　　除上述版本外，還有文業堂、致知堂等清末刻本，之後民國有上海文瑞樓鴻章書局的石印本。光是以上不完整的統計在清代就已經有 21 種刻本，其餘版本大約還有不少。

　　該書的改編本亦多，如梁啟超飲冰室藏書目錄的《農圃六書》，是覆明刻本，全書分為樹藝、畜牧、占候、備考、衛生、救荒等六篇，是所謂「六書」，實際上書的內容與通行的《陶朱公致富奇書》可說完全相同，只是編排有些改動。《農圃六書》的版本，如清順治 11 年（1654）寧止堂刻本、清初刻本、清大雅堂書坊石印本、清鈔本（存 4

卷）等。

　　從翻刻的時間、版本來看，《致富奇書》自成書後迄清末都很流行，江蘇常熟人鄭光祖在1839年編撰、刊刻的《醒世一斑錄》中提到了該書的銷售量，他偶然在書攤上看見書商統計年度暢銷書，《致富奇書》名列前茅，與《紅樓夢》、《金瓶梅》、《水滸傳》、《西廂記》等通俗小說並列，其他的書籍銷售量均不及這幾本。[71]如前所述，《居家必用》在明代中晚期曾經廣泛流行一時，翻刻不斷，然自《致富奇書》出現在市場上之後，便一枝獨秀，重刻次數（10：21）和銷售排行都遠遠超過《居家必用》，呈現一片壓倒性的勝利。該書對農業生產各環節敘述詳實，有高度的實踐性，加之編排精當，固為受歡迎的重要原因，同時也是順應社會上「重治生」的潮流擴大而興起。

　　《致富奇書》的讀者組成部分，主要以士人和識字具有文化修養者為主，如清初蕭惟豫（1637-　？）曾寫道：「荷鋤戴笠種瓜回，手植櫻桃三五栽；《致富奇書》雖寓目，欲師范蠡笑無才。」[72]蕭惟豫，字介石，山東德州人，順治15年（1658）進士，歷官翰林院侍講，提督順天學政，著名詩人。詩中雖以經營無才自嘲，然而「閱書」這一舉動也透露《致富奇書》為清代士人學稼的重要入門書籍的事實。

　　而清人引用此書者亦夥，如談遷（1594-1658）《棗林雜俎》、湯來賀（1607-1688）《內省齋文集》、張宗法《三農紀》（序於乾隆25年）、祁寯藻（1793-1866）《馬首農言》、鄒存淦（1849-1919）《田家占候集覽》等等。查考這些徵引者的基本經歷：談遷，字孺木，浙江海寧人，著名史學家，明末清初史傳中多見其事略。湯來賀，字佐平，江西南豐縣人，崇禎13年（1640）進士，官至兵部侍郎兼廣東巡撫。張宗法，字師古，四川什邡人，清代文學家。祁寯藻，字叔穎，山西壽陽人，

71　鄭光祖，《醒世一斑錄·雜述》（清道光舟車所至叢書本），卷4「銷書可慨」，9b-10a。
72　蕭惟豫，〈春日居樂亭六首〉，《但吟草》（清康熙50年刻本），卷8，頁5a。

嘉慶 19 年（1814）進士，清中期重臣，「三代帝師」（道光、咸豐、同
治）。鄒存淦，字儷生，浙江海寧人，清末民初藏書家和醫學家。大體
看來，從未入仕的文人、醫者、藏書家到朝廷重臣、官僚學者都涵括在
內，而前述《居家必用》的讀者——士人、具有一定文化水平的鄉紳地
主，基於對治生產業的高度關注，可想見亦是該書的重要讀者群組成部
分。

　　《致富奇書》知識傳播的輻射地區，若就徵引者的籍貫上來看，似
乎從江南到華北，東從長江下游西到四川地區皆涵括其中。如果我們考
慮的不僅是籍貫，也包括這些徵引者或讀者與「居家日用類書」相遇的
地點，那麼我們就可以思考，是否要將祁寯藻當作這類書籍流傳到山西
的例子？因為他「幼從京宦，稍長歸里，五歲家塾，未親耒耜，弱冠遊
宦，二十餘年，還家如客，遑問及田。」[73] 可見他幾乎沒有什麼時間待
在家鄉山西壽陽，似乎在京師見到、購買書籍的可能性更大。後來他因
為居喪回到家鄉住了三年，這段期間編成了《馬首農言》，若因編書之
故，在壽陽當地蒐集材料時順道購買《致富奇書》做參考，也不失為一
個合理的推測。

　　要言之，明代中葉以後社會上「重治生」的思潮，促使士人和商業
出版對這些與治生產業攸關的「居家日用類書」重新發掘與刊刻流行。
這類書籍的共通點在於大量裁剪、輯錄前人的著作，將居家者所需的相
關農業知識、技術，分類編排，系統成書，此一特性對過去長期積累的
農業知識有整理之功，十分便於檢索查閱。這類書籍性質上與資料庫相
似，內容以吳中地區的生產情況為主，雖有少量官刻本，然絕大部分是
以商業性出版為媒介來面向社會大眾流通，內容豐富、實用性高和通
俗化（書價合理容易消費，購買方便），是它們被大量出版和一再刊刻
（兼具暢銷性和長銷性）的主要原因。

73　祁寯藻，《馬首農言》卷首引言，《秦晉農言》，頁 107。

另一方面，明清商業性出版機制也大大促進這些治生產業相關知識的流通，商業出版所擁有的最大優勢就是流通網絡多，市場規模大。這個特點也是其限制，因為這種商業出版的利潤主要來自於大量批發，在此一考量之下，勢必要盡量擴大書籍的讀者群以利後續銷售事宜，為了適應大眾文字能力（「粗識文字」的富家）或專業能力（「不識菽麥」的士人）的不足，經常將農學典籍的專業知識改成為更易讀（類書形式）、或易攜帶的通俗性讀本（縮小版）。

就知識架構上來看，早期《居家必用》系列的「農圃技藝之方」，大概是提供關注「家政」者一些入門指引，也可能是為士人歸田、科舉考試失利人士，初習園圃、養殖相關知識之用，或者輔助人們查閱一些常見的日用蔬果種植。到了明末，《居家必備》「治生」已獨立成一類，聚合多本重要的農書，顯示士人已不再滿足於消閑怡情、「親農事」的興趣，而是進一步朝向支撐家庭經濟收入的方向發展（與士人貧困化的上升曲線相互一致）。此一演變趨勢在《致富奇書》出現時更清楚地凸顯出來，「治生」不僅是「居家日用類書」的重要項目之一，而是可以發展成為一種新的、專講「治生」的日用類書，這表明市場上對於治生產業的日用類書，不僅需求甚殷，還更勝從前。而該書編排用心，從集約農作方式各環節的準確把握，及種植業、養殖業之間的互動關係上，便可略窺一二，故《致富奇書》能在暢銷排行上異軍突起，與當紅小說比肩。

在了解治生產業論興起的整體社會經濟、思想文化和出版文化之關係後，接下來要問的是：從以農起家之富民階層生產出來的治生產業論，如何過渡到士人群體的儒家「耕讀」理想，從而改變「耕讀」生活的內涵，在這個過程中，兩者之間經歷了怎樣的磨合？其中也必然包含了對於治生產業論的挪用和改造，以使之適應士人階層的需要，這便是下一章要探討的問題。

第四章
從富民持家到士人耕讀：
張履祥補輯《沈氏農書》與《補農書》

　　通行的《補農書》一般分為上下兩卷，上卷是張履祥整理的《沈氏農書》（約 1640 年前後歸安沈氏所撰），下卷是張履祥在借鑑《沈氏農書》、實踐耕讀生活十餘年之後，將其心得撰成的《補農書》（作於 1658年，以下稱為張書）。[1]

　　《補農書》二卷本產生於湖州（沈氏經營在歸安縣東境的漣市附近，歸安縣為湖州地區的一個縣名）和桐鄉（張履祥住地）兩地，是有清一代士人之家實踐「耕讀」生活的家政經典，在江南地區流傳甚廣。清初浙西遺民群體倡導治生以立身，在嘉湖地區形成一股風潮，其中《沈氏農書》的輯補者張履祥推行尤力，在他門下學習「耕讀」生活的下層士人不少。另一方面，該書因立意精詳，自 17 世紀中葉成書後，傳抄、摘錄、刊刻不絕，今日可見的有多種不同版本流傳，其中《楊園先生全集》本的《補農書》二卷因《四庫全書提要》的介紹最為人所熟知（收錄於《四庫全書存目叢書》）。此外，對於張履祥的尊崇，在他死後的二百多年之中不斷升溫，最終在同治 10 年（1871）由一介布衣

1　據《楊園先生年譜》所記，張履祥於 1647 年輯《沈氏農書》，直到 1658 年才完
　　成《補農書》。參見《楊園先生全集》，下，〈附錄〉，頁 1504。《沈氏農書》的補
　　書除了張履祥的《補農書》之外，還有吳連稔的《補補農書》，係嘉慶時代作品，
　　至今尚未見有存本。吳連稔，字雨潤，海鹽人，傳見光緒《嘉興府志》（光緒 5 年
　　刊本），卷 57「海鹽文苑」，頁 66a。《補補農書》一卷見光緒《嘉興府志》，卷 81
　　「經籍二」，頁 8b。陳恆力《補農書研究》中曾提到《補補農書》作者是盛百二，
　　應為印象誤植，因為該條史料下面接著介紹的就是盛百二的《教稼書》。

獲得了從祀孔廟的儒者最高榮耀，對其著作的廣泛影響力也有推波助瀾之功。1957 年農史學者到浙江嘉興、桐鄉一帶農村（產生這書的地點）實地調查時，猶見書中所記小農經營型態的特殊地貌遺存[2]

《沈氏農書》的作者漣川沈氏生平細節不得而知，名字也已遺佚，據農史學家陳恆力、王達所考，應是當地擁有廣大田土的經營地主，該書即是他長期持家的心得總結紀錄。從書中對農業技術的老練與改良意見、關注市場動向、人力勞動成本等看來，沈氏經營注重「管理」生產，著書行動反映沈氏識字，具有一定文化修養。其財力在崇禎 15 年（1642）大饑荒時，曾響應官府的號召，單獨辦理一座粥廠施賑，勉力完成救賑事務，說明沈家財力雄厚。而沈氏對於衙門中經手賦役錢糧計畫、徵收、催納、解送的部分官紳胥吏、差役、包工頭等人，也有相當的了解和描述，大概平日也經常與官吏、仕紳多有往來和合作關係，在地方上具有相當之聲望。[3] 凡此種種特徵，皆顯示沈氏乃晚明以來新興（以農起家）的富民階層之代表人物。

輯補者張履祥，字考夫，號楊園，乃浙江桐鄉一世代攻讀舉業的清貧士人（僅擁有 14 畝地），[4] 生平事蹟見《清史稿・儒林傳》，為清初浙西士人群體關注家政的代表性人物之一，在「耕讀」生活的實踐上取得了很大的成就，備受後世推崇。《楊園先生全集》中對「耕讀」生活之訓，重見疊出，如「治生以稼穡為先」，「既以學者自命，而孳孳以治生為急，此又不受命而貨殖之，最粗極陋者也」等等，足見其「治生」觀與耕讀活動背後實有特定之理念。

2　陳恆力，《補農書研究》，頁 180。

3　張履祥輯補，陳恆力校釋、王達參校增訂，《補農書校釋（增訂本）》（北京：農業出版社，1983），頁 4。也見周邦君，〈一位農學家筆下的災害實錄——明末湖州沈氏與《奇荒紀事》〉，《寧波大學學報（人文科學版）》，20 卷 3 期（浙江，2007.6），頁 86-87。

4　張履祥在〈答吳仲木〉中自言：「弟先人遺田，變廢之餘，尚存 14 畝。」《楊園先生全集》，上，卷 3，頁 66。

就資料本身的性質看來，《沈氏農書》為農業技術家族的富民階層之持家心得，而張履祥自撰的《補農書》則反映士人多年來實踐「耕讀」的真實狀況，故《補農書》二卷可說是文本（農家、大地主）與讀者（士人、小農）的閱讀實踐經驗兩相並存的難得案例。在文本共用的情況下，我們也必須考慮到像《沈氏農書》這樣的富民持家心得，本是根據農業經營者的立場，非從士人的角度出發，故在流通與接受過程中，必然經歷了與士人讀者之間的磨合與對話。就此而論，張履祥援引《沈氏農書》的農業科技結合傳統儒者「耕讀」的哲學思想，以深刻闡明如何「耕讀」相兼、如何治生等問題，無疑是引導士人階層接受此書及其論點的關鍵。同時，他自撰的《補農書》也為我們探尋家政書讀者的閱讀經驗、實際操作與再創作的循環過程，提供了極為重要且豐富的線索。凡此皆有助於我們觀察農業技術家族的產業經營論，如何過渡到士人階層，被他們所挪用、改造和接受。

要言之，《沈氏農書》之所以跨越身分類別，由新興富民階層的持家心得轉換為士人「耕讀」活動的指導用書，從而成為家政經典，對後世產生深遠的影響力，張履祥實居關鍵地位。

張履祥整理、引介《沈氏農書》的動機何在？透過《沈氏農書》與自撰《補農書》的合訂本嘗試塑造何種「耕讀」生活理想？書中所呈現的「家」之理念，何以能夠持續受到士人和官宦之家的重視與推崇？基於上述問題，本章先梳理張履祥所代表浙西士人群體的「治生」觀與外在社會潮流的相互激盪，以窺得其補輯《沈氏農書》之緣由。再就張履祥輯補《沈氏農書》的過程，說明從士人「耕讀」角度出發的張書，與富民持家心得的《沈氏農書》，在農事經營相關的多種項目各有不同見解，這種差異除去「農事隨鄉」的基本考量外，也凸顯出農業經營者與儒者道德關懷的立場不同，即張履祥如何透過內容知識的重新詮釋與增補，引導士人接受《沈氏農書》及其產業增殖論。最後透過兩書生產型態的異同，闡明張書對《沈氏農書》「經營」思想的挪用改造。表面上看來《沈氏農書》這種富民階層的持家之法（多涉及商業利益的

追求），與張履祥補書所建構的小農經營的家庭經濟活動（汲汲於衣食之需），因規模懸殊分屬兩種不同的生產型態，然就其「經營」思想與家庭秩序之間的關係，卻也有其一貫脈絡可循，顯示這類家政書在實際運用上有極大的彈性。而《補農書》二卷的流通、傳佈和可能的讀者組成，則說明了作為耕讀之體的「稼穡之澤」（士之經濟問題與人格志節），是它在近代以前廣受士人家庭的推崇，也是該書在清代家庭經濟論述中受歡迎的原因。

一、張履祥補輯《沈氏農書》的動機

從《沈氏農書》的內容看來，漣川沈氏並非一般老農，其出身當地著名的農業技術家族，且富有鑽研農業研究的精神。他在寫作農書以前，已經累積了許多農業耕作和經營管理的經驗，對於如何改進農業技術、配合優良的勞動力和市場動向，來增加稻桑的每畝產量，有其具體的見解和精細的要求；又將自身長期管理生產的經驗總結成一套系統化的「知識」，撰作成書，以農家參與文化生產在歷史上實屬少見。卷首開始便列舉了一套管理水稻生產的標準工序，並就工序的各項操作準則配合水稻生長原理，逐步逐條加以詳細解說（對於耕的天氣、深度、細緻度，施肥量都有嚴格的規定，不夠標準將大大影響之後的效果），此一清楚詳實、富含生產經驗特色的農業科技貫徹全書。以此為依據，同時掌握周圍的經濟情況，有效地支配人力和物力，從而做到凡事「心中有數」，這種經營農事的方法對初學作家者而言，自然事半功倍。可以說該書最突出的論點之一，就是以親身經驗對農業技術加以改進來發展生產、累積財富，與廣泛流行的「居家日用類書」，或者一般農書中抄撮舊說，因事理不明只得簡略其文、試之無成效者，截然有別。

《沈氏農書》在當時是家政名著，閱讀、收藏此書者不止張履祥，還有海鹽望族錢氏的藏書家錢爾復。張履祥整理的《沈氏農書》並未對原書加以改動，將之與錢爾復收藏的版本兩相對照，錢爾復本缺「家常

日用」最後的作豆豉法，或者字句略有不同，「逐月事宜」的排列次序
也有差異，整體並未改變書的原意。另一些細微僱工費用上的差異，可
能是因為抄錄年代不同，僱工費用波動所致。

　　從張履祥的思想發展來看，對《沈氏農書》的整理和補充是政治變
動下的偶然，也是明清下層士人貧困化之下重治生的潮流所趨。關於張
履祥從事耕讀生活的緣由，弟子陳克鑑在〈補農書引〉中記述如下：

> 農書之補，何為而作也？昔吳康齋先生講濂、洛、關、閩之學，
> 而隱於農，率弟子以躬耕。先生慕而效之，讀書館課之餘，凡田
> 家纖緒之務無不習其事，而能言其理。諄諄以耕讀二字教後人
> 者，於〈初學備忘〉、〈訓子語〉中載之備矣。而田里樹畜之法，
> 則取《沈氏農書》為本。[5]

即因明清易代，張履祥絕意仕進，館課授徒之餘，並親自參與農業生
產，抄輯《沈氏農書》與家人講習農業科技和知識，雇工經營田土，同
時以之作為教導弟子讀書、學稼的教材。此處陳克鑑將張履祥的「耕
讀」活動追溯到明初吳與弼（1392-1469）率弟子躬耕，然據學者所
考，吳與弼並未將農事經營視為教學必須項目，且他自言「迂謀拙理
生」，[6]與張履祥強調以「耕讀」教後人、並能習事言理的宗旨，仍有相
當大的區別和差距。

　　張履祥以實踐「耕讀」為主要的生活方式，有其個人特質的因素在
內；但若從張履祥本人所代表的浙西遺民群體來作權衡，那麼他的「治
生」觀及對「耕讀」活動的踐行，便具有指標性的意義。士人對於治生
產業的集體性研討，首見於浙西士人群體，其成員多來自浙江省北部嘉

5　《沈氏農書》（濟南：齊魯書社，2001 影清乾隆 47 年刻楊園先生全集本）「卷首」，
　　頁 2b。收入《四庫全書存目叢書補編》，冊 80。以下《沈氏農書》和張履祥的
　　《補農書》引文皆據此版本。

6　鍾彩鈞，〈吳康齋的生活與學術〉，《中國文哲研究集刊》，第 10 期（臺北，
　　1997.3），頁 269-315。

興一帶遺民，明清易代後，明遺民以「不仕二姓」苟活於新朝，於清初共同倡行治生以立身，不僅為了滿足家庭成員的物質生活，也涉及到人格志節的保全，其以明末盛行的士人結社為交流媒介，組織上不同於過去零星士人的務農持家，或一家經營者的個別事例。

　　浙西遺民群體的成員至少包括：陳確、張履祥、何汝霖（字商隱，又名錢何青，1618-1689）、[7] 吳蕃昌（1622-1656）、吳志仁（字裒仲，1631-1659，即吳謙牧，吳蕃昌從弟）、劉燦（劉宗周之子）、張次仲（字元岵）、[8] 祝灝和祝淵（1614-1645）兄弟、徐善（字敬可，1634-1693）、[9] 鄔日強（字行素，？ -1658）、查嗣琪、邱雲、周鳴皋、凌克貞、[10] 沈磊[11] 等等。其中陳確和張履祥的文集中留存了與家政相關的豐富資料，是了解此一群體家政經營的重要入手點。他們的出身背景和生命經歷頗有共通之處，原始身分多是世代攻讀舉業的士人之流，其中不乏出身地方望族名家者，如吳志仁和吳蕃昌乃世家子弟，吳志仁的父親吳麟瑞為萬曆 47 年（1619）進士，官至都察院右僉都御史，其叔吳麟徵（1593-1644）為天啟 2 年（1622）進士，曾任吏部給事中、太常少卿，

7　何汝霖，浙江海鹽人，陳確和張履祥文集中常以錢雲士稱之，雲士是他的字。因祖上戍都匀衛，以幼子托於里中錢氏，這一支子孫遂改姓錢，後世多有恢復原來姓氏者，如何汝霖。他隱居於澉浦紫雲村，學者稱紫雲先生，與張履祥志同道合，相交 17 年，著有《紫雲先生遺稿》。〈何汝霖傳〉，《清史列傳》，冊 11，卷 41（北京：中華書局，1987），頁 3240。

8　張次仲是明天啟舉人，入清不仕，著有《周易玩辭》、《困學記》、《待軒詩記》。吳海林、李延沛編，《中國歷史人物辭典》（大連：黑龍江人民出版社，1983），頁 530。

9　張履祥曾經在徐善之兄徐彬的家中處館 1 年，當時與徐善多有交往，徐善喜歡佛老，張履祥曾寫信加以規勸。〈與徐敬可〉，《楊園先生全集》，上，卷 5，頁 117。

10　凌克貞，字渝安，浙江烏程人，與張履祥相交 30 年，情誼最篤。張履祥卒，凌克貞序其遺書以行。為學篤守程朱，事蹟見《清史稿》（北京：中華書局，1977），卷 480，列傳卷 267，頁 13121。

11　沈磊，浙江歸安（今吳興）人，與張履祥為友，孝行著稱。在外教書，弟子所備食，其母未嘗即不先食。黃惠賢主編，《二十五史人名大辭典》（鄭州：中州古籍出版社，1997），下，頁 743。

於崇禎 17 年（1644）自殺殉國，[12] 翌年吳麟瑞亦因過度哀傷而辭世。這個家庭悲劇使得吳家在海鹽地區擁有很高的道德聲望。又如，徐善出身於嘉興望族，是當時知名的經學家，且善算。[13] 這個群體的成員早年生活皆以考科舉為重，農業對他們而言是陌生的，全然不同於前述原始身分是農業技術家族，如漣川沈氏、歸安茅氏等早期非士流的富民階層。

張履祥出身於貧士之家，世居鑪鎮鎮西的楊園村。張家幾代以來都以讀書為重，並不重視家務管理。據載張履祥的祖父、父親以詩書傳家，祖父「酷好學問，居常手不釋卷，每就老儒質問所疑，於經史傳記、醫卜雜家，無不通曉。」所學相當龐雜。張履祥 9 歲而孤，倚靠母親日夜紡織，勤儉持家，以供張履祥兄弟讀書應舉。張履祥早年銳意於科考，未曾經手家務，1653 年以後絕意仕進，生活本就貧寒的他馬上就面臨到家庭生計如何解決的問題，他原來從事教書工作，卻因教學內容不脫科考應舉，遂決定課習農事以實行「耕讀」生活。

張履祥的決意「耕讀」遭到親人的大力反對，「兄弟妻子每用諫止，或憫其勞，或憂其寡獲。」[14] 勞而寡獲誠為士人「耕讀」的致命傷，但張履祥課耕的決心並未因此退縮，針對寡獲問題他先下了一番功夫對嘉湖地區的農業技術家族進行了解，[15] 並用心收集其產業經營的著作以為範本（他當時至少收集了茅氏《農書》和沈氏《農書》），終因《沈氏農書》較接近張履祥的家鄉桐城的生產狀況，故以之為「耕讀」生活的指導用書。

由於家庭經濟問題乃支撐耕讀生活的有力後盾，在浙西遺民群體的讀書聚會、通信內容中，與治生相關的討論經常反覆出現，如張履祥在

12　吳麟徵的傳記見楊家駱主編，《新校本明史》（臺北：鼎文書局，1975），卷 266，列傳 154，頁 6856-6858。

13　參見冀肇智，《嘉興明清望族疏證》（嘉興：方志出版社，2011），中卷，頁 393-395。

14　張履祥，〈答吳仲木〉，《楊園先生全集》，上，卷 3，頁 59。

15　《補農書》，頁 20b。

〈與許大辛〉的書信中力勸友人重視治生，希望他莫因衣食而困頓。又說：

> 往歲山樓之會，弟不敢一言及於學問之事，惟聒聒於種果樹桑，課耕育蠶之細。[16]

可知他趁此次會稽聚會，向友人講了很多治生相關的知識技術。

　　張履祥在與朋友互相交往中，有很多書信涉及到農事經營問題，如〈與周山甫〉的信中說：

> 地上所種胡麻二處，八月間宜收，前以陰雨不及一看，煩足下留心，若葉就黃落，便要剪到家中，小把置簷下‧曬乾擊出其子，不可待其子枯，則子墮於地，不能收拾矣。[17]

這是講胡麻的栽種，從黃熟到採集胡麻子的方法，都說明得很詳細。

　　而張書的撰作，則是因友人徐善打算隱居務農，認為《沈氏農書》尚多有不足，在他的請求下加以補寫，所謂「予錄（沈氏）《農書》既畢，徐子敬可將卜居於鄉，囑予曰：《農書》有未備者，盍補之？」內容是由張履祥「筆其概而徐子擇取焉」，即兩人共同商議而完成。[18]

　　如此看來，張履祥輯補《沈氏農書》的動機，緣於浙西士人群體不仕異族，故強調必須重視個人道德的物質經濟基礎，其「治生」觀也可以從上述的心態結構特徵中去加以理解。

　　首先，張履祥對士人諱言治生與治生乏術的風氣進行了反省：「噫！貧士無田，不仕無祿，復欲諱言治生，以為謀道，是蚓而後充其操也，否則必以和尚之托缽為義，坐關為修道也，亦可謂踵末俗之敝

16　張履祥，〈與許大辛〉，《楊園先生全集》，上，卷6，頁172。

17　張履祥，〈與周山甫〉，《楊園先生全集》，上，卷14，頁436。

18　張履祥，〈補農書引〉，《補農書》，頁1a。

風，習而不察者矣。」[19] 清楚指出無成的貧士沒有收入，又想致力於求道而不敢明言治生，只有變成蚯蚓（吃土飲泥水即可活）之後才能成就其節操，這就表明了像這樣的廉潔求道，在實際生活中是很難作得到的。

在解決生計的問題上，張履祥提出兩點原則，一是「治生」即「稼穡」，「學者以治生為急，愚謂治生以稼穡為先，舍稼穡無可為治生者。」二是「治生」不僅是滿足生存條件、保全士的人格志節，還必須倚靠生產活動以外的意義指標（「道」、「學」）來界定其社會身分：

> 耕與讀又不可偏廢，讀而廢耕，饑寒交至，耕而廢讀，禮義遂亡。又不可虛有其名而無其實，耕焉而田疇就荒，讀焉而詩書義塞。[20]

主張稼穡必須與讀書、養德結合。反之讀書、養德而不經營生計，也將面臨貧困所衍生的道德問題。

從實踐的角度來看，讀書與務農畢竟是兩種截然不同的專業，秀才不識菽麥是當時士人的通病。產業經營所必需的農耕水利知識技術和「經營」思想，並非一蹴可及，遂在他人持家心得的基礎之上進行模仿、改造，所謂《沈氏農書》為本，而更致詳於末務」，[21] 以縮短轉業過程中的時間差，乃是一種必須採取的因應策略，即士人 —— 經營地主的持家心得（磨合調整）——「耕讀」相兼，成為浙西士人群體學作家的共同模式，書信往來顯示他們在分享共同認知和利益上的一些共識，及一起參與此一模式的成形。

於是，提供實用性農業科技和「經營」思想的《沈氏農書》，遂成為實踐「耕讀」生活不可或缺的組成部分，張履祥無疑是此一轉化過程

19　張履祥，〈備忘一〉，《楊園先生全集》，下，卷39，頁1043。
20　張履祥，〈訓子語〉，《楊園先生全集》，下，卷47，頁1352。
21　張履祥，〈補農書引〉，《沈氏農書》，頁1b。

中的重要推手，他特別看重該書中的實際生產經驗，使得他們對藝穀、栽桑、育蠶、畜牧諸事，「俱有法度」。張履祥「學稼數年，咨訪得失，頗識其端」，[22] 通過多年的勞動實踐與民間諮詢訪談，對於農事經營的好壞之理、得失之由，具有相當準確和熟練的把握，其擅長修剪桑枝，技術水平過於老農。又「以身所經歷之處，與老農所常論列者」，對《沈氏農書》加以補充。[23] 張履祥在治學與農事方面，於江、浙、皖一帶享有很大的名聲，多有自外地來的弟子跟隨他讀書、學稼。

　　要言之，張履祥補輯《沈氏農書》的動機，近因源於清初浙西遺民群體不事異族，面臨家庭生計問題急需解決，又通過「耕」與「讀」的結合來重新界定儒者的社會身分，培養士的獨立人格精神，賦予「治生」以更深刻的道德和學術意涵，促使「耕讀」由哲學層面向實際生活方式演變。本書之所以引起士人階層的廣大共鳴，與明末清初士人生活貧困化、重視治生的潮流趨勢，密切相關。可以說，張履祥對《沈氏農書》的編輯和補充，既是體現了當時士人重視治生的社會期望，也顯示出儒者因應明清社會經濟體制變化的一個面向，援引新興富民階層的持家心得，充實儒者的「耕讀」理想，來達成盡人倫之職，圓融個人道德的目的。

二、《沈氏農書》的補輯過程

　　張履祥的《補農書》二卷本，並未對《沈氏農書》加以改動，增補的部分主要見於他自撰的張書。在他看來沈氏用許多篇幅、條分縷析水稻生產的管理經驗，這部分內容已經達到相當完備的程度，而蠶桑生產的討論也相當詳盡，張履祥只就壓桑作秧之法再進行補充，已然足夠。不過，沈氏處於歸安、桐鄉之交，和張履祥的住地桐鄉，兩地相去約

22　張履祥，〈跋《沈氏農書》〉，《沈氏農書》，頁 26a。
23　張履祥，〈補農書引〉，頁 1a。

60 里路，雖然不遠，然湖州是水鄉，在長江三角洲的下游水網地區，地勢低窪，人與水爭地，[24] 而桐鄉地勢比湖州為高，如張書〈總論〉中說：「吾鄉視海寧為下，既不憂旱；視歸安為高，亦不憂水」，[25] 因為兩者地勢不同，作物種植上亦有差異（「土壤不同，事力各異」），張履祥根據桐鄉的地域性特色，對《沈氏農書》未及之處加以進行補充，可說有其實際上的需要。

重要的是，張書的補充顯示出士人讀者在接受《沈氏農書》過程中所經歷的磨合與對話。這是因為張履祥及其友朋有著相似的文化背景，故在看待一些核心問題（如管理奴僕）時，與沈氏的出發視角有明顯的不同。而且浙西士人群體的生產規模大小不一，從 400 畝到 10 畝田皆有，為個別家庭經濟狀況量身打造的生產計畫安排，及與之相適應的各項資源的協調使用上的精算方式，也成為他們研究探討的一項重要課題。

張書對《沈氏農書》的補充可以分為以下幾個部分：「農事隨鄉」的地域性差異，知識起點的不同（管理奴僕之法），家庭日用園圃的充實，以及小農生產問題（分析這一生產規模的調整需要較長的篇幅，因此留待下一節詳加討論）。

在地域性差異方面，張履祥討論了桐鄉的經濟環境和地方特產對家庭經濟的助益和經營策略的調整，如桐鄉因地勢較高、田地（水田和旱地）相匹，此與湖州東邊因地勢較低窪、田多地少的情形不同，在「蠶桑利厚」的前提下，張履祥透過精打細算而明確提出「農事隨鄉，地之利為博，多種田不如多治地」的主張。首先，隨著水田與旱地之耕作型態的不同，所需的勞動力類型也不同，種田的農活粗重繁忙，且時間緊湊，需要的是成年男子的勞動力，治地則農活較輕省，時序較緩，婦孺亦可勝任，此一特點可使家中閒置的勞動力獲得充分利用。張書中說：

24　〈運田地法〉中說：「湖州水鄉，每多水患。」《沈氏農書》，頁 17a。
25　張履祥，《補農書》，頁 18a。

「田壅多，工亦多，地工省，壅亦省；田工俱忙，地工俱閒；田赴時急，地赴時緩。」其次，在獲利方面，田 1 畝產米 3 石加上春花 3 石，地 1 畝可養蠶 10 數筐到 4、5 筐，加上荳 1 石。米賤絲貴時，蠶 1 筐可抵田 1 畝，換算起來價差至少在 4、5 倍以上，米甚貴、絲甚賤時，兩者收益尚能打平，旱地植桑優於水田種稻的好處是顯然易見的。[26]

又如，張書中記載一種經濟作物叫「梅荳」的黃豆，獨產於桐鄉，連鄰近秀水、海寧都沒有，故不見於《沈氏農書》。梅荳對於陳年黃豆製作豆腐有畫龍點睛之效：「六七月陳豆做腐，腐少，若得摻入梅荳，腐便如故。」[27] 每當梅荳成熟便吸引商賈前來，「官私賴焉」，可見其用於出售牟利，收入不貲。

在畜牧業方面，張書根據地理環境和市場運銷的差異加以變通，提議用畜養魚、鵝和雞來代替《沈氏農書》中畜養牛羊；這種養殖內容的調整，也讓沈氏畜養牛羊以獲得肥料的目的（見下述），轉換為小農以魚、鵝、雞的肉品販賣來補充家庭經濟。如養魚一項來自對當時魚貨養殖、運輸，及終端市場的觀察：湖州因地勢低於太湖湖面常有水患，農家將易淹水的田土改作養殖漁業，由嘉興輸入魚飼料（草、螺螄）來進行加工飼養，再將魚貨運銷於湖州（當地魚大價賤）和嘉興（魚因運輸而瘠瘦、價貴）兩地。可知嘉興作為魚飼料供應地和終端的消費市場，實際上蒙受雙重損失，其中的差額利潤都被湖州養殖戶賺走。故張履祥倡議「以湖州畜魚之法，而盡力於吾鄉之池，取草既便，魚價復高，……為利不已多乎？」[28] 桐鄉隸屬於嘉興市，也就是利用自身原有的飼料供應鏈來發展養殖漁業，同時自產自銷以獲取厚利。

又說：「吾地無山，不能畜牛，亦不能多畜羊。又無大水澤，不

26　張履祥，《補農書》，頁 1b。

27　張履祥，《補農書》，頁 4a。

28　張履祥，《補農書》，頁 13a。

能多畜鴨，少養亦須人看管。惟鵝雞可畜，然多畜雞不如多畜鵝。」[29]
文中指出畜鵝的優點包括：不憂攘竊、鵝的成長較快（「雞一年不及五
觔，鵝三月即有六觔」）、鵝食草穀（不必多花錢）。而養雞的兩點關
鍵：一是積草於場養殖雜蟲，雞可以不食米麥而肥，但張履祥說「然此
難為法」，推測應是當地養殖戶（「善養雞者」）的祕訣。二是雌雞利大
於雄雞，因雌雞的價值在肉食之外還有蛋。[30] 如此，如何快速、準確地
對剛孵化不久的小雞區分公母，以便有更好的經濟收入，乃養殖戶能否
穩定獲利的祕訣，文中張履祥卻未進一步說明。

其次，張履祥把雇工、佃戶和地主之間理解為統治者與被統治者
的關係，張書「總論」中說：「嘗讀《孟子》曰：諸侯之寶三，土地、
人民、政事。士庶之家亦如此。家法，政事也；田產，土地也；僱工人
及佃戶，人民也。」[31] 並對管理佃戶、雇工提出另一種觀點：明確將佃
戶、雇工作為產業經營的首務，並側重在以恩義懷柔之法來攏絡佃戶，
「總宜教其不知而恤其不及，須令情誼相關，如一家人可也。」[32]「推心
以待莊戶，使彼中慕悅而願耕吾土，則永無荒萊之日也。」[33] 即期望透
過「教」和「恤」、「推心以待」對佃戶的苦處感同身受，從而締結一種
比契約勞動力更親密的擬親屬關係。這種懷柔以勸忠的做法（道德教化
與經濟效益密切相關），有別於《沈氏農書》將雇工問題附於〈運田地
法〉末尾的「做工之法」，即在以技術發展生產的前提下，來討論勞力
成本的規費問題。這種管理奴僕重點上的差異，應與明末新的雇工制度
形成及張履祥的文化背景相關。

依據《沈氏農書》的論述邏輯，投入充分且優良的勞動力是提高生
產量的重要環節之一，在精算成本作為經營地主獲利的基礎上，沈氏很

29　張履祥，《補農書》，頁 13a。

30　張履祥，《補農書》，頁 13a-b。

31　張履祥，《補農書》，頁 19a。

32　張履祥，《補農書》，頁 19b。

33　張履祥，〈與何商隱〉，《楊園先生全集》上，卷 5，頁 119。

自然地從人力資源成本的角度來討論雇工問題。依據書中的描述,明末
正處於傳統的家長制支配逐漸瓦解,新的僱工制度形成的階段。根據明
律的規定,長工身分尚非自由,[34] 但他們已經向雇主領取貨幣工資。如
《沈氏農書》中說:

> 長年每一名工銀五兩,喫米五石五斗,平價五兩五錢,盤費一
> 兩,農具三錢,柴酒一兩二錢,通計十三兩。[35]

隨著人身支配關係的鬆弛,勞動成本的增加勢不可免:

> 作工之法,舊規每工種田一畝,鋤蕩芸每工二畝,當時人習攻
> 苦,帶星出入,俗柔順而主令尊。今人驕惰成風,非酒食不能
> 勸,比百年前大不同矣。[36]

明代晚期百年間隨著社會經濟的變化,雇工的身分也逐漸在變化著,由
「俗柔順而主令尊」進展到「非酒食不能勸」,顯見過去人身依附性極強
的奴僕耕作正在逐漸減弱,並向契約關係的商品勞動力(雇工)的方向
轉變。

　　面對此一新雇工制度的變化,沈氏明確提出「飽其飲食,然後責其

34　明清時期雇工人在法律中的地位是一種和奴婢有若干不同但又極相類似的社會等
　　級,被視為「賤隸之徒」。張楷,《律條疏議》(哈爾濱:黑龍江人民出版社,2004
　　影明嘉靖 23 年黃巖符驗重刊本),卷 20「良賤相毆」,頁 22a。收入《中國律學
　　文獻》,第 1 輯,第 3 冊。相關討論參見經君健,〈明清兩代「雇工人」的法律地
　　位問題〉,《明清時代的農業資本主義萌芽問題》(北京:中國社會科學出版社,
　　2007),頁 201-215。

35　《沈氏農書》,頁 18a。本段錢爾復校訂《沈氏農書》本作:「長年每一名工銀三
　　兩,吃米五石五斗,平價六兩五錢,盤費一兩,農具三錢,柴酒一兩二錢,通
　　十二兩。計管地四畝,包價值四兩,種田八畝,除租額外,上好盈米八石,平價
　　算銀十兩。」劃底線者是與《楊園先生全集》本不同之處。錢爾復校訂,《沈氏農
　　書》,頁 22a-b。收入《百部叢書集成》(臺北:藝文書局,1967 年影清曹溶輯,陶
　　越增訂《學海類編》本),冊 53。

36　《沈氏農書》,頁 18a。

工程」作為因應之道，具體做法反映在工人供給的變化上，沈氏用許多細節清楚地描述新舊制度之間的不同，茲列表如下。

表 4-1　沈氏經營中長工的伙食供給規定

項目	工等	舊規	今規
夏秋伙食	重難生活（農忙時節）		連日葷
	每人	飲食：1 日葷 2 日素	飲食：1 日葷 1 日素
春冬伙食	重難生活（農忙時節）		多加葷
	每人	飲食：1 日葷 3 日素	飲食：1 日葷 2 日素
酒		不論忙閑，3 人共酒 1 勺。	重難生活每人 1 勺，中等每人半勺，輕者留家或全無。
葷食標準		鯗魚每斤食 8 人 豬腸每斤食 5 人 魚每斤食 5 人	宜稱明均給於中，不侵剋短少足矣。

在「酒食勸之」的前提下，新制夏秋季節至少增加了 30 日葷食（180/2-180/3=30），春冬季節約增加了 15 日葷食（180/3-180/4=15，夏秋季節和春冬季節皆以 180 日計），總和增加了 45 日葷食（原夏秋葷食日為 60 日，春秋葷食日為 45 日，合計 105 日。45/105=0.43，即每年每人的葷食成本多了 43%，農忙時節的增加成本未計入），加上物價上漲（如豆腐的成本就上漲了約 5 倍），經營地主的利潤盈餘愈形微薄，沈氏的對策是透過盡地之利來度過物價膨脹，如自行釀酒或者勤種瓜菜等。

沈氏談勞動力的管理，顯然是從農業經營者的經濟效益來看這件事，可化約為以下公式：每單位田畝的收獲量（乘以市場的價格），扣除人力成本（工資口食）、肥料工具的支出，等於每單位田畝的盈餘。而張履祥對於勞動相關決定的考量則較沈氏更為複雜，在一般的經濟計算之外，還涉及到個人參與勞動上的心理因素及外在的主觀因素。

張履祥倡導的「撫卹」佃戶之道具有一種鮮明的道德性，針對地

主剝削佃農的批評反覆出現,「今士庶之家,驕蹇呵詈,使人不堪,毋論受者怨之,自顧豈不可恥?」[37] 又說:「然予所見,主人與僕隸蓋非復以人道處之矣,飢寒勞苦不之恤。」[38] 另一方面也是因應奴僕地位的變動,來加以權衡、調整。在明清交替動亂時期,「奴變」與「抗租」運動已經成為一種顯著的社會現象(沈氏並未談到這個問題),佃農與地主之間的矛盾日趨尖銳,張履祥在給友人的書信中便反覆提到:「近來農人樸心亦少,彼得操其勢以厄我,則終難為恆久之計。」[39] 另一個友人徐善是擁有 400 畝地的大地主,因佃戶抗租給予懲處,張履祥寄信規勸道:「別後以仁兄處佃戶一事,再四思之。田非瘠薄,其人頑梗,既不必言。但彼人去年既有橫事,而歲復遭旱,則有可寬之名;縱使格外寬之,他人不得而引例,他年不得而此方也。今忿疾共頑而懲治之,小人不知自反,則不免弗服於心而有辭於口矣,是則不足以警頑,而餘人不知其故者,反為其鼓惑。當此土滿人離之日,加以固結,猶恐不及。竊意羈縻之道一失,即使另召耕佃,未必遂得其良。萬一曠而不治,弗耕既有不可,耕之復重傷資力,在己益增其困,而適足以快頑梗之心,誠未見其可也。即所論遷他處,耕人以授之之說,其勢亦恐有所未便也。今之小人,刁悍成風,十人之中,未必二三良善也。」[40]

故張履祥強調在嚴格督導(精勤立事)之外,也應注重撫恤雇工(忠信待人),如從別忙閒、異勤惰、分難易三項加以考察,對勤勞者私下加以優賞,以鼓動工作情緒。又說:「至於工銀(成色)、酒食(缺少、冷熱、遲速),似乎細故,而人心得失恆必因之。」[41] 順著此一思維,張履祥認為放棄酒食、工銀的細小壓榨表面上看起來利潤減少,但終究是有利的做法,從勞動效益來說,有好的伙食才能擁有優良的勞動

37　張履祥,《補農書》,頁 16a。
38　張履祥,〈義男婦〉,《楊園先生全集》,中,卷 19,頁 575。
39　張履祥,〈與何商隱〉,《楊園先生全集》,上,卷 5,頁 119。
40　張履祥,〈與徐敬可〉,《楊園先生全集》,上,卷 8,頁 226。
41　張履祥,《補農書》,頁 16b。

力，所謂「食在廚頭，力在皮裡」。從勞動意願來說，「在者無不滿之心，去者懷復來之志」，[42] 可促使佃戶自發性的盡忠做事。

就他的親身經驗來看，士人自幼不習勞動，要「厥業可永，子孫有穀」，全賴雇人耕種或佃戶交租，故慎選勞動力強又聽話的農民做為雇工、佃戶，便成為保障田租收入的主要關鍵。這與沈氏等「草澤之人」成年累月與佃戶、雇工打交道，已從言傳身教的實作過程中，來習得管束、統御奴僕之法的情況不同，此一先行經驗可能是《沈氏農書》對挑選、督導佃戶、雇工沒有多提，而從成本計算來討論此一問題的原因。然士人對於擇選、管理雇工、佃戶一事，乃是從頭學過。為了補其不足，張書中針對管理雇工、佃戶的各項環節，可謂不厭其煩地詳加說明。

在雇工部分，張履祥告誡田主平時應關心農事，對農民多加訪求，可免除不識優劣，遭遇蒙蔽之弊：「平時不知擇取，臨事無人，何所歸咎？因其無人而漫用之，必致後悔。」至於採擇雇工人的標準，張履祥歸納為三項重點：勤惰、愿敏、才藝。「大約力勤而愿者為上，多藝而敏者次之，無能而樸者又次之，巧詐而好欺，多言而嗜嬾者，斯為下矣。」[43]

在佃戶部分，張履祥認為最重要的事情就是掌握田地（畫圖詳記）、訪求佃戶和革除僕人積弊。就張履祥看來，收租地主的最大問題，一在於田主深居不出，對於田產界限、產業優劣、佃農狀況等認識不清、任憑紀綱僕所為，至有盜賣產業、變易區畝、侵沒租入、將熟就荒等舞弊行為，從而導致生計匱乏而破家亡身。二是地主豪橫失德，陵虐窮民，「小者勒其酒食，大者侵其錢財、妻子，置之獄訟，出爾反爾，可長哉。」[44]

42　張履祥，《補農書》，頁 17a。

43　張履祥，《補農書》，頁 15b-16a。

44　張履祥，《補農書》，頁 15b-16a。

　　再從雇傭市場的條件來看，沈氏與張履祥也大不相同，貧士之家大概使用 1、2 個被雇者，沈氏這樣的富民階層則使用數量更多的長工，因其雇工人中有作領袖的，[45] 顯見其經營規模是比一般農民大幾倍。徐善擁有四百畝地至少需要十餘名雇工（以張書中所提一夫 10 畝，或者《沈氏農書》一個雇工管 8 畝水田，4 畝桑地來計算），並將部分田地出租給佃戶。兩者的雇工數量懸殊，光葷食一項，依新制的供給計算，每 2 名雇工就多出近 1 倍的葷食成本支出，尚不論其他，可想見整體累積的數目必然可觀。

　　兼為一方勢力之家，所謂大樹之下好乘涼。農業生產是靠天吃飯的經濟活動，水旱災可能導致顆粒無收，遇此情況，沈氏可以憑藉雄厚財力寬恤佃戶，減免租額，維持他們的最低生存條件，[46] 甚至開設粥場賑濟百姓，小農經營的貧士可能連自己都不能倖免於挨餓的窘境，遑論力及他人。明末清初處於中國氣候的持續乾旱年數最長區間，及水利循環效率的低點，[47] 各地水旱災和饑荒頻仍，更加凸顯出兩者之間的強烈對比。由此看來，富民階層相較於小農經營，在雇傭市場上有其天然優勢，這可能也是張履祥等人將「撫恤」佃戶、雇工作為治生的首要重點，及對於處理佃戶問題的態度大不相同之故。

　　另一方面擁有財富、名望的富民階層對於雇工、佃戶來說，本來就是更好的托身之所，大規模的農場經營經常帶來更多的就業機會（包含家中老弱也可以投入生產，賺取少量、微薄的傭金，而不僅限於成年的男性勞力）。且富者之僕的待遇也超過貧士之家許多，同屬浙西士人群體的陳確便提到，富者之僕在主食之外，「日燒柴八觔，啖豆腐一

45　〈運田地法〉，《沈氏農書》，頁 16b。

46　如沈氏論佃戶的撫卹：「不幸遇水旱之年，度力量不能遍及者，只須棄半救半，不可眷戀兩廢也，記之。」《沈氏農書》，頁 18a。

47　陳玉瓊，〈中國近五百年的乾旱〉，《農業考古》，1988 年 1 期（南昌，1988.2），頁 300-307。Lloyd E. Eastman, *Family, Fields, and Ancestors: Constancy and Change in China's Social and Economic History, 1550-1949* (Oxford University press, 1988).

觔，用油一兩，飲淡酒一升，未可以云侈也。」一般人家「人日給米一升」，約只相當於時價柴8觔，兩相比較，高下立見。[48] 在這樣的情況下，陳確認為如果雇主還要以各種壓低工資的方式來苛待僕人、提高經濟效益，奴僕不能盡忠是毋庸置疑的。因此他建議「日給升米之外，須量益薪菜衣履之費，使得稍展其手足」來加以改進，表面看來增加生產成本對雇主是種損失，但陳確指出這是合乎理義、最好的勸忠之道：「既益有食，然從嚴緝群僕，勿令生事，則在彼必樂從，而主威易振矣。」[49]

陳確不僅在親友之間大力倡導此一理念，還企圖透過友人向更多人推廣：「凡相知家有可以進斯言者，乞人錄一通示之，尤推心及物之道，幸毋忽視。」張履祥在〈見聞錄〉中便收有陳確〈僕說〉一文，且稱許道：「陳乾初居家有法度，天未明，機杼之聲達於外，男僕昧爽操事，無有惰遊之色，子姪力行孝友，雍雍如也。」[50]

要言之，張履祥不若沈氏以技術發展生產、配合優良勞動力的協作來追求最大經濟效益，而以管理奴僕為產業經營的首務，與其士人文化背景密不可分，包括沈氏精通農業技術的研究本非自幼不習勞動的士人所長，管理奴僕也必須重新學習，而明末清初的奴變頻繁也讓此事變得更加不易，故而絮絮不倦於佃戶、僱工的查考訪求。兩者思維上的差異也可以從雇傭市場上尋得其緣由，如雇傭人數的多寡和勞動力的多樣化、工資待遇和水旱之年的救災政策等等，都是影響勞動相關決定的主觀因素，而張履祥及其友人陳確所提出的因應方法，則是在飲食鼓勵之外，再加強心理層面的恩義懷柔以提高勞動意願、增加經濟效益。

第三，張書附錄〈策鄔氏生業〉、〈策溇上生業〉分別介紹了兩種與沈氏生產規模懸殊的小農生產規劃，顯然是為了貧士之家小規模生產而

48　陳確，〈寄祝二陶兄弟書〉，《陳確集》，上，頁67。
49　陳確，〈寄祝二陶兄弟書〉，頁67-68。
50　《陳乾初先生年譜》，《陳確集》，頁841。

做的研究調查報告，用以補充《沈氏農書》這類大規模農場經營之外的
另一種經營方式。〈策鄔氏生業〉是張履祥為其摯友鄔行素的遺屬之生
存而提出的生產計畫，此在鄔行素生前似乎已經有了一些雛型（「竊觀
行素生前規劃，或者已有此意」），因此他開始著手將十畝瘠田作了一些
地形改造，但未完成。[51] 鄔氏死後，張履祥與陳確、吳志仁、朱天麒共
同商議撫恤之事，並就鄔家的生計問題往復研討，[52] 終於論定合乎其家
庭成員狀況的最佳經營模式。

　　〈策溇上生業〉是壬寅年春天張履祥的好友何汝霖請他為溇上的田
地做一策劃，張履祥在信中提出了經營構想：

　　　前所看溇上田，弟早因五先生問及，以意規度如別楮。[53]

　　信末另紙所書乃是將田地改造為水池、高地和稻田三種地形，以
適應多元經營的農事規劃，在耕地大小不變的情況下可以提高總產值。
具體的做法是開挖一個池塘，在池塘的西或南面種田數畝，兩者大小略
同，取池塘的水即足以灌溉。池塘不要與灌溉溝渠連通（通溝渠容易妨
礙鄰田而起爭執），池塘四周的地要土層深厚，以免妨礙鄰家的田地。
池塘的淤泥每年起出，用於培植桑樹和毛竹。然後再造五間房子，屋前
做園圃，屋後種竹木，兩旁種桑樹，池塘北面做牧室三小間，給看管園
圃的人居住等。

　　此外，張書中還兼及雍麥、種麻等農事技藝，與多種家常日用的蔬
果栽種之法，如百合、蘿蔔、甘菊、芋頭、絲瓜、芥菜、芹菜、白豆、
茱萸、橘、梅等精心記錄下來，食品保存術也補充了「淡黃虀方」等。

51　張履祥，《補農書》，頁 23a。
52　張履祥說：「行素子沒，遺田十畝，池一方，屋數楹而已。親厚為其身後之計，
　　蓋無長策，予竊籌之。」《補農書》，頁 21b。書信往來有〈與朱醞斯〉、〈與吳袞
　　仲〉，《楊園先生全集》，上，卷 7，頁 189-190；卷 10，頁 300。
53　張履祥，〈與何商隱〉，《楊園先生全集》，上，卷 5，頁 121。

三、「經營」思想的挪用改造：富民持家與貧士耕讀

以下將《沈氏農書》和張書的內容架構稍做簡介，再進行兩書「經營」思想的比較分析。

表 4-2 《沈氏農書》各編主要內容

第一部分	逐月事宜	農家月令提綱，按月列舉重要農事、工具和用品備置等。
第二部分	運田地法	記載水稻、桑樹栽培的整地技術和肥料使用之法。
第三部分	蠶務六畜附	講述養蠶之法，以及絲織和六畜畜養。
第四部分	家常日用	講述食品保存術（醬菜）和調味品的製作，如五月醃黃梅、暑月做豆豉、春季醃蘿菜、蘿蔔菜、薑心菜等。

從書的整體架構看來，《沈氏農書》對於家庭經濟生產活動的整體知識、農業科技在經濟生產中的關鍵地位，可謂織悉委盡，思慮周詳；其論家庭經濟主要由水稻耕種和植桑養蠶兩大部分構成，凸顯江南地區家庭經濟生產結構的一大特色，與丁耀亢《家政須知》所見華北兩年三作的麥豆輪作全然不同。

書中各部分多有突出而引人注目的論點，如第一部分「逐月事宜」以月令體例做成全年經濟生產活動的計畫表，按月條列大小重要事項，來辨明授時赴功之義，特別是像水稻種植這種季節性非常強的作物，更可收事半功倍之效。這部分沈氏完全沒有提及與讀書相關的事項，與張履祥反覆強調以耕佐讀、丁耀亢《家政須知‧因時》載「夜誦」、「曬書畫」，反映士人生活的情況有所不同。第二部分闡述農業生產的關鍵：種田之法，要訣在於將土壤調理與水稻栽培的生長環節結合，通常這部分是經濟生產活動中最耗費人力、物力之處，故末尾附有雇工成本計算表（「做工之法」）。第三部分專論家庭副業，特別著重在養蠶取絲對家庭經濟的助益，兼論及六畜畜養的方法。第四部分記載多種家常日用飲食所需的食品加工、儲藏之法，如豆豉、醬菜、菜乾等。

表 4-3　張履祥《補農書》之內容

桐鄉特性之補	多旱地，宜治蠶桑利厚 梅豆
農業技術之補	壓桑、壅麥、種麻之法
家庭日用之補	1. 蔬果種植與食品保存術的補充 2. 薪柴
家庭副業之補	畜魚與養鵝雞之利
總論	這部分為家政提綱，包含器用、擇良農、佃戶、女工、習勤等要點，並指出家長經營家政應以撫恤佃戶、雇工為優先。
附錄	1.〈策鄔氏生業〉：提出「一夫十畝」的小農經營型態。 2.〈策溇上生業〉：介紹「桑基魚塘」之做法。 3. 淡黃薺方。 4. 壅田地定額。 5. 拔蛇法。 6. 削草。

　　《沈氏農書》與張書呈現出兩種不同的生活方式，前者乃經濟活動範圍廣闊的新興富民階層，擁有廣大田土，組織眾多雇工從事生產活動，另有部分土地租佃出去。其經濟計算並非過去單一農產品的價值，或者倚賴地租收入來擴大財富的官宦地主，而是立基於農業科技，投注大量的雇傭費用、集約資金，因應江南市場商業化的發展，利用水陸交通之便和廣大的市鎮網絡來從事農業經營；並透過種植（農）、養殖（蠶）和副業（牛羊）共同構成一套自然循環的生態系統，來降低成本、提高總體產值。後者反映出一種貧士治生的形象，從作為經濟實體的「家」出發，援引農業科技重新塑造傳統儒者「耕讀」生活的內容。張履祥及其友人、弟子的產業規模多屬於小農經營，張履祥自有 14 畝地之外，友人鄔行素有 10 畝地，他的弟子陳瑚兄弟僅有田 6 畝（內有墳基、屋基二畝），張履祥認為尚不足以自給，建議舉一會以多購地。[54] 在規模大小懸殊和勞動力效率不同的經營型態之下，從中衍生的農事規劃也隨之有所調整、改變。

54　張履祥，〈訓門人語〉，《楊園先生全集》，下，卷 53，頁 1463。

　　《沈氏農書》和張書所預設的「家」，是以傳統「同居共財」為基礎，來闡述他們對於治生產業和管理眾人的理解，張履祥及其友人則稱之為一己之私。[55] 首先，它是一個血緣親屬團體，並以「同居共爨」或「共財」作為特點，即是一個共同生活、共同生產和共同消費的單位；而且，在「同居共財」這樣的概念中，家內成員的勞動收入、消費支出和共有資產是被放在一起考慮的。[56] 因此，家中的男人即使長期出外遠遊、當官或經商，雖然他並未和父母、妻小一起生活，但無妨於他們是一家人的事實。

　　這樣的「家」結合了消費和生產的功能，在滿足家庭成員生活之所需外，由於它是以土地作為主要的經濟生產方式，這種生活共同體不僅有上述的血緣親屬，也包含非血緣親屬（在家內服勞務和土地上耕作的）「家人」（家僕），亦稱為義男、義女，[57] 又因其人身自由與否分為契買家奴和長隨。因此，兩書中對「家」的界定，不僅是血緣關係的人同居共財，也包含了產業和奴僕，與此密不可分的是家長的權威與支配。

　　從過去累積的家庭史研究成果來看，這種「家」之構想具有一定的指標性意義。明清時期社會上以核心家庭，或父母與已婚兒子以及第三代幼年子女同居，二代到三代同堂的家庭為主體。學者或從官方的戶口統計加以推算，[58] 或利用史書與方志中的傳記資料，[59] 或研究司法檔

55　陳確，〈學者以治生為本論〉，《陳確集》，上，頁 158-159。

56　滋賀秀三曾提出「同居共爨」的核心意義是：親屬團體的共同資產是否擁有合在一起會計的型態，而不拘泥於「同居共爨」的表面形式。對於我們從生產勞動的角度來思考家庭經濟十分有幫助。參見滋賀秀三著，張建國、李力譯，《中國家族法原理》（北京：法律出版社，2003），頁 26、57-63。

57　陳確，〈僕說〉，《陳確集》，上，頁 260-261。

58　杜正勝，〈傳統家族試論（上）〉，《大陸雜誌》，第 65 卷第 2 期（臺北，1982.8），頁 7-34。以及〈傳統家族試論（下）〉，《大陸雜誌》，第 65 卷第 3 期（臺北，1982.9），頁 25-49。Ping-ti Ho, *Study on the Population of China, 1368-1953* (Combridge: Harvard University Press, 1959), pp. 55-57。

59　徐泓，〈明代的家庭：家庭型態、權力結構及成員間的關係〉，《明史研究》，第 4 期（臺北，1994.12），頁 179-183。

案，[60] 或透過人類學的田野調查等等 [61] 在靜態考察的同時，學者也注意到家庭結構的動態發展過程，這種兩三代的家庭結構也有其周期性的變化，有些核心家庭在某段時期會擴展為三代或四代同堂的家庭，由於死亡或分家，再恢復成為核心家庭，如劉翠溶和鄭振滿關於明清家譜的研究便清楚的指出了這一點。[62]

（一）富民型態的沈氏「經營」：農業科技、市場經濟與優良勞動力的統籌

在兩、三代人共有資產的前提下，沈氏經營主要由水稻耕種和植桑養蠶兩大部分構成，輔以畜養牛羊的家庭副業。由於水稻的單位面積生產量與開發地力直接相關，故首篇〈運田地法〉一開頭便強調深耕在當地水稻耕作中的重要作用，明確指出操作要點是：「切不可貪陰雨閒工，需要晴明天氣，二、三層起深，每工只墾半畝，倒六、七分（地）。春間倒二次，尤要老晴時節。頭番倒不必太細，只要稜層通晒，徹底翻身若有草則覆在底下，合墑倒好。若壅灰與牛糞，則撒於初倒之後，下次倒入土中更好。」[63] 這是將天候結合到墾地的各個環節，來調整土壤的養分、密度（透氣性）、溫度、含水量等，使之更適宜農作物的生長。

〈運田地法〉共 21 條，將明末以來長期積累的耕作和水稻栽培相關

60 王躍生，《十八世紀中國婚姻家庭研究》（北京：法律出版社，2000），頁 250-253。馮爾康，〈清代的家庭結構及其人際關係〉，《顧真齋文叢》（北京：中華書局，2003），頁 265-266。
61 Margery Wolf, *The house of Lim: A study of a Chinese Farm Family* (New York: Appleton-Century-Cro fts, 1968), pp. 23-25。
62 劉翠溶，《明清時期家族人口與社會經濟變遷》（臺北：中央研究院經濟研究所，1992），頁 266-291。鄭振滿研究福建家族的家庭結構，有類似的看法。《明清福建家族組織與社會變遷》（長沙：湖南教育出版社，1992），頁 26-61。
63 《沈氏農書》，頁 6a-b。

知識技術進行了總結，並加以詳細解說，主要重點如下：

1. 論述稻田進行深耕、保肥之法。

2. 種植水稻的全部過程中的幾個關鍵性問題，包括種田時間的早晚（雜草、蟲害、季節溫度、水旱年的通盤考量），水稻的密植度，田間管理，烤苗法，追肥法、稻子的選種等等。

3. 種植春花（麥類、油菜）的方法，以及培育春花的嚴格要求。

4. 植桑之法，包括桑地深耕及鋤草的道理、桑地的經營過程（選種、整枝、捉蟲、打葉）、桑地施肥和保肥之法。

5. 肥料問題，包括買肥料的去處、製造肥料之法、肥料性能與施用、豬羊積肥的經濟效益。

6. 勞動力成本的計算，包含安排雇工的工作紀錄、供給規範。

在總結前人的生產經驗之外，《沈氏農書》對於如何發展生產有其獨到的見解，所提出有關農事耕作的知識和技術，常常不囿於地方成規，而以自己之親身經驗為依據，發人所未發。如書中講述水稻栽培的工序時，對於育秧和田間管理兩點，沈氏認為：

> 秧田最忌稗子，先將面泥刮去寸許，掃淨去之，然後墾倒，臨時篩泥鋪面，而後撒種（舊規：每秧一畝，壅餅一片，細舂與種同撒，即以灰蓋之，取其根鬆易拔。今人密密佈種，曰，恐草從間生耳。果能刮盡面泥，草種已絕，不妨少疏，欲其粗壯。若秧色太嫩，不妨攔乾，使其蒼老，所謂「秧好半年田」，謂其本壯易發生耳。）若亢旱之年，又不可早將秧壅興，恐插蒔遲，而秧菶敗也。凡人家種田十畝，須下秧十三畝，以防不足，且備租田。[64]

沈氏不為舊規所拘，而從秧苗之健壯為出發點來看育秧問題，指出時人

以「密密佈種」[65]防止雜草，並非最佳做法，強調刮面泥這個步驟若能
作得紮實，草種便已根絕，故接下來的撒種，應當採取稍疏的做法，以
促使秧苗健壯。其次，沈氏對於一些舊有的技術也加以仔細研究，作更
廣泛、有效的實際運用。如烤田是一種稻田水分管理技術，《齊民要術》
中已有記載，在宋代已定型，主要用於大面積水稻生長的水分控制。沈
氏將烤田技術推廣到秧苗的管理，使得嫩秧通過烤苗（攔乾），減少株
葉水分，植株矮化壯實，移栽時的成活率提高，有助於稻苗生長。沈氏
論農事之不拘於舊說，而從實際經驗提出自己的看法，由此可見一般。

《沈氏農書》在肥料的使用方法上，有一個重大的突破：「看苗施
肥」。過去的農書都強調基肥的重要性，如《寶坻勸農書》等著作的論
述，沈氏繼承了這種看法，認為種田總不出「糞多力勤」四字，而墊底
尤為緊要。[66] 在基肥之外，農民已開始使用追肥促進稻子結穗，在《沈
氏農書》之前的地方文獻《烏青鎮志》中，就記載了相關的內容。[67] 不
過彼時追肥技術並未成熟穩定，因此常常產生弊端：

> 糞多之家，每患過肥穀秕。究其根源，總為壅嫩苗之故。[68]

即因施肥不當而導致葉片肥大但結穗稀少。

沈氏從多年的實作經驗中提出一種新見解：看苗色追肥，至此才解
決了追肥不當的弊端。沈氏認為正確使用追肥的方法是：

> 苗做胎時，在苗色正黃之時，如苗色不黃，斷不可下接力。到底
> 不黃，到底不可下也。[69]

「做胎」即水稻處於孕穗的幼穗分化期。「苗色正黃」顯示株內主要儲存

65　如時代稍早李樂的《烏青志》中說：「布種密密，不令稍疏，否則，草從間生。」
66　《沈氏農書》，頁 6b。
67　游修齡，〈《沈氏農書》和《烏青志》〉，頁 81。
68　《沈氏農書》，頁 7b。
69　《沈氏農書》，頁 7b。

在葉片和葉鞘的養分已向莖穗順利轉移，急需追補養料。如果葉色仍然烏黑未黃，說明葉片中的養分仍大多數消耗於葉綠素的合成，此時追肥會擾亂生長機制，只能徒長葉片卻無助於結穗，「致好苗而無好稻」。[70]

沈氏經營的生產所得供應自家成員使用只是其中一小部分，大部分是做為商品在市場上販售。這種稻桑耕作制度是由市場經濟的發展所決定，而不僅是「男耕女織」的性別分工理想（文化價值）。

嘉興地區在北宋時經濟重心以糧食生產為主，到了南宋蠶桑商品經濟開始發展（以前屬於農村自給），淳景以後地方志中才有蠶桑商品生產的記載。如為嘉興、秀水、桐鄉三縣屬地的濮院鎮，在南宋末因濮氏家族棄政從商，倡導蠶桑絲織，「居積擅富」而名聞天下，到了明初濮氏雖因政治打壓而衰落，但其發祥地永樂市及濮院鎮卻一直興旺發達。[71]明代中期以後，這種農桑生產結構在湖州一帶嘉興地區已經逐漸成形，到了 16 世紀中葉，江南地區的絲綢產業已經獨占鰲頭，成為對外輸出的重要商品。[72]其中太湖流域和杭嘉湖地區是蠶桑業最發達的地區，但並未減低糧食生產的重要性。如弘治年間（1488-1505）嘉興知府柳琰所輯《嘉興府志》中說：

> （嘉興）風俗……終歲勤動，餉給於國，而尺寸之土必耕，衣被他邦，而機柚之聲不絕。[73]

可見蠶桑商品生產逐漸發展，向外省輸出成為農家增加收入的熱門副業，而水稻在農村經濟中仍占有重要的地位，由於人口眾多，連一點荒

---

70 《沈氏農書》，頁 7b。相關討論參見曾雄生，《中國農學史》（福州：福建人民出版社，2008），頁 581。
71 樊樹志，《江南市鎮：傳統的變革》（上海：復旦大學出版社，2005），頁 724-729。
72 李伯重，《發展與制約——明清江南生產力研究》（臺北：聯經出版社，2002），頁 372。
73 弘治《嘉興府志》，卷 2「風俗」（臺南：莊嚴文化出版社，1996 影明弘治 5 年刻本），頁 3b-4a。收入《四庫全書存目叢書》，史部，地理類，冊 179。

地也不存。

隨著絲織業的發達，杭嘉湖地區的市鎮逐漸增多，湖州府 22 鎮，嘉興府 41 鎮，杭州府達 43 鎮等，形成巨大的市鎮網絡，嘉興一地處於其間，「左杭右蘇，襟溪控湖」，被時人稱為「浙西大府」。[74] 當地水路交通密集，經營地主利用此一優勢，收集城鎮的廢棄物做為提高蠶桑和水稻生產的條件，如沈氏用城鎮的糞作為培植農桑的肥料，利用釀酒業的酒粕作為養豬的飼料。[75] 如此，絲織業的發達與蠶桑的生產相互促進，城鄉經濟相互倚賴，發展向上。

《沈氏農書》中多次提到買糞的情況，如〈逐月事宜〉「正月」載：「買糞蘇杭」，「四月」載：「買牛壅磨路[76]平望」，「九月」載：「買牛壅平望」，「十月」載：「買牛壅平望」及「租窖」各鎮，「十一月」載：「租窖」等。[77] 在〈運田地法〉中沈氏進一步解釋了用途：「要覓壅，則平望一路是其出產。磨路、豬灰，最宜田壅。在四月、十月農忙之時，糞多價賤，當並工多買。其人糞必往杭州，切不可在壩上買滿載，……蠶事忙迫之日，只在近鎮買坐坑糞，[78] 上午去買，下午即澆更好。」[79] 可見如沈氏這類的經營地主，其經濟活動範圍相當的廣闊。他一方面將糧食、蠶絲做為商品向市場輸出，另一方面利用附近城市產生的廢棄物做為經濟活動的養分，從而提高生產利潤。

在農業科技配合市場經濟的基礎上，沈氏的生產效益如何呢？具體情形可以從《沈氏農書》中的記載加以推估，〈運田地法〉說：

> 長年每一名工銀五兩，喫米五石五斗，平價五兩五錢，盤費一

74　弘治《嘉興府志》，卷 2「形勝」，頁 3b。
75　《沈氏農書》，頁 23a。
76　磨路指作坊的碾子用牛拉轉，在牛來回拉轉的路上墊上碎草和土，經牛來回踐踏，與牛糞尿混在一起，肥力很大。
77　《沈氏農書》，頁 1b、3a-5b。
78　坐坑糞是城鎮廁所的人糞尿。
79　《沈氏農書》，頁 12a。

　　兩，農具三錢，柴酒一兩二錢，通計十三兩。計管地四畝，包價
值四兩；種田八畝，除租額外，上好盈米八石，平價算銀八兩。
此外又有田壅短工之費，以春花、稻草抵之。[80]

　　這段文字中「管地四畝，種田八畝」曾引起學者不同的意見，因
涉及經濟生產中人力成本的計算問題，必須先梢做梳理以明其義。最早
陳恆力和王達在《補農書研究》和《補農書校釋》中的解釋是，一名長
工種田 8 畝的同時還管地 4 畝，此說法已為許多引用者接受。近年來李
伯重提出不同的看法，認為一名長工管地 4 畝，又要同時種田 8 畝，超
出人力負擔的極限，而將之解釋為一名長工只能種田 8 畝，或是只能管
地 4 畝。前面已經提到，種田和治地的工作量和時效性相比，種田一定
要比治地要來得繁重和急迫。就此而言，李伯重這個解釋最大的問題
是：為什麼在同一個雇主沈氏之下，種田 8 畝的繁重急迫所領取的工資
待遇，和管地 4 畝的輕省工作所領取的工資待遇會一模一樣？這完全不
合常理，更不符合《沈氏農書》「做工之法」中反覆強調的勞動成本概
念。由於李伯重將管地 4 畝以一名長工的工資計算，這也導致他在計算
沈氏經營每畝桑地的工銀時，有過分高估的嫌疑，從他對沈氏經營與同
時期莊元臣桑園的每畝桑地工銀的比較差距 1.61 倍（1.81：2.92），[81] 就
可以看得出來，兩者同屬大地主的集約經營，這種懸殊比並不符合農業
經營的常態。[82]

　　既然將「管地四畝，種田八畝」解釋為一名長工只能種田 8 畝，
或是只能管地 4 畝並不合理，那麼，回到李伯重所提出的問題：一名長

80　《沈氏農書》，頁 18a。
81　李伯重，〈對《沈氏農書》中一段文字的我見〉，《中國農史》，1984 年 2 期（南
　　京，1984.7），頁 99-102。
82　李伯重曾解釋這種差距是因為沈氏經營的集約程度較高，但這個解釋用於一般農
　　民和沈氏的差異或許可以說得通，遇到像莊元臣這樣同屬富裕地主的集約經營，
　　這種解釋就顯得牽強。李伯重，〈對《沈氏農書》中一段文字的我見〉，頁 101。

工管地 4 畝，又要同時種田 8 畝，依據當時的勞動標準是否可以辦得到呢？張履祥所說「上農夫一人止能治田十畝」，是李伯重用以反駁陳恆力和王達的核心資料，他認為「上農夫一人」應當還包括家屬的輔助勞動力在內。因此，我們從農活內容和輔助勞動力兩方面來看，一名長工能不能種田 8 畝的同時還管地 4 畝。首先，種地的農活較為輕省，一名優良勞動力在種田 8 畝之外，將原本剩餘 2 畝繁重的田工勞動量改為 4 畝輕省的地工勞動量，如此忙與閒相互搭配，以便將勞力效率作最大幅度的使用壓榨。其次，我們也不可忽略《沈氏農書》中明確提到輔助勞動力的相關資料：「田壅短工之費，以春花、稻草抵之」。[83]「又有水旱不時，車戽不暇，須預喚月工，多喚短工」。[84] 也就是沈氏經營之下一名長工的責任範圍是 4 畝旱地加上 8 畝水田，這是主要勞動力，如值農忙時期或水旱狀況，還會另外雇請月工、短工來一同分擔幫忙，而書中提到的輔助勞動力名目繁多，有剪桑工、種田工、忙月工等等。[85] 整體而言，一名長工配合家庭成員、雇傭短工的共同勞作，是足以應付管地 4 畝同時種田 8 畝的工作量的。

　　依據《沈氏農書》所述，過去經濟史學者已將沈氏經營的年收入作成以下公式加以會計：

收穫量（＊市價）－（雇傭開支＋集約資金與雜費的投入）－賦稅＝盈利

　　收穫量的部分，因為水田和旱地的種植作物和生產方式不同，故列為兩項分開計算。每畝水稻的收成依不同學者的估計有所差異，陳恆力的計算方式主要是依據《沈氏農書》中提到：長工每人種田 8 畝，管地

83　《沈氏農書》，頁 18a。
84　《沈氏農書》，頁 7a。
85　《沈氏農書》，頁 15a。唐立宗曾計算沈氏一年雇請的短工人次有 183 次，他未將不同類別的短工工資的差異作區分，可能造成一些誤差，但可作為我們參考。唐立宗，〈明清之際江南地區農業生產及其利潤——《補農書》研究史的檢討〉，頁 77-78。

4 畝，總支出成本是 13 兩，扣除旱地的包價值 4 兩，用於水田的是 9 兩，即每畝田的工銀為 1.125 兩。因此「種田八畝，除租額外，上好盈米八石，平價算銀八兩」，若換算成每畝田的水稻產量，就是 1.125 + 0.9（租額）[86] + 1（每畝盈米）= 3.025（石）。

之後多位學者對陳恆力的估算曾提出不同的看法，研究重點主要是將文集、方志中所載常年收成的平均數，與陳恆力估算沈氏經營的畝產量相比較。如足立啟二認為當時採深耕農法的收成只 2.5 石，考量常年平時的收成，與租額是每畝 1 石的情況看來，主張每畝產量 2 石較為合理。[87]唐立宗引用多位學者的研究成果，提到浙北地區水稻產量雖可達到每畝 3 石，但並不普遍，一般而言，每畝平均產量在 2.2 石到 2.3 石之間，而春熟作物有高達 1.5 石的紀錄，從而估算出沈氏經營的每畝田可產 2.3 石，春花 1.5 石（春花價格為米價 8 成，可折米 1.2 石）。[88]

由此觀之，諸位學者基本上都是出於縣平均收穫量的立場，認為陳恆力過分高估沈氏的水稻產量。重要的是，能否將沈氏等同於一般農民？如果我們考量到沈氏在農業技術的發展上有過人之處；其集約資金投入和集約程度比一般要高；且當時墾田、刮面泥、種植、墊底、追肥、修桑等，已形成一套標準工序，透過集約農作的方式，將農業科技與優良的勞動力結合，採行協力分工，可大幅提升每單位面積的生產量。[89]那麼，將沈氏視作一般浙北農民、以該地區的平均收穫量來計算沈氏的水稻產量，反而可能落入過度強調普遍性而忽略了個案本身的特殊性之陷阱。因此，沈氏的水稻畝產量不應以平均收穫量來估算，而應超過平均數以上才合理。

86　參見陳恆力，《補農書研究》，頁 27 註 2 的地租租額考證。
87　足立啟二，〈明末清初の一農業經營：「沈氏農書」の再評価〉，頁 62。
88　鄭志章，〈明清江南農業僱工經營的利潤問題〉，頁 53。唐立宗，〈明清之際江南地區農業生產及其利潤──《補農書》研究史的檢討〉，頁 66-67。
89　陳恆力提到當時上好的勞動力則能使每畝生產 516.81 斤到 647.35 斤的水稻，相當不低。陳恆力，《補農書研究》，頁 28。

其次，嘉興地區的水稻生產的潛力相當大，依各地的土壤厚薄、種植期長短、田工安排等皆可影響產量之多寡。張履祥的桐鄉「況田極熟，米每畝三石，春花一石有半」，又記載當時的最高產量是「下路湖田，有畝收四、五石者，田寬而土滋也。吾鄉田隘土淺，故止收此」。[90]「下路湖田」即湖州，或嘉善、平湖。[91] 書中並未言明這個記錄的幅度如何？是個別還是少數，我們可以從同書的另一條記載得知造成這種差異的原因：「湖州無春熟，種田蚤（早），收穫遲，即米多於吾鄉。」[92] 湖州地區除了上述的「田寬土滋」之外，還因為種田早，收穫遲，水稻收穫量較張履祥的桐鄉種的水稻多，當地人少種春花，而沈氏也爭取種春花，但春花收穫量應不如桐鄉種的春花多。其他如農事規劃安排也對春花生產有所影響，張履祥注重蠶桑生產，蠶桑用工在夏季，冬閒可把精力用在春花上，故春花產量高。沈氏以水稻為主，冬天準備工作比較多，所以春花的產量似不如張氏高。[93] 如此，我們再來看唐立宗所採用春花收成 1.5 石的數據，是桐鄉田極熟的情況下，用來當作沈氏的春花收成並不恰當（沈氏的春花收成一定較少），具體數目沈氏未列明細，僅說以春花、稻草折抵肥料短工的費用。另條說：「菜比麥倍澆，……再澆煞花，必有滿石收成。」[94]

綜上所述，在水田的產量和價值的計算上，陳恆力依循沈氏說法將春熟、稻草折抵田壅短工之費，看似不合乎數字計算驗證的原則，[95] 實則最忠於原作，可避免一些因數字誤估所衍生的問題。而在湖州水稻每

90　張履祥，《補農書》，頁 1b。

91　陳恆力，《補農書研究》，頁 29。

92　張履祥，《補農書》，頁 2b。

93　陳恆力，《補農書研究》，頁 34。

94　《沈氏農書》，頁 9a。

95　鄭志章將稻草、春花、肥料全部加以數字精算，是他對陳恆力研究的突破，唐立宗贊同此種做法，認為可以對成本與利潤之間的變數，掌握的更加精確。鄭志章，〈明清江南農業僱工經營的利潤問題〉；唐立宗，〈明清之際江南地區農業生產及其利潤——《補農書》研究史的檢討〉，頁 64-65。

畝產量比桐鄉高的前提之下，搭配沈氏具備的各種特殊條件，他估算沈氏每畝田收穫 3.025 石水稻，看似高於縣平均產量，實則有其合理性。各家所估算 8 畝水田的價值如表 4-4。[96]

表 4-4　《沈氏農書》水田（8 畝田）的產量與價值

推估者	每畝水稻	每畝春熟		8 畝稻草	8 畝田的價值	合計
陳恆力	3.025 石	抵肥料、短工之費			24.2 兩	24.2 兩
足立啟二	2 石	×			16 兩	18 兩
鄭志章	2.5 石	0.6 石米	4.4 兩		(2.5+0.6)*8+4.4-6	23.2 兩
		肥料、短工之費為 6 兩				
唐立宗	2.3 石	1.2 石米	4.4 兩		(2.3+1.2)*8+4.4-14	18.4 兩
		與肥料、短工之費相等（14 兩）				

在旱地的收入部分，《沈氏農書》提到當時的桑葉、蠶務有數條：

> 每畝約二百株，株株茂盛，葉必滿百。不須多也。
>
> 每畝採葉八、九十箇，斷然必有，比中地一畝採四五十者，豈非一兼二畝之息。[97]
>
> 若細細計之，蠶一筐，火前吃葉一箇，火後吃一箇，大眠後吃葉六箇，此外蠶炭一錢，盤費一錢。每筐收絲一觔，繰足抵本。
>
> 遇葉賤之年，喂蠶實少，便四、五分一箇。[98]

依沈氏「蠶一筐，火前吃葉一箇，火後吃一箇，大眠後吃葉六箇」來計算，養 1 筐蠶須葉 8 箇（一箇 20 斤），可得絲 1 斤。陳恆力以此為基準，明代每斤絲值銀 1 兩，扣除蠶炭 1 錢，盤費 1 錢，餘 0.8 兩，推

96　表 4-4 參考唐立宗表 4 的形式加以重新計算。唐立宗表 4 中鄭志章、唐立宗的估算總值未扣除肥料短工之費，而陳恆力的估算總值則已扣除肥料短工之費，兩者計算標準有所不同。為求統一起見，本文表 4-4 將鄭志章、唐立宗的估算總值同樣扣除肥料短工之費，以利閱讀比較。唐立宗，〈明清之際江南地區農業生產及其利潤──《補農書》研究史的檢討〉，頁 68。

97　《沈氏農書》，頁 10a、17b。

98　《沈氏農書》，頁 19a-b。

算出桑葉 8 箇的成本為 0.8 兩，每箇值銀 0.1 兩，採葉 90 箇就是 9 兩，四畝地的產值為 36 兩。依此計算，4 畝地總共花費蠶炭和盤費 9 兩（90*4 / 8=45 筐蠶，45*0.2=9 兩）。

足立啟二認為每畝桑葉中有 7 成是提供自家喂養蠶食，另 3 成要賣出，因為桑葉採摘之後不能久放，須要立即釋出（唐立宗贊同此說）。依此推算，「每畝採葉八、九十箇」折中以 85 箇計，其中 60 箇供自家喂蠶，可得絲 7.5 斤（60 / 8=7.5），值銀 7.5 兩，每箇值銀 0.125 兩（7.5 / 60=0.125）。足立啟二的算法裡忽略了每筐蠶須費蠶炭 1 錢，盤費 1 錢，所以桑葉每箇價值比陳恆力高（若扣除蠶炭、盤費，則兩人一樣）。唐立宗採用足立啟二的說法，喂蠶桑葉每箇值 0.125 兩，養蠶費用則採用李伯重的算法（見表 4-6，此與沈氏所言養蠶所需的蠶炭和盤費計算不同）。餘下 25 箇桑葉，足立啟二和唐立宗的算法有所不同，足立啟二同意陳恆力每箇 0.09 兩的說法，唐立宗則採用鄭志章估算的 0.07 兩（鄭志章主張當時桑葉的價格變動很大，折中計算後應為 0.07 兩）。[99] 故足立啟二估算 4 畝旱地價值為（0.09*25+0.125*60）*4=39 兩，唐立宗估算 4 畝旱地價值為（0.07*25+0.125*60）*4-2.71*4=26.16 兩。

筆者贊同足立啟二所言桑葉 7 成提供自家喂蠶，另 3 成賣出的看法，依據沈氏自述 1 筐蠶吃葉 8 箇，另有蠶炭 1 錢，盤費 1 錢的開支，以每畝均收 85 箇為基準，可得旱地 4 畝收益如下：養蠶筐數為 60*4 / 8=30 斤絲，值銀 30 兩，蠶炭和盤費為 30*（0.1+0.1）=6 兩，計養蠶價值為 30-6=24 兩。3 成桑葉每畝 25 箇，依照陳恆力估算每箇價值 0.09 兩，4 畝價值為 25*0.09*4=9 兩。故 4 畝旱地的養蠶和賣葉的總價值為 24+9=33 兩。茲將學者們推估 4 畝旱地販售桑葉和自家養蠶的收益列成表 4-5 如下：

99　鄭志章，〈明清江南農業僱工經營的利潤問題〉，頁 52。

表 4-5　《沈氏農書》旱地（4 畝地）的產量與價值

推估者	每畝桑葉	每箇價值		4 畝地的價值
陳恆力	葉 90 箇	絲：0.1 兩		36 兩
足立啟二	葉 85 箇	葉：0.09 兩（25 箇）	絲：0.125 兩（60 箇）	39 兩
鄭志章	葉 90 箇	0.07 兩		25.2 兩
唐立宗	葉 85 箇	葉：0.07 兩（25 箇）	絲：0.125 兩（60 箇）	26.16 兩
筆者	葉 85 箇	葉：0.09 兩（25 箇）	絲：0.1 兩（60 箇）	33 兩

　　至於《沈氏農書》中所提到關於雇傭開支和集約資金、雜費的投入，如下表 4-6 所列細項。從表中可以清楚看到，陳恆力主要依據沈氏的說法，筆者亦是，在養蠶費用上，因為陳恆力是以全部桑葉供自家養蠶來估算，與筆者採用 3 成桑葉賣出，7 成桑葉供自家養蠶的算法不同，所以兩者有些許差異。李伯重的算法認為一名長工只能管地 4 畝，或者種田 8 畝，所以在田和地的工資銀都重複計算了兩次，而且他還提出養蠶須要蠶種，育蠶和繰絲皆需用炭，合計蠶種和蠶炭的開支為每畝 2.71 兩（4 畝為 10.84 兩）。[100] 足立啟二計算的工錢較高，同時奴婢口食 10 兩也列入工錢開支。[101] 另外，鄭志章指出長工種田的固定資產（如水車、糞窖、場屋、挖爛泥小船等），加上種桑工具、樹苗價值，共約有 23 兩，固定折舊期 10 年，每年應提取折舊費 2.3 兩。[102] 唐立宗也贊同提列資產折舊費用，但主張部分資產如樹苗價格已經歸入種子支出中，所以折舊費用應為 2 兩較合適。[103] 陳恆力和李伯重認為沈氏所提的農具 3 錢（可能是）指農具折舊，[104] 筆者贊同陳恆力和李伯重的說法，所以不再重複。

100 李伯重，〈桑爭稻田與明清江南農業生產集約程度的提高——明清江南農業經濟發展特點探討之二〉，頁 7。
101 足立啟二，〈明末清初の一農業經營：「沈氏農書」の再評価〉，頁 62。
102 鄭志章，〈明清江南農業僱工經營的利潤問題〉，頁 55。
103 唐立宗，〈明清之際江南地區農業生產及其利潤——《補農書》研究史的檢討〉，頁 74。
104 陳恆力，《補農書研究》，頁 94。李伯重，〈桑爭稻田與明清江南農業生產集約程度的提高——明清江南農業經濟發展特點探討之二〉，頁 8。

表 4-6　《沈氏農書》雇傭開支和集約資金、雜費的投入（8 畝田加 4 畝地）

項目	工資（兩）	奴婢口食（兩）	盤費（兩）	農具（兩）	肥料（兩）	短工（兩）	種子（兩）	蠶炭盤費（兩）	資產折舊（兩）
	雇傭開支		集約資金與雜費的投入						
沈氏	工 5　飯 5.5　酒 1.2	×	1	0.3	春花、稻草抵之		0.4	蠶炭 1 筐需、蠶炭 1 錢、盤費 1 錢	×
陳恆力	11.7	×	1	0.3	同沈氏		0.4	9	×
足立啟二	田 5　桑 4　飯 5.5　酒 1.2	10	田 1　地 1	田 0.3　地 5	?	×	×	×	×
李伯重	27.8（含短工）		田 1　地 1	田 0.3　地 0.3	田 4.4　地 4.2	×	田 0.4　地 0.4	蠶種蠶炭 10.84	×
鄭志章	10（含短工）		田 1　地 1	0.3	田 4.4　地 1.6	×	稻 1.6　麥 0.4	×	地 2.3
唐立宗	11.7	×	田 1　地	0.3	田 3.9　地 3.7	6.4	田 2　地 0.4	蠶種蠶炭 10.84	地 2
筆者	11.7	×	1	0.3	同沈氏（該項總合與春花、稻草相同）		0.4	6	×

　　總合上面表 4-4、表 4-5、表 4-6，可以計算出沈氏的農業經營每 8 畝田和 4 畝地的總合收入為：（24.2 ＋ 33）兩 － 13.4 兩（雇傭開支、集約資金與雜費的投入，其中薑炭和盤費 6 兩已於表 4-5 中扣除，不重複計算）－ 3.6（賦稅 0.3*12）[105] ＝ 40.2 兩。

　　另外，《沈氏農書》中提到當時：「家家織紝，……婦人二名，年織絹一百二十匹，每絹一兩，平價一錢，計得價一百二十兩。除應用經緯絲七百兩，該價五十兩；緯絲五百兩，該價二十七兩；簍絲錢、傢伙、線蠟五兩，婦人口食十兩，共九十兩數。實有三十兩息。」[106] 這個部分的人工成本與前述僱用長工的成本計算不同，長工的人力成本包含了工資和口食，使用奴婢婦女織絹的人力成本不計工資，只算口食，若以自家婦女從事織絹，則不計工資，也不算口食，可有更多盈餘（「家有織婦，織與不織，總要吃飯，不算工資，自然有贏」）。[107] 古島和雄曾列出雇用 2 名織婦的年度收支表。

---

105 陳恆力依據《桐鄉縣志》的「田賦」卷內計算，大約每畝田或地支出米 3 斗，值 0.3 兩。參見《補農書研究》，頁 94。足立啟二根據張履祥《補農書》所言：「佃戶終歲勤勤，祁寒暑雨；吾安坐而收其半，賦役之外，豐年所餘，猶及三之二，不為薄矣。」定出收取量應為六分之一。以足立啟二堅持的每畝 2 石的收成來計算，即 2*1/6=0.33 兩，8 畝田為 8*2*1/6=2.7 兩。桑地 1 畝收成約為 9.75 兩，4 畝桑地的賦稅為 4*9.75*1/6=6.5 兩。筆者以陳恆力的觀點來計算，因為足立啟二的算法涉及到兩個問題，一是張履祥並未給出每畝收成的明確數字（比較可能是從縣平均數的收成來作為計算的基數，這樣就和沈氏經營的水稻收成高於縣平均值的情況有一定的差距），而諸位學者對每畝產量說法不同，再以六分之一來計算，可能衍生出更多的誤差。足立啟二，〈明末清初の一農業經營：「沈氏農書」の再評價〉，頁 62。
106 《沈氏農書》，頁 20a-b。
107 《沈氏農書》，頁 20b。

表 4-7　古島和雄估算沈氏經營的織絹生產年度收支

收入		支出		利潤
絹	約 120 兩	經絲	50 兩	
		緯絲	27 兩	
		傢伙線蠟	5 兩	
		婦人口食	10 兩	
總計	約 120 兩	小計	90 兩	約 30 兩

　　《沈氏農書》也提到飼養家畜和釀酒，這兩者都是為了減少田地耕作的集約資金投入，並非主要的盈利部分，沈氏自言養豬羊利潤極低，主要是為了肥料，書中說：「多養豬羊，一年得壅八、九百擔，比之租窖，可抵租牛二十餘頭，又省往載人工四、五百工。古人云：養了三年無利豬，富了人家不得知。」[108] 至於釀酒是為了供給工人以節省口食開支，釀造時間短、作法粗糙（「每斗用酒藥比米三倍，……拌勻入罈，封口貯淨處。候七日開罈」）。[109] 足立啟二曾依照書中所記載的飼養家畜數量，算出總共值銀 55.1 兩，經營費用的支出為 31.3 兩，盈餘 23.8兩。釀酒收入為 34 兩，經營費用支出為 28 兩，盈餘為 6 兩。[110]

（二）張履祥的小農「經營」思想：一夫 10 畝

　　相較於沈氏這種富民生產型態的大規模田土經營、投入大量雇傭費用、集約資金（個人生產率）的盈利方式，張履祥的《補農書》凸顯貧士治生的特點，指標性的研究調查即〈策鄔氏生業〉所提出「一夫十畝」的小農經營型態，從中可見張履祥及其友人對於《沈氏農書》的彈性變通與運用，顯示《沈氏農書》在流通、傳播過程中，與士人讀者群

---

108 《沈氏農書》，頁 23b。

109 沈氏用大麥自行釀製的薄酒僅須七日。參見《沈氏農書》，頁 23a-b。沈氏釀酒與丁耀亢家釀造時間長達 1 年，經過反覆煮酒、踏酒麴的上等醇酒，有著不同的目的和經濟考量。

110 足立啟二，〈明末清初の一農業経営：「沈氏農書」の再評価〉，頁 62。

之間所經歷的各種磨合與互動。這類貧士的家庭經濟規劃主要在於謀求衣食，滿足家庭成員的基本需求，與富民階層經營涉及龐大商業利益之計算者，本有所區別。首先是因應生產規模所做的調整，利用以蠶代耕來提升單位面積的產值，並採行家戶生產率的計算方式。

〈策鄔氏生業〉一開頭便指出這種小額田畝經營的困難：「瘠田十畝，自耕儘可足一家之食，若僱人代耕，則與石田無異。若佃於人，則計其租入，僅足供賦役而已。」[111] 依據文中的記述推論，瘠田 10 畝若自種水稻，年產量約 15 石，約可供鄔氏遺屬 5 人一年之用（老母、寡妻、弟與未成年的長子、姪子，合計年食米 14.4 石）。[112] 若雇人代耕則年支出 13 石米（依《沈氏農書》中的規費計算），僅餘 2 石米，再扣除肥料種子等支出，幾乎已無剩餘，故云「與石田無異」；若出租給他人耕種，「則計其租入，僅足供賦役而已」。明末桐鄉每畝稅 0.3 石，此當順治時期徵稅應不會過多，由此推估，每畝收租約在 0.3 石以上，即使產量倍之也不會超過 1 石。總括而言，10 畝瘠田種植水稻的產值最多是 15 石。

既然用傳統的種田方式無法滿足基本家庭經濟所需，「眾口嗷嗷，終將安藉」，那麼就必須另外尋求提高產能的辦法，張履祥的規劃是：「種桑三畝，種荳三畝，種竹二畝，種果二畝，池畜魚，畜羊五、六頭，以為樹桑之本。」[113] 在這種多元經營型態中，首先必須對田地進行改造，將 10 畝瘠田浚池取得淤泥，用來培高原有耕地，從而將水田改造成為適合桑、豆、麥、果、竹等作物生長的旱地，如此高低相間，

---

111 張履祥，《補農書》，頁 22a。

112 關於食米標準，張履祥說：「凡人計腹而食，日米一升，能者倍之而已。」陳確也說富家之僕每人每日食米 1 升，換算起來每人年食米約 3.6 石。張履祥，《楊園先生全集》，中，卷 31，頁 884-885。陳確，〈僕說〉，頁 67。李伯重認為鄔家成員 5 人中老弱 2 人、婦女 1 人，男性未成年者 2 人，加上貧窮，食米量應比每人每日 1 升的標準少，估以成人 4 人計之，即 4*3.6=14.4 石。李伯重，《江南農業的發展（1620-1850）》，頁 214 註 2。

113 張履祥，《補農書》，頁 22a。

形成三種不同種類的農業資源（旱地、果園、池塘），來促進不同生產活動的緊密結合。這種結合可以將生產活動中所產生的廢棄物，用作另一種生產活動所需要的資源，從而循環再利用。如鑿魚池的「肥土（淤泥）可上竹地，餘可壅桑」，池中的水可以灌溉桑荳，既省力又免除「種稻每艱於水」的缺點（鄔家的田形勢俱高）。[114] 而「畜羊以為樹桑之本」是因為羊壅是適合旱地植桑的肥料，[115] 且餵豬須資本，羊飼以草料無需成本，還可以換米。[116]

在生產內容上，這種小農生產模式特別注重蠶桑生產，把水稻放在次要的地位，與沈氏注重水稻生產，蠶桑次之的經營策略有很大的不同。這是因為如沈氏經營的水稻增產技術，必須投入大量集約資金、雇傭優良勞動力做為支撐，才能獲致高生產量，而鄔家是一個貧苦的農戶，鄔行素死後，家中失去了主要的勞動力，僅有老弱婦孺 5 口，故使用女性勞動力的植桑育蠶，自然比使用男性勞動力的水稻耕作更為適合。另一方面也是為了提升總生產值，這種高低相間的小農經營較諸原先 10 畝瘠田的總生產值更高，效益更大，後者僅能維持溫飽，前者卻能在溫飽之餘，達到「養生送死，可以無闕」，還能有所儲蓄的標準。[117] 兩者最關鍵的差異不僅是為了減少成本支出，勞動力的使用不同，也在於以蠶代耕可以創造更豐厚的利潤。

在改變經營方式之後，依照張履祥的估算 10 畝地每年可獲得的利潤為：

> 計桑之成，育蠶可二十筐。蠶苟熟，絲棉可得三十觔，雖有不足，補以二蠶，可必也。一家衣食已不苦乏。苴麥登，計可足二人之食。若麻則更贏矣，然資力亦倍費，乏力，不如種麥。竹

114　張履祥，《補農書》，頁 22b。
115　沈氏說「羊壅宜於地」。《沈氏農書》，頁 14b。
116　張履祥，《補農書》，頁 22。
117　張履祥，《補農書》，頁 22b。

成，每畝可養一、二人；果成，每畝可養二、三人；然尚有未盡
之利。魚登，每畝可養二、三人。[118]

3 畝桑地養蠶 20 筐，依《沈氏農書》所言蠶 1 筐吃葉 8 箇，20 筐吃葉
160 箇，即收成大約是桑葉 160 箇，每箇值 0.1 兩，共值銀 16 兩；每
畝約生產桑葉 53 箇，符合「中地一畝採四五十」的產量。這是因為鄔
家的桑地主要是靠自家的羊壅作為肥料，無法有多餘的集約資金投入生
產活動，所以桑葉收穫量僅為沈氏經營的一半。每畝竹取中間值以養
活 1.5 人計，2 畝可養活 3 人。每畝果取中間值以養活 2.5 人計，2 畝
可養活 5 人。2 畝竹和 2 畝果的平均收穫量可養活 8 人，換算成米為
8*3.6=28.8 石，折銀 28.8 兩。3 畝荳麥可足 2 人之食，產值為 2*3.6=7.2
石米，折銀 7.2 兩。〈策鄔氏生業〉的年度產量和價值可整理成下表。

表 4-8　張履祥〈策鄔氏生業〉估算一夫 10 畝的年度產量與價值

一夫 10 畝	計算說明	產值	家庭經濟貢獻
桑 3 畝	育蠶 20 筐，可得絲棉 30 斤	16 兩	一家衣食已不苦乏（食米 14.4 石，折銀 14.4 兩，衣服費用約 1.7 兩銀），[119] 兩者共約 14.4+1.7=16.1 兩。
荳 3 畝（荳起則種麥）		7.2 兩	可足 2 人之食
竹、果各 2 畝	取竹、果的總產值中間數	28.8 兩	竹成，每畝可養 1-2 人 果成，每畝可養 2-3 人

上述各項生產合計，總產值約為 52 兩，高於種水稻的 3.5 倍（52/15=
3.47），若再加上桑地、果園的間作作物（菜、芋瓜、蔬等），差距還會
更大。

---

118 張履祥，《補農書》，頁 22b。
119 衣服費用李伯重引用萬曆 34 年（1606）湖州莊元臣的《莊忠甫雜著・治家條約》
　　第二十七條分衣銀，莊氏僮僕每年衣服費用為：「每家僕夫婦二人，夏衣分銀三
　　錢，在五月初給；冬衣分銀四錢，在十月初給；其單頭則半之。」推估鄔家成員
　　5 人，以成人 4 人計（稚子 2 人以 1 人計），依上述標準，合計 1.7 兩。參見李伯
　　重，《江南農業的發展（1620-1850）》，頁 215。

　　此外，鄔氏生業中還有養羊和養魚的收入，養羊的部分小羊可以出售（「稚羊可易米」），羊糞可作桑樹的肥料（「以為樹桑之本」）。畜羊五、六頭依照《沈氏農書》中的算法，每年可產小羊 5-6 隻，約價 2 兩，值米 2 石，且淨得肥壅 150 擔。養魚的收入，「若魚登，每畝可養二、三人」，[120] 文中未言明魚池的實際大小，姑以 1 畝計，取中間值 2.5*3.6=9 石米，折銀 9 兩，另還有魚糞可以肥田。羊和魚兩項合計產值為 11 石米，折銀 11 兩。因此，若按照張履祥的規畫來經營 10 畝瘠田和一方池塘，可以獲得產值 52+11=63 兩，比種水稻還要高出 4 倍以上（63/15=4.2）。

　　在勞動力效率的部分，相較於《沈氏農書》中個人勞動率的計算，〈策鄔氏生業〉是以家戶勞動率為計算單位。由於鄔氏遺屬「力不任耕」，改種「桑苧之類，則用力既省，可以勉而能，兼無水旱之憂。竹果之類，雖非本務，一勞永逸，五年而享其成利矣。」[121] 可見除了少部分工作外，旱地生產的大部分工作都可以由婦女和未成年人承擔，特別是蠶桑生產，向來以婦女和未成年人為主要勞動力。因此依據張履祥的規劃，「一夫十畝」的構想將鄔行素遺孀及其長子、侄子通通納入勞動範圍，並提供了合適的工作機會（甚至老母和幼子也可負責一些輕省的農活，如看蠶、放羊等），將閒置的勞動力作充分的運用，促使該戶的總體生產率有明顯的提高。

　　除了將沈氏這樣一個擁有廣大田土、從事經營兼出租的富民生產型態，改造成為鄔行素家「一夫十畝」的桑苧竹魚模式之外，另有張履祥家 14 畝田的雇工耕種模式、徐敬可家 400 畝田，共三種不同的經營模式。在這些不同規模的經營模式中，對於生產計畫的安排、勞動力成本的計算和運用是完全不一樣的，鄔行素家因為缺乏成年男子勞動力，又兼家貧請不起人，只能以勞動強度較低而緩的蠶桑作為生產內容，並將

120　張履祥，《補農書》，頁 22b。
121　張履祥，《補農書》，頁 22a-b。

全體家戶作為勞力計算方式；張履祥因為「幼不習耕，筋骨弗任，僱人代作」，其勞力的計算方式是以成年男子來計算；至於徐善家應當是與沈氏的生產方式最接近的，在雇工經營之外還兼有部分土地出租，其收入的計算方式分為兩種：一是雇工自種的收入（產值應為收穫量扣除雇傭開支、集約資金、賦稅），一是出租田地給佃戶耕種的收入（產值為田租扣除賦稅），在錢本位的收益計算中，還必須要考慮到市場的食米價格波動。

　　這三種不同的經營模式皆立基於市場經濟體制之上，但對於市場經濟的倚賴程度和風險承擔也有所不同，最倚賴市場經濟的應是鄔家，其農場生產主要是作為商品以易米或賣錢，由此獲取一家五口的食米和衣服之費。當市場波動或收縮時所受到的衝擊也愈大，這是因為自家生產無法獨立於市場之外而自給自足，故張履祥又擬定了相關的避險措施，他補充提到 5 年之後幼子、姪子具已長成，「既壯，能勝稼事，累其贏餘，益市田數畝。」[122] 也就是搭配成年男性勞動力投入部分水稻耕作，如此一來雖然獲利上未必有太大的成長，卻勝在食米自足無須購買，生活安全性增加（提高土地生產生活必需物品的使用價值，而不僅僅著眼於商品收入），可降低市場波動或收縮時的衝擊力。

　　至於擁有 400 畝田的徐家，衣食的部分足以自給而有餘，但隨著雇傭勞動力成本的上漲收益日漸微薄，即在生產生活必需物品的使用價值上已充分滿足，但在商品收入上卻成長趨緩，這個問題在《沈氏農書》中已經提出，[123] 但張履祥及其友人們並未對此加以討論，可能的原因之

---

122 張履祥，《補農書》，頁 22b。
123 沈氏在書中稱：「俗所謂條對條，全無贏息，落得許多早起晏眠，費心勞力。」又如「做工之法」屢屢抱怨工資、物價雙雙上漲，嚴重壓縮經營利潤。《沈氏農書》，頁 18b、15b-16a。唐立宗曾依據書中沈氏對經營無利的計算方式，繪成表格，得出沈氏自己計算的經營利潤為 8 畝田加上 4 畝地的營收，扣除集約資金投入、人力成本和賦稅之後，盈餘 -1 兩，難怪他想將田租出去。唐立宗，〈明清之際江南地區農業生產及其利潤──《補農書》研究史的檢討〉，頁 62 表 1。陳恆力對於沈氏自己的計算不以為然，他所計算出來沈氏經營的生產利潤相當高，故

一是張履祥的友人弟子多是貧士，更關心小農生產的問題；二是徐敬可原本不理家人業，田地主要出租給他人耕種，親自管理家業後將其中一部分田地雇工耕種，重新擬定生產規劃，另一部分注意佃戶挑選、水利興修和革除管事奴僕積弊，按照張履祥的論述邏輯，此番大整頓應可促使土地總產值有相當的提升，家庭經濟條件已足以滿足耕讀生活所需，不再為賦稅所累。在張書中看不到張英《恆產瑣言》那種極力鼓吹積聚大量土地、以耕輔讀（科舉）的生存發展策略，或許是因為遺民身分的限制、對讀書觀點的不同。張履祥因為不應科舉，只要求子孫在滿足家庭成員生活所需的基礎上讀書傳家，而張英家子弟應舉跑官，需要大量金錢的支撐。更可能是因為產業規模大小的差異達到一定程度以後，從中衍生的「經營」思想和工作重點也有極大的區別，這從勞動力的雇傭、運用和計算方式上已經可以清楚地看到，張履祥未曾親歷，故言不及此。

　　整體而言，《沈氏農書》與張履祥《補農書》產生於長江三角洲的兩個鄰近地點，就耕作制度上而言皆屬於江南的稻桑並作區，生產型態上沈氏以第一級產業為主（販售農業生產的原物料如稻米、桑葉和蠶絲），加上少量的第二級手工業—織絹、釀酒；張書的〈策鄔氏生業〉亦主要屬於第一級產業的農事經營。就前述經營利潤的計算公式（收穫量、雇傭開支和集約資金雜費的投入）而論，我們看到江南市場經濟高度發展為農事經營所帶來的優勢，沈氏經營可以利用高密度的水陸交通來運輸肥料和釀酒廢棄物，以降低生產成本，促進稻桑耕作的產量提升，同時將糧食、蠶絲向廣大的城鎮市場輸出，來獲取豐厚的經濟利潤。而像鄔家生業這樣的貧士家庭，在集約資金雜費的投入部分已無任何餘力，因此另闢蹊徑，透過當時市場經濟發展所形成的「男耕女織」模式，來規劃側重蠶桑的多元化小農經營（相較於沈氏以水稻生產為

　　批評他具有封建的超經濟剝削性質。陳恆力，《補農書研究》，頁 91-98。

主），以達成滿足家庭成員養生送死的需求。

其次，兩者之間的勞動力效率的計算方式也不相同，沈氏經營由於生產規模廣大，家庭成員組成複雜，採計的主要是單一成年男子的壯勞動力，並有許多種類的雇傭短工依需要輪流加入生產活動，另外也可以看到奴婢和婦女投入養蠶織絹的生產，其工資和口食的計算方式和雇傭工人也有所不同。而張履祥所舉鄔家「一夫十畝」的貧士家庭，則是以家戶勞動率為計算單位，重在充分運用家中閒置的勞動力，透過經濟作物來大幅提升總生產值，以滿足養生送死所需，其年收入可作成以下計算公式：不同經濟作物 * 市價（累加）＝總生產值，雇傭開支和集約資金雜費的投入幾近於零（這兩項變數在貧士之家的經營中不發生作用）；有別於《沈氏農書》的年收入計算公式：稻桑收穫量 * 市價－（雇傭開支＋集約資金與雜費的投入）－賦稅＝盈利。

就「經營」思想而言，由於兩者之間田土規模、資金投入和家庭成員狀況的巨大差異，從中衍生農事規劃的調整展現了張履祥等貧士對《沈氏農書》的彈性運用。另一方面，沈氏運用多元經營的規畫，如種植、養殖、副業的結合組成物質交換循環方式；水稻、春花、綠肥輪作，帶來有效地力。張履祥在汲取《沈氏農書》多種經營的前提下，同時加以改造變通，依據鄔家的生產狀況（田地狹小和婦孺老弱的勞動力組成）來安排整體農事規劃。〈策鄔氏生業〉透過將耕地改造為三種不同農業資源，從而形成比沈氏經營更加緊密的生態循環系統，可說是將多元經營的精神發揮得淋漓盡致。就經營目標來說，《沈氏農書》和《補農書》「一夫十畝」有其共通性，都是從農業商品化的角度出發，來追求利益的最大化，而多元經營、不同資源之間的再循環則是他們實現此一目標的主要手段。

張履祥援引新興富民階層的持家心得作為貧士「耕讀」的指導手冊，《沈氏農書》所闡述的以農業科技、市場經濟來發展生產和累積財富的產業經營增殖論，過去長期以來並不合乎士人階層的主流價值觀，甚或有相當大的衝突。那麼，他如何認同該書的家庭經濟論述呢？

從士人與農學發展的過程來看，受到近世取士標準的影響，當時社會的主流思想是士而不農，士人頗有「以耕為恥」的趨勢。[124] 張履祥在《補農書》末說：

> 人言耕讀不能相兼，非也。人只坐無所事事，閒蕩過日，及妄求非分，營營朝夕，看得讀書是人事外事。又為文字章句之家，窮年累歲而不得休息，故以耕為俗末，勞苦不可堪之事，患其分心。若專勤農桑以供賦役，給衣食，而絕妄為，以其餘暇讀書修身，儘優游也。[125]

明確指出耕讀不能相兼的障礙在於以耕為末的價值觀，而非實際上做不到。

不過，此一原則在社會發展過程中，隨著科考失敗、改朝換代而隱居不仕，倚賴務農維生的士人日漸增多，他們將自己親身經歷農事的經驗記錄下來，其著作中就有許多與農業生產技術相關的內容，如《桐譜》的作者陳翥，《梭山農譜》的作者劉應棠，《老圃良言》一卷的作者巢鳴盛，《老圃志》的作者盛國芳，《花庸月令》的作者徐石麟，《思辨錄》的作者陸世儀，《花鏡》的作者陳淏子等等。從近代學者王毓瑚《中國農學書錄》看來，這些曾經務農的士人數量眾多，形成了一個不容忽視的群體。可以說，在張履祥力倡稼穡治生之前，士人務農雖然不合於主流價值觀，卻已經有了長期的歷史積累，主流觀點和生存狀態在個人實踐上的矛盾，顯示士與農兩種職業之間經常重疊，由此構成了張履祥倡導「耕讀」生活的社會基礎，呼籲士人應打破恥農的偏見，不可受到制科文藝取士的影響，競趨浮末。

另一方面，在當時士人職業多樣化的選擇裡，張履祥力主「稼穡治生」，將農業作為儒者治生的唯一途徑，不僅是因為「力田」一項是

124　張履祥，〈訓子語上〉，《楊園先生全集》，下，卷47，頁1353。
125　張履祥，《補農書》，頁21a-b。

繼承儒家耕讀傳家的古老傳統，最少有異議的一種治生方式，在傳統中國農業社會中，積聚土地無疑是投資、累積財富的最主要方式。從產業經營與士人身分的角度來看，明代中期「士人多重農而務本，逐末者稀」，[126] 即士族之家基本上不敢做商，其顧慮應是出於身分考量，學者也曾提到士人傳記中與客商活動相關的記載多十分隱晦。[127] 或有像陸世儀這樣學著經商卻總覺得「此心與賈終不習」，[128] 遂以躬耕自給的士人。這些與治生產業相關的觀念規範，構成了張履祥理解治生問題的思想基礎。故又說：

> 「農夫半年閒」，況此半年之中，一月未嘗無幾日之暇，一日未嘗無幾刻之息，以是開卷誦習，講求義理，不已多乎？竊謂心逸日休，誠末過此。[129]

「心逸日休」典出《尚書・周官》，休有美好的意思。即認為「耕讀」不費心機，日子反而愈來越喜悅，是最好不過的生活方式，因為農業勞動的季節性使得人們有較多的機會讀書溫卷，領略經典的文化內涵，掌握人生的道理。

重要的是，張履祥等人的「治生」不在於逐利，而在於「耕」（實務）、「讀」（讀書）相兼，更契合士人的社會關懷，與此相對應的是一種等級制的職業觀點。張履祥在〈訓子語〉中說：「耕則無游惰之患，無饑寒之憂，無外慕失足之虞，無驕侈點詐之習，……保世承家之本

126　弘治《江陰縣志》（江蘇：鳳凰出版社，2011影明正德年間刊本），卷8「風俗・商風」，頁12a。收入《無錫文庫》，第1輯「官修舊志」。

127　濱島敦俊，〈土地開發與客商活動──明代中期江南地主之投資活動〉，頁103-107。

128　陸世儀自言：「自甲申、乙酉（1644-1645）以來教授不行，養生之道幾廢。乙酉冬季學為賈，而此心與賈終不習。」陸世儀，《思辨錄輯要》（臺北：臺灣商務印書館，1983影國立故宮博物院藏本），卷11「修齊類」，頁1a。收入《文淵閣四庫全書》，子部，冊724。

129　張履祥，《補農書》，頁21b。

也。」又說:「夫能稼穡則可無求於人,無求於人則能立廉恥。知稼穡之難則不妄求於人,不妄求於人則能興禮讓。廉恥立,禮讓興,而人心可正,世道可隆矣。」[130] 在張履祥眼中,「耕讀」不僅是一種經濟生活方式,也包含對道德人格和重整社會秩序的追求,關乎「人心」、「世道」。至於農耕以外的其他各業,皆屬「賤業」。他嚴誡子弟不可從事工商業,「逐蠅頭之利,工市儈之術」,是今世遊民日多,風俗日惡的根源。[131] 又告誡親友,不可讓後代子弟從事工商、醫藥卜筮之業,以免敗壞心術。

在教育子弟上,張履祥提出固守「農士家風」,將「耕」、「讀」作為家庭教育的兩大支柱,徹底改變張家子弟世代攻讀舉業,從小不習勞動的生活方式。他首先在住宅空間上重新安排,將細小空地墾作園圃,一方面發揮最大的經濟效益,一方面將農業生產與讀書學習結合,為子孫營造耕讀氛圍。如〈訓子語〉中說:「隙地為圃,種瓜蔬,植果木,以供賓祭,給日用。構屋數椽,子孫讀書,灌溉其中,則不可少。」[132] 他常常親自帶著兒子去參加耕作:「今雖衰老,率兒勉力灌溉種豆,布衣簞粥,或者猶可自給。」[133] 並針對當地的農業經濟特性向兒子進行分析和講解:「吾裡田地腴美,宜桑穀而不病水旱,但能勤力耕耘,公私之用可以不匱。然土隘人稠,無山澤之利。」[134]

綜上而言,張履祥援引《沈氏農書》作為士人耕讀指導手冊,使得這本農業技術家族的持家心得,經歷了改造、再流通的過程;另一方面,農業科技與士人文化的結合,也促成傳統儒家「耕讀」理想從哲學向現實生存面轉變。張履祥及其友人們對「經營」思想的研究及「耕讀」生活的實踐,對後世的深遠影響,可以從書籍和知識的流通、傳

---

130 張履祥,〈初學備忘上〉,《楊園先生全集》,中,卷36,頁994。
131 張履祥,〈訓子語上〉,《楊園先生全集》,下,卷47,頁1352。
132 張履祥,〈訓子語下〉,《楊園先生全集》,下,卷48,頁1377。
133 張履祥,〈與陸孝垂〉,《楊園先生文集》,上,卷6,頁157。
134 張履祥,〈訓子語下〉,《楊園先生全集》,下,卷48,頁1376。

播，以及可能的讀者組成兩方面，來加以把握。

　　《沈氏農書》與張書的版本甚多，僅在清代至少就有 7 種。[135] 依流通的管道及其影響面向，大概可以分為以下幾類：其一是以張履祥的學問、人際網絡和官方力量來流通，張履祥補輯的《沈氏農書》與《補農書》合訂本完成於順治 15 年（1658），便以手抄本形式流傳於張履祥的親人、朋友、弟子之間（從地域上看來主要在嘉興一帶），非常受到大家的歡迎，但終因張氏晚年清貧，沒有刊印。

　　這種半封閉（親人、朋友、弟子）的流通方式，在張履祥故世後有所突破。其弟子姚璉集合家藏眾多文稿編成全集一部，何汝霖與凌克貞曾對此稿進行過審訂。康熙 43 年（1704）海昌范鯤根據姚氏抄本，增補佚文，刊刻為《楊園先生全集》，其中收錄《補農書》二卷，這是《補農書》二卷本的第一次刊行。隨後，乾隆 6 年（1741）初版的《張楊園先生全集》只單收張書，到了 1754 年，朱坤重刻《楊園全集》時，把《沈氏農書》也一併列入，從此，《楊園先生全集》版本的內容即包括《沈氏農書》和《補農書》在內。這種合刊本還有同治 9 年（1870）山東尚志堂刊本《張楊園先生全集》52 卷，同治 10 年（1871）、11 年（1872）海寧人陳克鑒所編，江蘇書局刊本《楊園先生全集》54 卷。又，民國 24 年桐鄉縣政府《楊園遺著菁華》鉛印本，僅收錄《補農書》。

　　此外，單行本有光緒 23 年（1897）然藜閣刊本為《沈氏農書》和《補農書》合刊；1945 年中華書局版的《叢書集成初編》，收錄的《沈氏農書》包括《補農書》，署名「張履祥補輯」。1996 年齊魯書社的《四庫全書存目叢書補編》收錄《沈氏農書》一卷、《補農書》一卷，署名「明沈□、清張履祥」。2002 年上海古籍出版社的《續修四庫全書》收錄《農書》二卷，署名「明沈□撰，清張履祥補撰」。

135　張芳、王思明，《中國農業古籍目錄》，頁 15。

　　《補農書》二卷本廣泛流傳於江蘇、浙江、安徽及其他各省，主要是作為士人耕讀的指導用書而聞名。如以「半耕半讀」為治家準則的名臣曾國藩（1811-1872），便將《補農書》合訂本作為「稼穡之澤」的指定用書。[136] 曾國藩的治家三法（讀書、禮讓、稼穡）是清末民初最受推崇、流傳極廣的名人治家術，梁啟超曾親自從《曾文正公全集》中輯錄出《曾文正公嘉言鈔》出版，對曾國藩的評價堪稱是曠古絕今。[137] 至於當時各類討論家庭教育和家庭經濟相關議題援引曾國藩家訓者，更是不可勝數。

　　另一方面，《四庫全書總目提要》介紹《沈氏農書》時也提到了張履祥，四庫提要自乾隆年間編成以後，已成為傳統士人研究學問的入門參考書籍，此一借助官方力量系統整理典籍，控制文化思想的大背景，有利於《補農書》的傳播，到了清代中晚期，《補農書》已經成為士人之家經營耕讀生活的範本之一。

　　《補農書》合刊本也因有益於「民生日用」，為長江三角洲、江淮地區各府方志所摘引，[138] 基層官員重刊「張楊園《農書》二卷」（即《補農

---

[136] 曾國藩，〈筆記二十七則〉「世澤」，《曾國藩全集》（長沙：岳麓書社，2011），14冊，頁411。又如，同治年間薊縣人李江在〈山居瑣言序〉中列舉「家庭日用之需」的代表著作為《補農書》和《恆產瑣言》。參見徐葆瑩修，民國《薊縣志》（民國33年鉛印本），卷10，頁35a。

[137] 梁啟超在序文中說：「曾文正者，豈惟近代，蓋有史以來不一二睹之大人也已；豈惟我國，抑全世界不一二睹之大人也已。然而文正固非有超群絕倫之天才，在並時諸賢傑中稱最鈍拙，其所遭值事會，亦終身在拂逆之中。然乃立德立功立言三並不朽，所成就震古鑠今而莫與京者，其一生得力在立志自拔於流俗，而困而知，而勉而行，歷百千艱阻而不挫屈；不求近效，銖積寸累，受之以虛，將之以勤，植之以剛，貞之以恒，帥之以誠，勇猛精進，堅苦卓絕。如斯而已！如斯而已！吾以為使曾文正公今而猶壯年，則中國必由其手獲救矣。」曾國藩著，梁啟超輯，《曾文正公嘉言鈔》（上海：商務印書館，1916），頁1。

[138] 《湖州府志》、《嘉興府志》及各縣縣志對《補農書》的農桑生產方法均有摘引。《桐鄉縣志》卷7並加了評語：「右二十三則從楊園《補農書》採錄。雖皆農桑之餘事，而有益於民生日用，且必楊園常日所親試而見效者，故言之鑿鑿。我桐人當奉為師法也。」

書》二卷本），為勸課農桑之方，到了晚清還有不少人研究《補農書》，並實踐該書的耕作法。[139] 向西去貴州省《遵義府志》也曾摘引《沈氏農書》。

其二是將士人之家珍藏的手抄本加以考訂，以刊刻的方式確定下來，如明末清初曹鎔編輯《學海類編》收錄錢爾復所藏的《沈氏農書》，不包括張履祥增補的下卷。此一系統還有《叢書集成》的版本。校訂者錢爾復（1618-1698），字子湘，是海鹽望族錢薇四世孫，諸生，晚年隱居半邏村，築小圃名「半完」，其校訂《沈氏農書》可能與耕讀生活的經營有很大的關係。

其三是清末經世之學重新興起，《補農書》的農業科技受到經世學者的重視，借推廣農業新法來改良小農經濟，解決不足以養的生活問題。如 1825-1826 年魏源、賀長齡所編輯的《皇朝經世文編》，「農政」一項收錄了張履祥自撰的《補農書》。在清末新政時期，農業改革是重點項目，「張履祥《農書》」（二卷本）亦成為「銳志圖強」的四川基層官吏發展民生經濟之利器，特將之附於方志「農桑」篇中。[140] 可惜的是，沒有更多的材料可以讓我們知道從浙西到四川（長江下游到長江上游），在「農事隨鄉」的前提下，四川的閱讀者如何「接受」《補農書》？又或者僅止於官員的知識推廣。民初關心時事之知識分子也曾在課堂上講解《補農書》的部分文字，如毛澤東的中學國文老師袁仲謙（1868 -1932）。[141] 袁氏字吉六，又名仕策，湖南隆回縣人，晚清拔貢出身，處於新舊文化過渡的大環境中，其學習經驗與傳統士人高度重疊，《四庫全書總目提要》和《皇朝經世文編》的舊學基礎和經世思想，可能是他看重《補農書》的主要原因，再經由新式學堂教育將之傳播出

---

139 陳恆力，《補農書研究》，頁 2。

140 民國《興文縣志》，「農田」。

141 周邦君、邱若宏，〈毛主席與《補農書》及其相關問題〉，《農業考古》，2009 年 4 期（南昌，2009.8），頁 332。

去。

　　20世紀中期，隨著共產政權的建立，作為中國「現代化」工程重要一環的農業改革運動，持續受到學術界和文化界的看重，具體表現在農書的整理與研究上。1950年代中華書局出版了陳恆力的《補農書》校點本（包含《沈氏農書》和《補農書》），同時陳恆力、王達和中央農村工作部的王觀瀾還到《補農書》的故鄉嘉興地區從事社會調查，對《補農書》進行了開創性研究，將之視為明末清初農業經濟與農業技術的真實反映。[142] 1983年農業出版社又出版了《補農書校釋》增補本。

　　農業改革運動關注《沈氏農書》和《補農書》中農業科技的部分，並明確提出建設小農經濟的觀點，有別於原書中貧富懸殊的家政經營模式，由此衍生的「家」觀點也有所轉變，前者側重於現代化過程中「家」的政治社會功能，與沈氏和張履祥、曾國藩等人所重視的私人之家的生存發展與士的獨立精神，有很大的區別。

　　如此看來，《補農書》合刊本的廣為流傳，顯示了幾種不同層次的社會意義，首先是符合「家庭日用之需」，以及作為「耕讀」活動的指導手冊（特別是「經營」思想的部分），對於盡人倫之職以求道德之圓融，保存「士」之人格志節至為重要，因而廣受士人文化圈的推崇與肯定。又受惠於《四庫全書》編輯工程中官方力量對文化思想的倡導，到了清代中晚期已經成為士人之家產業經營的範本，推許為經典。其次，該書因有利於「民生日用」（主要是農業科技、成本核算的部分），成書後為附近各府方志所摘錄、引用，呈現由士人階層向政治統治下的家戶經濟滲透之趨勢。到了清末，經世之學和農業改革運動興起，該書的農業科技成就深受基層官吏和學術界的重視，並加以大力推廣來改良小農經濟生活。

　　從農業地理上來看，《補農書》合刊本主要盛行於江南地區，其傳

---

142 陳恆力，〈自序〉，《補農書研究》，頁1-6。

播方向由嘉興一帶向四周圍擴散，隨著時間的推移，頗有沿長江流域溯游而上的趨勢，在此一知識傳播、流通的過程中，安徽、湖南、四川地區的基層官員是重要媒介（重刊《補農書》合刊本或將之錄入地方志中），這些推廣者多出身江浙一帶，顯然江南士人階層對此書非常熟悉，因此他們到外地任基層官員時，便因時度勢將書中的農業科技、經營方法引進自己的轄區，以為勸課農桑或「銳志圖強」之方。值得注意的是，這種推廣似乎也僅限於長江流域，當同一個江浙籍的官員轉往山東任職時，就看不到類似的推廣情形，而是選擇在當地蒐羅農桑生產資料，自撰《山左蠶桑考》，[143] 這表明《補農書》合刊本流通、傳播範圍在這裡隱約有一條不可逾越的界線。究其緣由，《補農書》江南水田的環境，與華北農業兩年三作制——種麥與小米的旱田特色截然不同，故對於農業耕作所提出的建議並不適於華北地區。至於華北地區士人對於經濟生產所涉及「經營」思想和家庭秩序的看法，我們將在下一章進行討論。

---

143 如陸獻，丹徒人，任山東蓬萊縣令期間著有《山左蠶桑考》，在皖南時重刻張履祥《補農書》二卷。傳見光緒《丹徒縣志》（清光緒五年刊本），卷 28，頁 21b-22a。

第五章
明末清初山東士人的家政經營：
丁耀亢《家政須知》析論

　　前面討論的家政文本和士人社群（如張履祥、陳確等浙西士人群體），主要反映江南地區的家政經營。那麼，士人對「家政」的關注，是江南（甚或浙西）一地的特殊現象？抑或是涵蓋整個帝國的共同關懷？本章將觀察對象轉向同時期商品經濟發達的華北地區，山東是移墾社會的典型，其經濟發展多與耕地的墾闢，密切相關，自明初移民屯墾的草萊階段，到明中葉移墾土地日益擴大，經濟日漸恢復、上升，此後山東仕紳階層亦隨之興起（主要在明代中期以後到清初之間），其發展趨勢大抵與山東經濟的成長上升曲線一致。[1] 文獻中記載山東士人或仕紳之家以力耕致富、進而出仕者，亦不少見。[2]

　　本章所論丁耀亢（1599-1669）是山東士人注重家政的代表事例，其臨終前的遺作《家政須知》，在康熙 21 年（1682）由二子丁慎行整理付梓，附於詩人全集之末。該書在丁氏宗族內大概頗有名氣，丁宜

1　參見王耀生，〈明清時期山東進士地域分布特點與經濟、區位、民風的關係〉，《中國地方志》，2005 年 9 月，頁 54-55。張增祥，〈明清時期山東進士的時空分布研究〉（南京：南京師範大學專門史碩士論文，2008）。馬翠，〈明清山東望族初探〉（山東：山東師範大學中國古代史碩士論文，2009），頁 10-18。

2　如新城王氏家族是明代晚期興起的科舉世家，始祖王貴徙居新城以傭作務農起家，之後世代經營逐漸累積資產，重農尚學為其家風，終於在王重光於嘉靖 20 年（1541）登第時，實現了出仕的理想。又如，文登兩個著名望族畢氏和于氏，皆世代務農耕讀，數代後子弟始中舉或登第出仕為官，由此逐漸貴顯。參見《新城王氏世譜‧琅琊公傳》（康熙刻本），無頁數。及康熙《新城縣志》（臺北：成文出版社，1976 影清康熙 33 年刻本），卷 1「古蹟‧琅琊王公遺址」條，頁 27b。收入《中國方志叢書‧華北地區》，第 390 號。

曾（1707-1773）在《農圃便覽》的序言中自述在學習家政時：「先外祖
松菴公、外叔祖滄溟公、曾族祖野鶴公農書，亦併謹錄。」[3]顯示丁宜曾
外祖家至少有兩本治生之書遺留子孫，第三本「野鶴公農書」就是丁
耀亢的《家政須知》（野鶴是他的號），[4]實際上，《農圃便覽》確實多處
徵引、援用《家政須知》的內容。[5]兩家本為同宗（分屬日照丁氏和諸
城丁氏），明末大動亂時耀亢避難雲台山曾租貸丁允元（宜曾祖父）的
地耕種（起名「朱寒村」）。亂後丁耀亢一度想要移居日照，雖未果，[6]
足見兩家關係之親厚，因祖上情誼丁宜曾有充分的機會接觸到《家政須
知》。乾隆 45 年（1780），丁耀亢詩集被奏繳「中間違礙之語甚多」遭
禁毀，[7]此後其著作已甚少流通。

　　《家政須知》植基於丁耀亢近半世紀實際持家的經驗，其家庭經濟
活動反映出明末清初華北經營地主的多樣性生產，這種多元的莊園經營
生產進而連結到農業、手工業和商業中的供應、銷售和運送等，此一經
營型態的成功，促使其田宅規模一度大增。然在明清易代的世變之下，
山東諸城縣仕紳丁耀亢的家族和產業數度遭受嚴重的打擊，不得不採取
更多的應變措施，來挽救家業傾頹的危機。其家訓重點也從讀書科舉轉
向治生產業，終有晚年《家政須知》之創作，強調家政的重點不僅止於
教子孫讀科舉，守成之道還應在於家父長將農業生產與商業經營結合的
家政管理；從中衍生對於家務勞動價值的肯定，希冀修正社會上普遍重

<hr />

3　丁宜曾，〈自序〉，《農圃便覽》，頁 1b-2a。
4　1957年王毓瑚在重新刊行《農圃便覽》時，尚不知道「野鶴」即是丁耀亢，而說
　　其「身世不得而知」。〈重刊農圃便覽前記〉，丁宜曾著，王毓瑚校點，《農圃便覽》
　　（北京：中華書局，1957），頁 3。
5　如訓防蠹及賭博、欠稅、家漏等，在夏季三伏進行雜草積糞的工作。丁宜曾，《農
　　圃便覽》，「歲」，頁 7a-b。「夏」，37a、38a。
6　〈行至日照縣借居宗兄給諫丁右海莊〉，《逍遙遊・海遊》，頁 27a-b。〈航海出劫始
　　末〉，《出劫紀略》，頁 356。
7　王彬主編，《清代禁書總述》（上海；中國書店，1999），頁 138、491。孫殿起輯，
　　《清代禁書知見錄》（上海：商務印書館，1957），頁 13。

視子弟科舉的主流風氣。丁耀亢的行動和《家政須知》作品的出現，顯示出一種通變、重治生的新價值觀。

　　丁耀亢生存於明末清初的山東諸城，是著名的詩人、劇作家、小說家和學者。過去對丁耀亢的研究多偏重在文學上的成就，[8] 相關討論汗牛充棟，卻忽略他在產業經營上所展現的過人才能，《家政須知》長期未受到學術界的重視。[9] 本章擬以丁耀亢的詩文作品、《出劫紀略》、《家政須知》中所含豐富的經濟生產資料為核心，配合同時期山東士人的相關作品，及當地的方志等，對《家政須知》所處的社會經濟環境、家庭生活與經營思想進行具體考察，以闡明丁耀亢《家政須知》所論述的觀點

8　如魯迅、朱眉叔、黃霖、孫言誠、石玲、胡曉真、王汎森、高桂惠等，都發表過研究文章。研究重點除了關於作者、版本和作品思想的分析外，主要聚焦在明清社會變遷過程中文學和文人文化的發展。參見魯迅，《中國小說史略》，收入《魯迅全集》（北京：人民文學出版社，1981），第 9 冊，頁 183-186。朱眉叔，〈論《續金瓶梅》及其刪改本《隔簾花影》和《金屋夢》〉，《明清小說論叢》（瀋陽：春風文藝出版社，1984），第 1 輯，頁 250-279。黃霖，〈丁耀亢及其《續金瓶梅》〉，《復旦學報（社會科學版）》，1988 年 4 期（上海，1988.7），頁 55-60。石玲，〈《續金瓶梅》的作期及其他〉，吉林大學中國文化研究所編，《金瓶梅藝術世界》（長春：吉林大學出版社，1991），頁 333-337。胡曉真，〈《續金瓶梅》——丁耀亢閱讀《金瓶梅》〉，《中外文學》，23 卷 10 期（臺北，1995.3），頁 84-101。王汎森，〈「人間腹笥多藏草，隔代安知悔立言」——丁耀亢與《續金瓶梅》〉，《中國文化》，20 期（北京，1995.12），頁 220-223。王璦玲，〈私情化公：清代劇作家之自我敘寫與其戲劇表演〉，收入《欲掩彌彰：中國歷史文化中的「私」與「情」——私情篇》（臺北：漢學研究中心，2003），頁 81-158。以及〈記憶與敘事：清初劇作家之前朝意識與其易代感懷之戲劇轉化〉，《中國文哲研究集刊》，24 期（臺北，2004.3），頁 39-103。黃瓊慧，《世變中的記憶與編寫：以丁耀亢為例的考察》（臺北：大安出版社，2009）。Xiaoqiao Ling（凌筱嶠），"A review of Re-reading the Seventeenth Century: Ding Yaokang (1599-1669) and His Writings," (PhD. dissertation, University of Havard, 2010). 綜合性的著作介紹有陳慶浩，〈「海內焚書禁識丁」——丁耀亢生平及其著作〉，李豐楙主編，《文學、文化與世變》（臺北：中央研究院中國文哲研究所，2002），頁 366-387。

9　一些著述介紹過《家政須知》的內容，如余新忠，《中國家庭史》（廣州：廣東人民出版社，2007），第 4 卷；趙振，《中國歷代家訓文獻敘錄》（濟南：齊魯書社，2014）；或王俐，〈《農圃便覽》相關人物及農書小考〉，《農業考古》，2019 年 1 期（南昌，2019.2），頁 205-207。

及其特色。

目前丁耀亢的作品已有點校本《丁耀亢全集》問世，但這個點校本訛誤頗多，且丁耀亢的詩文作品包含各類創作，其《問天亭放言》、《逍遙遊》二卷、《陸舫詩草》五卷、《椒丘詩》二卷、《丁野鶴先生遺稿》三卷（包含《江干草》一卷、《歸山草》一卷、《聽山亭草》一卷）等，每部作品都代表不同時期的關懷看法，若只單引《丁耀亢全集》，便無法凸顯每篇作品的真正意涵，故採用清順治康熙遞刻丁野鶴集八種本和手稿本。10

《家政須知》的多元經營模式，乃是從諸城的社會經濟環境、丁耀亢的產業經營活動中產生，而明清易代對「家」之衝擊，促使其訓誡重點有所轉變。緣此，以下先梳理早年山居之志與丁耀亢的產業經營，窺得其社會經濟環境與經營型態的形成，次述遺訓《家政須知》的成書動機，突出明清世變下性命、產業之劫與書中所見通變、重治生之新價值觀發展。

一、早年山居之志與丁耀亢的產業經營

（一）丁耀亢的家世背景與山居志

丁耀亢的祖先原籍武昌，始祖丁興在元末追隨明太祖從軍立功，受封為淮安海州衛百戶。子丁推受明初墾殖政策的鼓勵而遷居諸城，「世居諸城東海上藏馬山之陽。瓜瓞繁衍，墟落冢墓，相望無別姓，盤互

10　本文使用丁耀亢詩文作品的版本如下：《問天亭放言》（上海：上海古籍出版社，1995 影明崇禎刻本）。收入《續修四庫全書》，子部，雜家，冊 1176。《逍遙遊》二卷、《陸舫詩草》五卷、《椒丘詩》二卷、《丁野鶴先生遺稿》三卷、《家政須知》一卷（臺南：莊嚴文化出版社，1996 年影清初刻丁野鶴集八種本）。收入《四庫全書存目叢書》，集部，冊 235。《出劫紀略》（北京：國家圖書館，2003 影清初手稿本）。收入《中華歷史人物別傳集》，26。

六十餘里，登國冊者十餘人。」丁氏族人以漁鹽耕讀為業，性多豪俠，尚氣節，揮霍有智，善談說，能富饒治生，故富家甚多。[11]

　　到了 16 世紀中葉，丁純加入詩文結社，丁家才開始參與地方仕紳的文化活動。丁純稽古能詩，嗜鼓琴。他在 1562 年考上舉人，是丁家第一個由科舉晉身的文官。丁純生 3 子，二子惟寧（1542-1611）是耀亢的父親，為丁氏由軍功富家轉向文人世家的關鍵性人物，24 歲登第（1565），傳中說：「初任保定清苑令，以卓異薦，授侍御史，巡畿省，風度嚴正，聲聞於朝。」考明代中後期已無「侍御史」這一官職，乃擔任四川道監察御史，巡按直隸，[12] 這是丁耀亢藉古以標榜父親成就，故有出入，後丁惟寧官至湖廣鄖襄兵備副史等。萬曆 14 年（1586），因鄖陽兵變還籍候勘。旋補官鳳陽，不就，告病還籍。[13] 丁惟寧善詩，不苦吟，亦不存稿，文壇盟主王世貞（1526-1590）曾「相與詠和，每為聽賞」，[14] 今丁公石祠中存其〈山中即事〉詩 3 首。又和諸城第一代的傑出學者如臧惟一等，共結「西社」，議論國事，相互唱和。丁純和丁惟寧是諸城丁氏家族第一波成功攀登帝國階梯的士人，兩人死後都進入了鄉賢祠配享。

　　從財富和名望兩方面來看，學者多認為明代山東省並沒有一個強大的仕紳階層，[15] 諸城仕紳家族的力量弱小，這一點是山東地區各縣的共同特色，即每個縣都各有仕紳家族，但他們在數量上很少。其次，他們也缺乏像中國其他地區那樣主宰或統治鄉村的集體性的力量，如江南地

11　〈族譜序〉，《出劫紀略》，頁 360。
12　乾隆《諸城縣志》（臺北：成文出版社，1976 影清乾隆 29 年刻本），卷 31「列傳」第 3，頁 11a。收入《中國方志叢書·華北地方》，第 384 號。
13　〈述先德譜序〉，《出劫紀略》，頁 363。
14　〈述先德譜序〉，頁 363。
15　Leif Littrup, *Subbureaucratic Government in China in Ming Times: A Study of Shandong Province in the Sixteenth Century* (Oslo: Universitetsforlaget, 1981), p.32. Timothy Brook, *Praying for Power: Buddhism and the Formation of Gentry Society in Late-Ming China* (Harvard: Harvard University Press, 1993), pp. 236-238.

區的官僚地主家族，乃簪纓世家以科舉發展家族力量，族中子弟的進學人數和取得最高功名者足以形成一個龐大的科舉集團，這類家族中的大官僚世家多為家族組織的核心，其他族人家庭則聚集於其周圍生存。又如東南地區在明代中期以後興起的佛山霍韜家族，乃出身寒微，但在取得功名官位後倡行同居共財、聚族而居，大力強化其家族在地方上的力量。

諸城丁氏似乎未曾擁有龐大的財富，丁惟寧辭官後，謝絕地方官員的例行性饋贈，選擇在「西園種韭數十畦，每賣錢數十文自給。」他50歲時已分家，由前4子（姜所生，元配無出，此時耀亢、耀心尚未出生）均分家產，自己只留6頃薄田養老。到了臨終前，他仍操心國事，「獨輸五百金於官，倡義築城之費，熔帶飾不足，假貸以完，故亢、心二子幼孤貧無所資。」[16]直至17世紀20年代，經過耀亢和耀心的努力，丁家的財富才擴張到了「中富」的程度。

丁耀亢有4子1女：丁玉章、丁慎行、丁慎思和丁慎謀，女兒禮姑在明末逃難時因體弱身亡。確實分家的時間並不清楚，長子玉章早逝，在丁耀亢70歲發生大地震時，丁家已分家多年（當時丁耀亢的母親和丁慎思已亡故），由此推測，丁慎行等婚後可能並未立刻分家，曾經有過一段和父親同住的時間。大抵而言，丁家幾代以來多維持著二到三代同堂的家庭型態，主要成員包括父母和年幼子女，或者再加上祖父母，此即丁耀亢寫作《家政須知》時預想的家。至於已分家的兄弟，雖然互有往來，他們必須各自處理自家的生活和經濟，只有在其陷入困境的時候提供必要協助。而父親丁惟寧子孫以外的族人，關係則愈顯疏離。明清易代之際，耀亢雖然對親友提出及早安排，準備逃難的忠告，但僅將保護老母和胞弟耀心的人身安全引為己任；亂後的生活安頓和家業整理，庶兄們產業被劫，奴僕四散，「苟活而已」，耀亢協助處理兄弟們的

---

16 〈述先德譜序〉，頁363。

喪葬後，也只負責弟耀心的產業爭訟，並暫作孤姪貽穀的代理人，等到
他 16 歲可以自立時，便交還了產業管理權。[17] 這表明即使是兄弟間的協
助也可能因母親的血緣而允許有區別對待。

　　耀亢「十一而孤，十六持家」，20 歲進學為「諸生」，弟耀心始娶
妻，在老母和諸兄的主持下分家，他和耀心各自分得地 600 畝，比鄰而
居。耀亢記述分家後的情形：

> 時予貧，猶強自謀，弟心則專苦肆業，家道日乏焉。庚午，弟舉
> 於鄉，治有遠近莊產十餘處，貸今東市宅而居之。予居山十年，
> 家頗裕，亦得薄產二十餘頃，較之初析倍蓰矣。[18]

文中描述弟耀心在中舉前後家庭經濟的巨大變化：苦讀時家境匱乏，到
了庚午年（1630）中舉後，便治有遠近莊產十餘處，而且能夠貸東市宅
而居之。顯然中舉這件事，是弟耀心翻身成為富裕人家的主要關鍵。依
據萬曆 38 年（1610）《優免新例》的規定，未仕舉人優免田 1200 畝，
生員、監生 80 畝，推測耀心急劇增加的土地應與該法令有關，也就是
中舉後利用優免特權，接受他人的土地投獻，以此積聚產業。此等陰私
之事為仕紳人家所諱，故語焉不詳，從丁耀亢的著作中看來沒有這類線
索。[19] 然據學者研究山東地區官豪勢要詭寄、隱匿田地者相當普遍，造
成納稅地統計數較實際面積降低 3% 左右，顯示在面臨同樣問題時，登

17　參見〈航海出劫始末〉、〈亂後忍侮嘆〉、〈保全殘業示後人存紀〉，收入《出劫紀
　　略》。

18　〈保存殘業示後人存紀〉，頁 362。

19　過去學界討論「投獻」一般是以江南地區的情況為分析對象，不過多是他人揭發
　　陰私，未見於自家記述，如經常被引用的海瑞傳記：「富者輒籍其產於士大夫，寧
　　以身為傭佃而輸之租，用避大役，曰投獻。故士一登鄉舉，輒皆受投獻為富人。」
　　從揭弊的角度來貶抑這類官場陋俗。黃秉石，〈海忠介公傳〉。陳義鍾編校，《海瑞
　　集》（北京：中華書局，1962），下冊，頁 560。而方志更側重從賦稅的觀點來記載
　　「投獻」之弊。

科舉子多採取類似的作法。[20] 丁耀亢購得城南橡檟溝荒山（今諸城皇華鎮相家溝），構屋種樹，開墾經營，移家山居，可知其產業從分家時的600畝增加到20餘頃，主要來自於山林的開墾經營。

為何丁耀亢選擇開墾山林來發展家業呢？這大概和他個人的志趣以及當時國家的經濟政策有關。他在〈山居志〉中自述其緣由：

> 余未成童時，常隨先柱史遊於九仙山別墅，往來林壑，欣然有得，固天性然也。甫十歲而見背，時從師偕弟讀書石室之側，或三四月一返舍，率以為常。……久厭城市，又苦九仙山遠，載糧為艱，因得城南橡檟溝一邱，甚幽，遂購築焉。少年狂率，與時多忤，每不合於眾。入深谷，憩流泉，蔭林木，聽鳥音而始解。或載酒冒雨雪隨所適，靜坐終日。使奴僕種橡栗、松竹以自娛，數年而山之園圃粗就。因辟兩山之間，築舍三楹，依溪作垣，因泉為圃，中架小閣，藏書千餘卷。[21]

依據文中的記述，丁耀亢經營橡檟山之緣由有二：一是個人志趣，此可追溯到童年與父親共游的美好回憶，不僅是血緣親情，也因為丁惟寧弱冠宦顯，又是嘉靖、萬曆年間的大名士，為丁耀亢一生孺慕、學習的目標；中間繼以「少年狂率，與時多忤，不合於眾」，唯入山可解。下可推至青年時期他在此山居讀書，卻數次參加鄉試落第，造成「十年縮頸如寒鷺」的心境，僅歲時伏臘、祭祀先祠才入城。[22] 可以說，丁耀亢的山居墾荒雖然有個人「天性」的牽引因素在內，但更多是對「世家鴻

20　成淑君，《明代山東農業開發研究》（濟南：齊魯書社，2006），頁 186-187。又，從華北地方仕紳與「投獻」有關的土地糾紛案件來看，在善用優免權這件事上，他們也會與江南士人採取類似作為。濱島敦俊，〈明末華北地區地方士人的存在形態——以《薔辭》為中心〉，收入《近世中國的社會與文化論文集》（臺北：明代研究學會，2007），頁 53-56。

21　〈山居志〉，《出劫紀略》，頁 350。

22　〈山居志〉，頁 350。

儒，功名富貴」的家庭聲望之追求，青年時期的山居避世並不在於自覺性的辭功名富貴，反而是因為極力想要光宗耀祖、卻屢受挫折。

　　這也衍生出另一個經濟生產的考量：「苦九仙山遠，載糧為艱」。據地方志書推論，九仙山離城西南 87 里遠，而城南橡檟溝距離較近，產業交通運輸與開闢較為方便。就政府的墾荒政策而言，華北本是人口密度低的地區，復以元明之際戰爭的嚴重破壞，人煙稀少，土地荒蕪。明初多次移民墾殖，裁減賦稅，出現了「衛所州縣軍民皆事墾辟」的高潮。然正統以後，賦役日重、天災人禍不斷等原因，各地民不聊生，從而導致人口大量逃亡。明中期以後，山東再度成為政府重點關注的墾荒區域之一，其政策重點除了流民與荒地的結合，到了萬曆年間將額外荒田也劃入墾荒辦法之內。[23]「其法額糧之內者分別荒之遠近，近者以次年半徵，三年全徵；遠者寬限三年之後。若額糧之外則無問遠近，止徵穀三升。」[24] 此處所謂「遠近」，是指相距城市的距離而言，當地舊規是近城 5 里內為近荒，離城 5 里以外為遠荒。也就是原屬納稅地的拋荒土地，離城近者，開墾之初年免徵田賦，次年半徵，第 3 年全徵。離城遠者，開墾 3 年後方行徵收。如果屬於額外荒地，則不問遠近，自開墾之初年開始，每年只徵穀 3 升。[25] 由此看來，橡檟荒山可能屬於「額糧之外」的範圍，開墾成功之後僅需繳交相當低的賦稅，此當是吸引丁耀亢投入田土墾殖的重要原因。

　　在 20 餘頃的薄田之外，丁耀亢「辟兩山之間，築舍三楹」，以兩山間的 30 餘畝地闢作居隱住宅區，家人生活起居之所名「煮石草堂」，取唐人「歸來煮白石」之句。東門的小丘隆起處為東溪書舍，建於 1625 年，內有藏書閣，陳列圖書千餘卷，以及耀亢多年來精心蒐集的珍本書

23　成淑君，《明代山東農業開發研究》，頁 116-121。

24　（明）許鋌，〈地方事宜議〉，同治《即墨縣志》（清同治 11 年刊本），卷 10「藝文文類中」，頁 65a-b。

25　（明）許鋌，〈地方事宜議〉，頁 65b。

籍和名人字畫,是他讀書、寫作和吟哦會友之處。[26]

　　大抵而言,橡檟山草創之初,已經確立以經濟生產為主,山居生活為輔的最高原則,日後經營、發展的整體方向大略不出於此,而整座橡檟山便依照不同功能的需求,分為居隱住宅區及廣闊的莊園生產區(丁耀亢詩文中常提及東村和西村)。[27]

(二)諸城經濟環境與多元的莊園生產型態的形成

　　諸城在膠東丘陵之上,地理位置屬於山東丘陵區,橡檟山天然的地形地貌富於變化,包含有平原、山丘、池沼、溪水等等。[28] 從丁耀亢的各種著作綜合來看,橡檟山的開墾活動主要包括水土開發、田土墾植和經營農場,並順應山東的水旱無常發展出側重農商的經營型態。

　　丁耀亢購買橡檟山和著手進行墾植的時間,綜合各方面材料的考察,大約是在 1620 年江南歸來分家後不久。[29] 詩作〈山中銀杏樹少年手植四十有五年,今秋得果二石,予年六十有八〉,[30] 可知橡檟山的開墾,至遲在 1623 年之前已經開始。

　　丁耀亢自言「卜宅應先試井泉」,[31] 經驗性地指出開荒的第一步是修築水利工程,此處天然溪泉豐富,可修渠道接引溪水作為灌溉之用。其中水井尤其重要,明末農書已有這樣的記載:「掘土深丈以上而得水

26　〈山居志〉,頁 350。〈峪園記〉,《出劫紀略》,頁 351。

27　如〈栽五柳于東村明日得雨二首〉、〈東村鑿井得泉,築施茶庵其上,同村鄰載酒落成〉、〈夏入西村刈麥〉。《聽山亭草》,卷 3,頁 7b、15b-16a、74a-b。

28　〈峪園記〉,頁 351。

29　《逍遙遊‧故山遊》自紀:「自庚申迄今三十年,著書未成,而松林已拱抱矣。」頁 12a。

30　《歸山草》,卷 2,頁 85b。

31　〈瀘水之東舊有田廬亂後荒蕪久矣,丁未仲春同在茲孫往游將墾治之,計三年可得藋葦田三百畝,欲令在茲孫卜居於此,予雖老病,氣力未衰,加我數年,尚可有成。命在茲寫詩記志二首〉,《聽山亭草》,卷 3,頁 6b。

者，為井以汲之，此法北土甚多，特以灌畦種菜。」[32] 學者估計山東灌溉的水源幾乎全靠水井，占整體灌溉面積的 90% 左右。[33]

另一首〈東村鑿井得泉，築施茶庵其上，同村鄰載酒落成〉說：

鑿石通泉潤一村，施茶汲井路當門。[34]

這個東村預計墾荒三百畝，供灌溉和飲用的井與相關的渠道系統，由地主自行開鑿修建，並歸其所有。黃宗智提到北方的小型磚井和土井可供 5-20 畝耕地灌溉之用，[35] 依此計算，東村的灌溉系統大約需要 15 口以上的水井。這種隸屬官宦富室個人之家的灌溉系統，與長江和珠江三角洲相比，兩者之間有著明顯的差異。三角洲區有渠道排灌系統貫通江、湖，湖邊、低地四周常有堤、圩，為防止洪、圍田之用。這類水利工程需要龐大的勞力，與宗族的發達密切相關。[36]

從生態環境看來，山東是以旱作為基礎的地區，生長季節較南方短約三分之一，單位面積的產量南北也有很大的差距。晚明山東籍官員葛守禮（1502-1578）便說：「南方田……但有水利，歲可兩三收幾石。北地無論中下，其價其產，與南懸絕，即上地亦不能與之比埒。」[37]

本區雨量極不均衡，遭受自然災害較多，7、8 月時豪雨引發土石流，如丁耀亢〈看東溪漲〉詩便有「山水流石如壓斗，沖壓不服石反

32　石漢聲，《農政全書校注》（臺北：明文書局，1981），卷 16「水利」，頁 405。

33　孫敬之主編，《華北經濟地理》（北京：科學出版社，1957），頁 125。

34　《聽山亭草》，卷 3，頁 15b。

35　黃宗智，《華北的小農經濟與社會變遷》（北京：中華書局，2000），頁 54。

36　一般認為長江三角洲和珠江三角洲宗族組織的規模和水利工程發達是相符的，如松田吉郎從「沙田」墾殖的角度，探討當地仕紳經濟勢力的擴展過程。氏著，〈明末清初広東珠江デルタの沙田開発と鄉紳支配の形成過程〉，《明清時代華南地域史研究》（東京都：汲古書院，2002），頁 31-81。

37　葛守禮，《葛端肅公家訓》，卷下，頁 27a。收入《葛端肅公文集》（明萬曆間刊清乾隆 56 年修補本），18 卷。

走。水狂石怒兩相角，崩擊餘波及敗柳」之句；[38] 相對的春無雨冬無雪的旱象也經常發生，春旱尤其嚴重，影響農作物的生長甚鉅，還可能引發蝗災使災情更為擴大。

水、旱、蝗等災害重時，不僅會直接導致農作物減產乃至絕產，還常常造成人口大量流失、土地荒蕪的嚴重後果。據青州府相關的記載顯示，自然災害至少每十年襲擊諸城一次，[39] 明末山東地區曾發生兩次特大旱蝗災害，萬曆 43 年（1615）和崇禎 13、14 年（1640-1641），這兩次災害使各地糧食短缺，糧價是平常的數倍到十幾倍，有些地區還出現 1 斗粟售 3 兩白銀的天價。人口損傷過半，甚者「戶滅村絕」。[40] 直到丁耀亢晚年還有〈憂蝗〉（「三冬無雪春無雨，野草遲青宿麥乾」）、〈鷺吞蝗〉、〈鴉吞蝗〉、〈蜻蛉化蝗〉、〈春飢〉、〈良農苦〉（「冰雹與蝗蝻，三年不逢歲」）[41] 等多首詩作，顯示康熙年間山東亦不乏大旱蝗災。

另一方面，諸城也有其優點，本地離江蘇北端不遠，在江南地區的影響範圍之內，是個商業活躍的地區，多項特產如山紬（山蠶絲織品）、藥草、漁產、鹽等，皆是地區交易和南北經濟的重要商品。[42] 晚明時，諸城內外皆有市集定期提供商品交易，鄉村地區每半年還有「山會」：「每歲二月朔日，十月望日，百貨畢集，即地列肆，五日而罷」，故又稱為春秋山會。[43] 往南通江南的路線有陸行和水路兩種方式，陸行南從日照，西南則從莒州，都可以抵達紅花埠通衢。水路方面海運已廢弛，但是宋家口、董家口的商船四時往返，大約三五天就可以抵達淮揚。[44] 縣志說：「縣雖非衝要，而地闊民繁，且東南濱海，飛船挽貨，是

38　《問天亭放言》，頁 12a-b。

39　嘉靖《青州府志》（臺北：新文豐出版社，1985 影明嘉靖刻本），卷 5，頁 29a-31b。收入《天一閣藏明代方志選刊》，冊 13。

40　成淑君，《明代山東農業開發研究》，頁 6-8。

41　《聽山亭草》，卷 3，頁 7b、22b-23a、24a、36a。

42　乾隆《諸城縣志》，卷 12「方物考」第 9，頁 4a-5b。

43　乾隆《諸城縣志》，卷 5「疆域考」第 2，頁 3b-4a。

44　乾隆《諸城縣志》，卷 5「疆域考」第 2，頁 4b-5a。

亦商賈出入之鄉也。」[45]

　　綜合看來，諸城農業條件欠佳，水旱災頻繁，但地形富於變化適合從事多種經營，擁有特殊的地方物產，深受市場歡迎；又因地緣之便商業活絡，農業和商業在當地已經有相當之發展基礎。丁慎行總結父親創業的秘訣時曾說：「田夫野老之言，商賈懋遷之事，有可采者，必錄投囊中，以此利弊咸悉，得失在心，效而為之，百不失一。」即透過長期調查、蒐集「田夫野老」、「商賈懋遷」之事，為農業生產規畫奠定深厚的知識基礎，並順應諸城商品經濟的發展，以商業輔助農業作為最高指導原則。故能夠達到：「胸有成畫，造無米之釜炊，成空中之樓閣，皆能以無生有，以少勝多。」[46]

　　在丁耀亢的經濟計算中，一開始就將諸城地形富於變化的特性與多種經營的精神相互結合，以提高自然資源的循環使用。故莊園內的生產內容上相當多元，包含種植業、養殖業、農副產品加工業等不同的生產部門，這不僅有助於降低生產成本，還能錯開勞動時間，隨時有產出在市場上周轉，從而創造出更高的經濟效益。種植業方面，莊園的田地主要採取華北的兩年三作法，以二熟小麥、黃豆、高粱和黍稷等輪作；[47]而林木蔬果的栽種，「松可數千株」、「橡栗連山」，「棗栗垂墻風便收」，滿山遍野的果樹栽培；[48]又如「南為菜圃，鑿井條畦，菘韭之外，間植桃李，短牆護之。牆外植銀杏三十株，胡桃、山栗不拘數。使各為區，不相亂也。」園圃佈置由此可見其大略。在植物性產品之外，也有動物養殖業，「外方出別徑，凡童稚、牛羊、柴門、鵝鴨，實自為一區。」[49]至於收穫的農產品並不以原料方式出售，而是進一步加工，如《家政須

45　乾隆《諸城縣志》，卷9「田賦考」第6，頁6b。

46　丁慎行，〈家政須知跋〉，《家政須知》，頁1a-b。

47　參見第三節丁耀亢家種植制度的考證。

48　〈山居志〉、〈峪園記〉，頁350-351。〈秋日過山居〉，《問天亭放言》，頁27a。收松果、橡栗和剝棗是八月主要的農忙活動。

49　〈峪園記〉，頁351。

知‧因時〉「五月」有：「採藥，收絲，製絹，製藥，踏酒麴」，也就是
將藥草、蠶絲、糧食，轉換為藥品、絲絹、釀酒和造麴等形式，以利長
途運輸並賣出更高的價格。

　　這種商品化的生產導向貫徹了橡檟山的整體規劃，山蠶的放養經
營尤為凸顯此一特點。山蠶是諸城地區的特產，經濟利益不亞於江南的
蠶絲業，明中葉以後，山蠶的放養技術日趨成熟，在山東東部山區已成
為農家一項重要的副業，且只侷限於山東一地。到了 18 世紀左右，放
養山蠶的技術才由山東向外傳播到鄰省和西北山區。[50] 這些證據顯示，
明末清初齊東地區曾有相當長的時間獨占放養山蠶的經驗技術和高額利
益。

　　丁耀亢從事山蠶放養的時間相當早，多首詩皆提到了養蠶的具體情
況，其中〈故山遊〉「遠山夜焰放蠶火」，[51] 描述看守人夜晚執火鳴金，保
護山蠶不受蟲蟻鳥獸吞食的情形，可知他在 1633 年以前已將山蠶作為
重要的副業經營。而且他還掌握繅絲和織山紬的高級技術，[52] 與《諸城縣
志》說「今縣人不能繅耳」的情況有所不同。[53]

　　丁耀亢家產業龐大，所使用的勞動力相當多樣化，除了田莊管事
之外，在土地上的直接耕種者包括了奴僕、雇工和佃農等，他在詩文
中經常提及。如詩中有「橡山老農開山叟」，[54] 勤懇質樸值得信任的守山
僕，〈山居志〉也提到專事耕作的奴僕。[55] 又如〈因時〉中提到了正月
「覓農工」；[56] 詩〈栽五柳于東村明日得雨二首〉「枝發投林鳥，田招失業

50　章楷，〈我國放養柞蠶的起源和傳播考略〉，《蠶業科學》，1982 年 2 期（江蘇，
　　1982.6），頁 112-116。
51　〈山中秋暮招孫江符江海門王溫其〉，《逍遙遊‧故山遊》，頁 19a。
52　〈因時〉「五月」載：「收絲，織絹」。《家政須知》，頁 14a。
53　乾隆《諸城縣志》，卷 12「方物考」第 9，頁 4a。
54　〈挽老農紀大〉，《聽山亭草》，卷 3，頁 21a。
55　〈山居志〉，頁 350。
56　《家政須知》，頁 13a。

民」，[57] 描述招雇流民開墾耕種的情形，說明雇工耕種也是丁耀亢的主要經營方式之一。明清之交曾有以下的記載：

> 照得東省貧民，窮無事事，皆雇工與人，代為耕作，名曰雇工子。又曰做活路。每當日出之時，皆荷鋤立於集場，有田者見之即雇覓而去。……見無人雇覓，皆廢然而返。[58]

顯示當時華北地區僱工耕作相當的普遍。

　　丁耀亢的產業除了親自經營之外，一部分土地用以出租，他在〈保全殘業示後人存紀〉中提到「買牛三十頭分給佃戶」，教導兒子應在一年剛開始的時候做好各種農務佈置，如耕牛和耕具應先預備，接下來佃戶才能依時節順利完成耕作。[59]

　　這類多元的大型莊園能吸收為數眾多的各類人員為之忙碌，並賴以生存，〈語少年二首〉中說：「撲棗但憑林嫗意，攘雞羞與小兒爭。」[60] 描述了不同性質的生產勞力配置，看林子的老嫗和攘雞小兒，各自負責他們能力以內、較為輕省的農活，與田間耕作的壯年男子不同。由於結合了農業、手工業和商業等，莊園中生產、供應、銷售和運送十分發達，又會促成多種經營的進一步發展，故常常形成農村城鎮。他的〈同玄圃游龍灣飲青玉溪石上經營新築〉說：

> 山行三五里，別路入花源。
> 築室斜臨澗，聽泉近繞門。
> 蠶場仍護樹，樵徑各成村。

---

57 《聽山亭草》，卷3，頁7b。
58 李漁，《資治新書（二集）》（北京：國家圖書出版社，2008），卷8「勸施農器牌」，頁14a。
59 〈保全殘業示後人存紀〉，頁362。
60 《聽山亭草》，卷3，頁6a。

　　　　老去尋幽事，傾壺坐石根。[61]

「經營新築」即丁耀亢詩中常提到的「卜築」、「卜宅」，意指新的產業開發。本詩描述這類多元、農業商品化的莊園經營，在開發之後水利設施、園圃、林木、鹽場、住宅等等，各自安排得井井有條，從而形成小村鎮的寫實情景。

　　隨著椶檀山的逐步開發，丁耀亢的經營思想也從草創到豐厚成熟，他在二次逃難過程中曾沿途經營多處產業，惜多因戰亂而廢棄。[62]晚年又依循此一生產模式，相繼開闢了海石山房、草橋庄（盤龍村）等幾處，終達到「田宅十倍於昔」的盛況。[63]

　　1642 年避難前，是丁耀亢產業的鼎盛時期，山居 10 年已有積穀各千餘石。[64]他在〈航海出劫始末〉中提到，清兵進攻諸城時，隨他避難的奴僕、佃客壯士就有近 500 人之多：

　　　　時載孥近百口，車馬驢五十餘，壯士莊客近四百人，衣囊行李，
　　　　弓矢火器，足當一隊。[65]

　　這支自衛武力從何而來？考《家政須知‧因時》「十一月」載：「治農兵防夜」，乃例行性年中行事。[66]「農兵」一語在中國有久遠的傳統，

61　《聽山亭草》，卷 3，頁 60b。

62　〈從軍錄事〉、〈保存殘業示後人紀〉，《出劫紀略》，頁 357-358、362。

63　參見以下諸詩：〈是歲十月卜居草橋庄舊有潭，成化時產龍馬處，因改名曰盤龍村〉、〈村西有泉欲種竹其上〉、〈卜築海村，作圃引泉，謀方經始，復將就祿容城。因托鄰翁命兒輩料理，計告養歸來亦須半載，因為詩六章畫圖存壁，知予志也〉，《陸舫詩草》，卷 5，頁 11a、14b-15b。

64　〈保全殘業示後人存紀〉，頁 362。

65　〈航海出劫始末〉，《出劫紀略》，頁 355。黃瓊慧《世變中的記憶與編寫——以丁耀亢為例的考察》頁 115 引述此段史料，認為丁耀亢逃難時「一行人有親屬近百人」，將「孥」作親屬解。其實丁耀亢在文中清楚提到他曾向族人示警，但大家都不相信，並未與他一同逃難，同年亦有詩為證。參見下文第二節。

66　《家政須知》，頁 15a。

取寓兵於農之意，於農隙講武事。丁耀亢「治農兵防夜」是對在土地上
耕作的奴僕佃客施以軍事訓練，於冬日農閒時進行。「防夜」字面上看
來是守護夜間安全，但其訓練強度如何，須從當時的整體治安狀況去加
以考量。明末清初荒山開墾並不安全，士人文集中常記載居山遭劫或被
竊的事件，[67] 諸城地區更是盜匪橫行，耀亢詩中常見賊過山廬的記述，
如〈壬申秋避亂山居〉、[68]〈季冬安丘劉元明以家避亂過山中〉、〈冬夜聞
亂入盧山〉、〈聞賊過山廬不肯留〉等。[69] 推測其治農兵的訓練強度，至
少須達到在盜匪來襲時足以自保的基本水平，大概游走於法令規定的邊
緣。由於平日訓練有素，這些隨丁耀亢避難的壯士莊客，才能在倉皇出
逃之際，立刻組成一支小型的自衛武力。

二、明清易代下的遺訓：《家政須知》的創作動機

那麼《家政須知》為何而作？從丁耀亢的思想發展來看，《家政須
知》的創作與當時士人耕讀傳家的理念，密切相關。他在《家政須知》
自序中說：

> 居家理可移於官，家國一理也。人皆知教子讀書，為光耀門戶，
> 而不知以家政教之者，往往有宦室富家，巨資厚蓄，其前人既往
> 不數年，而子孫蕩費至于饑寒無卓錐者，固其子孫之不肖，亦父
> 兄未嘗以家教習之。故蒙昧無知，財利歸之他人，田土反為己
> 害。

文中「家政」是以「宦室富家」的丁家之實際生活為背景，探討與財

67　陳確在文集中記載了自己和友人們鄉居多次被盜的事件，參見《陳確集》（北京：
　　中華書局，1979），頁 244、253、635-636。

68　《問天亭放言》，頁 11b-12a。

69　《逍遙遊・海遊》，頁 15a、30a。《陸舫詩草》，卷 3，頁 14b。

利、田土等家庭資產相關的經營增殖行為。面對世人普遍重視科舉的價值觀，丁耀亢發出不平之鳴，指出人們重讀書而不重「家政」，致有饑寒無立錐之弊。他認為經濟條件是仕紳階層創造和確保其菁英地位的重要支柱，關乎家庭存續，是以守成之道還有賴於家父長對產業經營之努力。故又說：

> 念予童年失父，十六持家，今年古稀有一，所置田宅十倍於昔。
> 思堂構之難成，悲創造之不易，病中無事，聊遺片言，以為守成
> 之警耳。[70]

此序清楚地反映出丁耀亢在讀書科舉與治生產業之間的重新權衡。丁耀亢基於數十年來實際持家的寶貴經驗，在訓誡子弟培養教育知識的主流觀點之外，復強調治生產業的重要性，充分肯定家務勞動的價值，凸顯出一種新價值觀。丁耀亢對家政的看法，涉及到他生命歷程的發展，即過去的經驗如何順應當下的情境發揮理解和行動功能，影響個人或集體實踐。這也衍生出另一個問題，當時社會形勢的發展如何形塑人們的思想理路？這部分可由他經歷明清易代之變，將家庭發展作為一種生存策略、風險管理的角度來加以探索。

就第一點而言，諸城丁氏仕紳一系，是 16 世紀中葉後當地第一代仕紳階層的典型：祖輩大多擅於治生而累積財富，並投資子弟應舉入仕，以轉換家族的身分與地位。這類家族通常在科舉考試中維持一個穩定的水平，子弟中多有考上秀才、舉人者，但獲得最高功名進士的人數很少。[71] 成功入仕者則參與當地的詩文結社活動，以融入諸城的文化圈，並尋求彰顯其地位或身分的象徵。從丁耀亢的詩史看來，十餘年的

70　《家政須知》，頁 1a-2a。

71　與其發展過程相似的還有臧惟一家族、丘橓家族等。參見何成，〈新城王氏：對明清時期山東科舉望族的個案研究〉（山東：山東大學博士論文，2002），「明清時期山東地區六十三個重要的科舉世家」中所列諸城地區的重要科舉家族的資料。頁 259-265。

山居歲月除了經營產業之外，早期他的長子丁玉章尚在世時，其家訓重
點主要在勤學。1632 年有〈述往事誡子玉章〉一詩：

> 少年容易老，莫恃歲月長。我昔如爾時，面髮光琅琅。
> 才高轉游惰，放廢學清狂。忽忽十年逝，轉眼驚蒼黃。
> 讀書有妙理，動靜常相妨。入市違流俗，入山羞遁藏。
> 所以三十餘，歧路逐亡羊。途窮易顛躓，志大多荒唐。[72]

告誡其子不要自恃才情而誤入歧途，荒廢學業。〈山居志〉中也說：「壬
申至癸酉，（1632-1633），與玉章專改時藝。」[73]

　　另一首作於崇禎 6 年（1633）的〈天倫一日樂〉，自註：「癸酉仲
冬送九弟會試。是日同酌老母膝前承歡各醉也。老母因責予疏狂下第之
罪，又教九弟以作吏清白，述先人二事為家法者。」詩中說：「大舅自
鄉來，餞甥實借澤。其人田舍翁，吉語相促迫」、「爾父歷清要，家貧無
擔石。官俸五百金，捐帑當易簀。安知子孫福，非食前人液。」[74] 該詩
作於弟耀心 11 月出發去京城考會試時，預計離家至少半年。當時丁耀
亢和弟耀心已分家多年，且母親責他下第之罪，大舅從鄉下來幫外甥餞
別，實際上是「借澤」，這個「借澤」跟他田舍翁（擅長打理田產）的
身分有關。可知此時的家訓重點，是要效仿先人，家業則有可靠的親族
協理。

　　在這個原則下，丁耀亢雖然仕途不順、屢遭挫折，仍力圖依循先人
的腳步，藉由參與文社、吟詠為自己建立崇高的聲譽，與諸城文化圈保
持著緊密關係。他的祖父丁純和父親丁惟寧皆喜好游山，善於吟詠，而
真正以詩人身分揚名，成就最高應首推丁耀亢。耀亢少年時即顯露不凡

---

72 《問天亭放言》，頁 10b。
73 〈山居志〉，頁 350。
74 《問天亭放言》，頁 30a-b。

的才華，20 歲自江南歸來後，「名譽日起，藻麗以敷」。[75] 乾隆《諸城縣志》「丁耀亢傳」中評價他的成就說：

> 為詩踔厲風發。少作即饒丰韻，晚年語更壯浪，開一邑風雅之
> 始。縣中諸詩人皆推為先輩。[76]

　　據〈山居志〉中所記 1628 年「煮石草堂」落成後，即「有友五人來山中結社」，當「山花映谷，溪雪流漸，載酒詠詩，呼朋命駕。……常於三更夜讀後，月上雪晴，游於峰頂。」[77] 丁家峪園是當時山東詩人的活動集會中心之一，這與丁耀亢的詩人領袖身分是分不開的。他的《向天亭放言》、《逍遙遊》和《出劫紀略》中有許多與峪園相關的贈答寄懷、與人同游的作品，如〈哭王鍾仙律詩四首〉、〈五日採九仙山石菖蒲同李鶴汀泛酒〉、〈九日遲丘子廩（丘石常）不至，明日欲追游東山又不果〉、〈拜明空和尚〉、〈甲戌春，丘子如、子廩東園文會，甚盛事也，予頻過不厭〉、[78]〈王子房登第後過齋中同社宴集〉、〈萊陽宋玉叔（宋琬）以詩寄懷因答贈〉、〈寄澤山同社鄒谷盧、張天柱、徐魯侯諸友〉等等，[79] 綜觀其詩題和文章提到的有丘石常、丘玉常、王鍾仙、李澄中、趙韞退、馬魯、孫德履、澤山社友、李鶴汀方士、明空和尚、青霞道人等等。顯見出入峪園的不僅有山東地區的詩人、曲藝知音，也包括遺民志士和佛道長老，如此情景不禁讓人聯想到同時代祈彪佳在寓山園林接交賓客的盛況。[80] 丁家峪園連絡聲息的作用顯而易見，從中亦不難看出丁耀亢在諸城詩人群體中的領袖作用。

75　〈自述年譜以代挽歌〉，《歸山草》，卷 2，頁 11b-12a。

76　乾隆《諸城縣志》，卷 36「列傳」第 8，頁 8a。

77　〈山居志〉，頁 350。

78　《問天亭放言》，頁 13b-15a、16b、19a、27b。

79　《逍遙遊・故山遊》，頁 18b、22a、24b。

80　Joanna F. Handlin Smith, "Garden in Ch'i Piao-chia's Social World: Wealth and Values in Late-Ming Kiangnan," *The Journal of Asian Studies* 51:1 (February 1992), pp. 55-81.

　　然而明清易代，隨著諸城丁氏仕紳所遭遇的家族權力變遷，丁耀亢的家政觀已有所調整，戰亂期間所歷生命與家業之劫，本末具載《出劫紀略》一書。崇禎 12 年（1639）滿州兵攻入山東，屠戮士民。1642 年冬，滿洲兵攻入諸城，大肆屠略，丁耀亢結束十餘年悠然的山居歲月，展開了一連串的逃難生活。丁家本是諸城大族，北信告急時丁耀亢曾向族人示警，「對親言當決計，眾咸笑之」，「族之富室苟安，無一信者，往來數日不決」。[81] 檢閱同年詩作有〈約族中兄弟入齋堂島不從〉，[82] 可為佐證。由是城破時弟姪兩位舉人殉難，長兄父子受傷致殘，已然「不能振起」。惟耀亢洞燭機先，毅然攜老母幼姪入海避難，損失最少。[83]

　　在這場大動亂中，丁耀亢和弟耀心於明末累積起來的田土資產，喪失了大半。丁耀亢的 20 餘頃薄田和數千石積穀，「亂後焚燹如洗，糧猶半存」，從詩題「瀘水之東舊有田廬，亂後荒蕪久矣。丁未仲春，同在茲孫往游，將墾治之」看來，其田產經營幾經波折，部分荒蕪的田土直到 1667 年辭官歸鄉後才有機會重新墾治，[84] 而弟耀心的 10 餘處產業更有 8 處遭侵占（包含樓子庄、草橋庄、草泊庄、東潘旺、石埠庄、北解留、石橋和後齊溝）。[85] 先是叛僕趁亂為賊，盜取家主財物，丁耀亢送官法辦時，邑大姓又私下幫忙謀畫對策，讓他誣陷丁耀亢謀叛、殺人害命等事，使亡命無賴登門毆罵，觀其強弱、動靜，「吾亦不較，卒無策」。又有窮悍的族人、「強鄰」占據亡弟耀心的產業，丁耀亢只能暫作孤姪貽穀的代理人，依循法律途徑向州縣長官提出產業侵占的訴訟，纏

81　〈航海出劫始末〉，頁 355。

82　《逍遙遊‧海遊》，頁 17a。

83　參見〈航海出劫始末〉、〈亂後忍侮嘆〉。

84　《聽山亭草》，卷 3，頁 6b。

85　過去學者多將這 8 處被侵佔的產業歸於丁耀亢，如王仲犖主編，《歷史論叢》，第 2 輯（濟南：齊魯書社，1981），頁 419；李龍潛，《明清經濟史》（廣東：廣東高等教育出版社，1988），頁 279。他們所依據的主要資料是〈保全殘業示後人存紀〉，事實上丁耀亢的這篇文字主要是講他如何「代理」亡弟耀心之田產，特別是追討被占之產，故其中所述多為其弟的產業。

訟兩年才得以了結。[86]

　　同一時期,丁耀亢並未偏廢治學、重科舉的部分。世變之前,他孜孜於科考、從政,當危機來臨時,功名舉業仍是最好的保護傘。入清以後,丁耀亢有感於家族責任益重,遂入北京尋求機會,歷任教習、直隸容城教諭。

　　在這段出外宦遊期間,作於順治 7 年(1650)的〈抵舍有感〉詩,反映他對子孫接管家業後的失望:

> 三年飄泊逐飛蓬,田舍蕭條萬慮空。
> 世亂始知門戶累,家貧漸見子孫庸。
> 危巢雛燕爭傾廈,小樹啼鳥一任風。
> 兄弟不堪零落盡,漫勞牛馬付痴翁。[87]

　　自順治 10 年(1653)起治生產業已成為當務之急,該年當丁耀亢外出將產業託付子孫管理時,便提出了經營指示,有詩〈卜築海村,作圃引泉,謀方經始,復將就祿容城。因托鄰翁,命兒輩料理。告養歸來,亦須半載。因為詩六章,畫圖存壁,知予志也〉記之。[88] 又,《出劫紀略》中多篇提及創業的艱辛、家業鼎盛期和亂後家業之波折等等,也明顯反映出對治生產業的高度重視。到了順治 13 年(1656),丁耀亢又作〈誡子篇〉一詩,經驗性歸納世人常見的敗家行為,訓誡勤苦興家之道。[89] 從關注時代變遷與家政觀之發展來看,治生產業作為家政的重要項目,乃是隨著社會形勢變化,現實生存日漸佔據思想主導地位,在治家問題上的集中反映。而從其他多首作品也可看出丁氏經常帶子孫從事勞農,或入山親自指導產業經營工作。[90]

86　〈亂後忍侮嘆〉、〈保全殘業示後人存紀〉。

87　《陸舫詩草》,卷 2,頁 27b。

88　《陸舫詩草》,卷 5,頁 14b-15b。

89　《椒丘詩》,卷 2,頁 36b-37a。

90　如〈吾友耿隱之有憶五年中秋五律甚佳,因效而做六中秋詩〉,其中一首為〈丙戌

　　順治 16 年（1659）春，耀亢得人推薦，授福建惠安知縣。臨行前
有〈出門示二子〉詩：「持弱家傳無健婦，散盈天遣有貧兒」，[91] 顯露他
對兒輩打理家業的擔憂。是年十月丁耀亢由海入淮，隔年正月抵杭州。
翌年入福建，瀏覽了閩地山川名勝，但未就任就辭官回轉了。辭官的原
因，乾隆《諸城縣志》記載為「以母老不赴」，[92] 官方檔案載「借病長期
不到任事」，[93] 查閱耀亢的遺稿，皆可信據。從政治局勢來看，當時鄭成
功佔據廈門，離惠安不遠，赴任也恐有危險。[94] 然辭官未准，而終於年
底被革職放歸，三月抵鄉，結束了十多年的宦遊生活。

　　晚年歸隱時，丁耀亢將家務交給兒孫管理，自己不問世事，不
意深陷文字獄和政府追討糧稅的糾紛中。丁慎行〈家政須知跋〉說：
「雖耋逢陽九，蠹魚生災，而門戶猶瓦全無恙者，亦以此（創業之功）
耳。」[95]「耋」泛指老年人，「蠹魚」為書蟲，指丁耀亢晚年因作《續金
瓶梅》小說觸犯時忌和誨淫遭禁燬，可知此事對丁家門戶的打擊，與
《家政須知》的創作密切相關。

　　更重要的是，丁耀亢在《家政須知》序中自言：

> 余既倦勤，傳家於子孫。不二年而田宅荒廢，負欠官糧，將至不
> 支。後此數年，更可知矣。[96]

（1646）家居，同於舜廷、慎思、慎行二子東莊場圃招鄰叟，飲眾農夫。〉，《陸舫
詩草》，卷 2，頁 18a。〈丁未三月望日清明入山同在茲孫種松一萬〉、〈命祥集姪養
菊〉、〈栽五柳于東村明日得雨〉等等。《聽山亭草》，卷 3，頁 7b-8a、10a、66a。

91　《江干草》，卷 1，頁 2a-b。

92　乾隆《諸城縣志》，卷 36「列傳」第 8，頁 8a。

93　順治 17 年 12 月 27 日〈吏部尚書尹圖等為將逾期不接任知縣丁耀亢革職事題
本〉。轉引自安雙成，〈順康年間《續金瓶梅》作者丁耀亢受審案〉，《歷史檔案》，
2000 年 2 期（北京，2000.6），頁 29。

94　陳慶浩，〈「海內焚書禁識丁」──丁耀亢生平及其著作〉，頁 366-387。

95　《家政須知》，頁 1b。

96　《家政須知》，頁 1b。

顯見「田宅荒廢，負欠官糧」即《家政須知》的成書動機。究竟是什麼原因才導致丁家田荒與遭到無法承受田糧的壓力呢？

丁慎行說：

> 不肖行等，析箸多年，每於謀生事，株守無策。先大人切責之餘，復作訓言數則，名曰《家政須知》。蓋欲以示子孫，非敢以公世好也。[97]

「示子孫」即丁耀亢寫作《家政須知》的預設對象，說明子弟經營不善乃田土拋荒的一個重要原因。

另一方面，《家政須知・節用》中也提到清代賦稅較明末為重的問題：

> 一畝之田，賦役加於數倍，……橫徵急斂，敲皮剝骨，民無常業，村無樂土。[98]

清初以來華北賦稅便逐年上升，據順治6年（1649）山東籍官員李用質的題本指出，他的家鄉濟寧在萬曆年間每畝起科不過3分2厘，順治以後逐年遞增至4、5分有餘，而且雜費更數倍於此。[99]再者，清初雖有蠲免賦稅之舉，在一些地方也曾實施重賦加徵，如山東泗水由於徵稅太重，流民欲復業者，「又值軍興旁午，賦稅百倍于平時，復裹足而絕故土之思。雖招撫有文，而歸鴻不多見也。」[100]又於順治18年（1661）加派練餉，且嚴令地方官，務必「文到之日，速為派徵」。故即使除荒徵熟，然逃亡丁多，拋荒土地亦多，被攤派的百姓負擔並沒有減

97　丁慎行，〈家政須知跋〉，頁1b。
98　《家政須知》，頁4b-5a。
99　中國第一歷史檔案館藏《前三朝題本》331-27。轉引自趙毅，《明清史抉微》（吉林：吉林人民出版社，2008），頁205。
100　順治《泗水縣志》（康熙元年刻本），卷3「食貨誌」，頁3a。

輕。101

查閱丁耀亢詩〈聞辛卯三月賊過諸城〉提到「縣令正催科」，102 即順治 8 年（1651）地方官就大力執行課稅。再對照同年所作〈田家二首〉：「亂後有田不得種，蠶后有絲不及用。官家令嚴催軍需，雜差十倍官糧重。縣官皂隸猛如虎，賣田不售鬻兒女。門前空有十行桑，老牛牽車運軍糧，何時望得大麥黃。」可以知道這是清初為了籌辦軍需而加徵課稅，但地方欠收，加上地方官吏嚴加苛索，導致地主們苦不堪言，丁耀亢才會對此耿耿於懷。接著又說：「柴門無人鳥雀噪，野日荒荒照古道。去年春旱穀不收，蕎麥無花秋雨潦。行客但能留我家，泥牆土榻煎山茶。我家有牛不肯賣，丁男昨日隨官衙。傳聞新詔捐田租，官司奉行知有無？」103 即朝廷對於水旱災害有減稅政策，地方官卻似乎未曾奉行。

到了 1662-1663 年（歲次壬寅、癸卯）形勢更為嚴峻，丁耀亢因「賦重田荒」而憂心如焚。他在〈自述年譜以代輓歌〉中說：

> 荏苒歲暮，至於壬寅。慘焉不樂，亦復倦勤。
> 禍發所忽，雀角是因。赤狐玄鳥，揶揄相侵。
> 黎丘幻鬼，病疢在心。歲行癸卯，年日已老。
> 賦重田荒，形衰神槁。令嚴捕逃，憂心如擣。104

檢閱相關詩文有〈壬寅元日次馮起部殿公韵〉寫道：

> 老人病臥耽春困，官稅愁深廢午食。
> 峒虎尚煩千里餉，林鳩未卜一枝安。105

壬寅即「辛丑江南奏銷案」的隔年，丁耀亢所愁官稅應與此有關。

---

101 張研，《清代經濟簡史》（臺北：雲龍出版社，2002），頁 17-18。
102 《陸舫詩草》，卷 3，頁 14b。
103 《陸舫詩草》，卷 3，頁 3b-4a。
104 《歸山草》，卷 2，頁 14a。
105 《歸山草》，卷 2，頁 3a-b。

學者指出自明末以來，縉紳地主包攬拖欠錢糧，已「習為故常」，清初政府決定催收各省歷年欠糧，引發大案，而其他辦過奏銷案的省區還包括山東。[106] 據《諸城縣志》中記載：「(順治) 辛卯八年，詔賑恤士民連年山東有水災」、「甲午十一年冬大雪平地數尺，人多凍死者。次年春雪融水漲，壞南關大石橋。詔免順治六年七年逋賦」、「丙申十三年，詔免順治八年九年逋賦」、「丁酉十四年大旱無麥禾，詔免今年糧稅」。[107] 由此看來，諸城地區因水旱災頻仍，詔免逋賦似為常見，然壬寅年朝廷突然大力追收縉紳地主之拖欠錢糧，自然窮於應付。[108] 而這個為賦稅困頓的局面綿延十餘年，似乎到了康熙 7 年（1668）才有了轉機和緩解（見丁耀亢詩〈戊申中秋得聖諭地震大赦天下錢糧野臣亢賦詩志頌二首〉）。[109]

要言之，激發丁耀亢寫作《家政須知》的「負欠官糧，將至不支」問題，與山東的水旱災頻仍、戰亂拋荒、兒孫經營不善等有相當之關係，也深深受到當時清廷在華北的賦稅政策、地方官的徵稅行動的廣泛影響。再就耕讀傳家的理念而言，諸城丁氏的治生與文學本是家族的重要傳承，從家政作為一種風險管理的生存策略來看，丁耀亢在世變時期依然孜孜於科舉入仕，卻也逐漸覺悟到當側重在農商的治生產業，然前提是在子弟的教育知識建構完成下來進行。由於治生和科舉皆須投注大量心力，從風險管理上來考量，應該是讓部分子弟從學，其他子弟從商或守業；又或者子弟在早年皆戮力科考，至中年無成後才轉向學習家政等。然丁耀亢家似乎未見有清楚的兄弟分工，更像在兩者並行的情況之下，不同時期有不同的側重點。就丁耀亢的生命經歷看來，他 16 持家後便讀書兼治生，兒子們少時就帶領他們從事農作和管理奴僕，清初宦游時產業交由丁慎行和慎思打理；《家政須知》完成後，丁慎行（其他

---

106 李龍潛，《明清經濟史》，頁 328-329。

107 乾隆《諸城縣志》，卷 3「總紀下」第 2，頁 1b-2b。

108 此看法參見陳慶浩，〈「海內焚書禁識丁」──丁耀亢生平及其著作〉，頁 380-381。

109 《聽山亭草》，卷 3，頁 86b。

兒子皆已過世）時時捧誦，又將之刊刻流傳。透露丁慎行應是他最倚賴的守業者，他也在諸子中最有文名，頗似其父。

三、《家政須知》所見「經營」思想

以下將《家政須知》各篇略加解題，再進行內容分析。

表 5-1　《家政須知》各篇目的主要內容

勤本	講述地力開發之道，探討肥料製作、多種種植和不同規模產業經營之法。
節用	講述以儉持家的重要性和明清易代下節儉難以維持的原因。
逐末	在農業經營的基礎之上發展商業，以補充家庭經濟之不足。
習苦	習勞習苦、遵循樸素家風為持家之道，也是鍛鍊品格的重要法寶。
防蠹	從妻妾和僕人的管理，分析管家的幾種常見弊端。
多算	精打細算，廣開生殖之門以增加收入。
廣積	將經濟環境中一切可生利者，結合因地制宜、用養結合和多種經營的原則，以追求最高利潤效益。
變通	闡述時勢變遷與財富聚散之道。
因時	農家的月令提綱，按月列舉全年中例行重要事項，以物候指導農事生產和家庭活動，來達到事半功倍的目的。
十敗	將常見敗家的原因歸納成十種類型，以為主家政者之鑑。

從書的整體架構看來，主要圍繞著家長對產業經營、發展和家庭成員的管理等不同層次的問題展開，可分為治事之法和人的管理兩大部分。前者突出家長的經營才能在產業經營、增殖中的關鍵地位，探討與此相關的農業技術、市場經濟和通變之道等等，輔以〈習苦〉中儉樸勤苦、居安思危的思想。後者治人的部分主要見於〈防蠹〉篇，討論對妻妾、僕人的管理要點。最終篇「十敗」為主家政者之借鑑，將家政經營與道德人格互相結合，明確將家業日落定義為一種「失德」的象徵。

(一)「農商兼業」論

　　《家政須知》對於治生產業的根本意見，一言以蔽之，就是在農業的基礎之上發展商業的「農商兼業」論。耀亢自言治生之法有二：「今勤農為本也。天道五年一變，非稔則飢；人事四時不同，非增則減。故有終歲勤勞，而逢年箕豆俱空，糧稅不足，將若之何？於是有逐末之法，廣其生息，滋其贏餘，庶幾可以卒歲。」[110] 也就是基於山東水旱無常的特性，主張治生產業應包括「勤本」和「逐末」，並將農業經營和商業活動結合。

　　在農事經營的部分，〈勤本〉將明代至清初長期累積的農業技術做了一個扼要的總整理，分就肥料、整地和制定生產計畫加以說明。文中一開始便明確指出「治田之要，莫急於積糞」，[111] 即肥料是農業生產最基本的物質基礎，由此衍生的制肥方法及其與華北農業型態之關係，乃勤農的緊要機關。書中列舉了舊有的和新興的制肥技術，前者如野草、人畜糞便（牛羊糞、人糞、鴿糞）、土糞（陰溝淤泥之糞、火坑之糞、向陽之牆），這 3 種肥料明代江南農民已較好地了解如何用發酵或烘烤等不同方法來加以運用，[112] 而餅糞（油坊麻餅之糞）的使用，則是清初以後江南才開始普及，如 1658 年完成的《補農書》指出餅肥的優點是易

---

110 《家政須知》，頁 5b。張燁《明清時期山東基層士人研究》中引用丁耀亢《家政須知·逐末》頗多誤解之處，如 58 頁提到：「或為行商，或為坐賈，或為畜牧，或為收藏，或賤入而貴出，或更舊而為新。醢醬稚菽，酒麴絲麻，販羊牧豕，油房雜貨，苟得其人，可為恆產。不得其人，本末俱亡。故必有忠信之朋，兼有通變之識，同心分金，有才有守，庶幾得之。」認為丁耀亢大講士人最不屑的「逐末」之道，傳授家人經商謀利過程中的各種關鍵所在。實際上通觀《家政須知》全書配合丁耀亢的創業過程，可知此處丁耀亢所談的「逐末」，並不是棄農從商的意思，而是在農事經營的基礎之上，順應農業商品化的潮流，將農業結合手工業，再作為商品販賣，本業依然是農業，只是不直接販賣農作物，如此可以獲得更高的利潤。

111 《家政須知》，頁 1a-1b。

112 關於明清時期農業制肥技術的改進，參見李伯重，《江南農業的發展 (1620-1850)》（上海：上海古籍出版社，2007），頁 55-56。

於使用，省時省力。江南地區向為中國農業技術最進步的地方，明清之際耀亢曾兩度南遊從事考察，目的欲找一枝棲（尋荒地開發產業），非常可能是當時隨手蒐集的技術資料。[113]

在這麼多種製肥方法中，丁耀亢特別注重野草作糞：

> 積草之糞無窮，〈月令〉所謂溽暑殺草，可以糞田疇、美土疆是也。

綠肥的使用有其悠久的歷史，「溽暑殺草」即《禮記‧月令》中所說以大雨流水潦蓄田中，使草死不復生，待雜草在田中腐爛後，便可以當作肥料使用。

不過，丁耀亢所記載的鋤草漚制綠肥的方法，是在洿下積水之地開鑿壕溝（大小可依農家之力調整），在夏季三伏進行雜草積糞的工作，初伏九日，中伏十日，下伏十二日，入伏日取草積濠中，伏盡取出，如此反覆為之，共可積草 3 次，由此獲得大量綠肥，此法顯然較諸〈月令〉中的記載複雜、先進得多。丁耀亢認為野草作糞所產生的經濟效益是多方面的：

> 北方勸農，鋤田之外，凡有暇時，盡取草根，道傍無曠土，無宿草，如此則畜牧雖少，每畝得數十車。

這種作法顯然是山東地區長期以來慣用的積肥方式，因為野草制肥的優點不僅在於無窮盡，且可以將墾殖之利，農餘力調節和「糞田」結合在一起，極有益於大規模墾荒。

施肥以外，種植制度（包括作物輪作、間種和復種等）是農業耕作的核心。華北地區受限於嚴苛的自然環境，一般提高土地使用率的方

---

[113]《逍遙遊‧江遊》，頁 1a。另一個可能的時間點是 1659 年耀亢授福建惠安知縣，上任途中曾路過杭州。這個時間點雖然與《補農書》撰作的時間接近，但上任時間十分急迫，與之前去江南產業考察完全不同。

法有兩種，一種是兩年三作的輪作法；一種是小麥隔行或隔兩行（「挨壟」或「單扇」）種植的間作法。[114] 那麼丁耀亢的所有地採取的是哪一種呢？《家政須知‧因時》「八月」載：「天社前種小麥」，「五月」載：「割麥、種豆」，[115] 即八月播種的小麥是翌年五月初收穫，接著種大豆，秋天大豆收成後土地冬閒，留至明年春天換植春播作物，成為秋地。秋地於三月初播種（雜糧作物），稱為早秋。早秋於當年八月熟後即換茬（改換作物），[116] 改成麥豆複種。如此周而復始，麥地與秋地交換使用、禾豆輪作，[117] 推知丁耀亢所有地採取的是兩年三作法。這種作物輪作方式，按農地區劃利用，有兩塊農地與單塊農地的差別，作物安排則兩者大同小異，丁耀亢採取的是兩塊農地輪作。其中麥地由於一年種植不止一季作物，必然會耗費較多的地力，秋地只收成一茬，地力耗費較少，因此丁耀亢主張當肥料缺乏時應以麥地為優先糞田。如《家政須知‧勤本》中說：

> 如糞少田多，則輪轉上糞。今歲糞麥田矣，即來歲黍穀地也。又為麥地，加糞如前。[118]

由此化解糞少田多的問題。

其次，在整地和作物的部分，〈勤本〉中說：

> 一曰先時，凡耕種因時爭先，則穀力能全。一曰因地，擇地高下

---

114 黃宗智，《華北的小農經濟與社會變遷》，頁 59。

115 《家政須知》，頁 14a-b。

116 《家政須知‧因時》「三月」載：「播種」，「八月」載：「蚤秋耕」。頁 13a、14b。

117 關於山東地區二年三獲的作物輪種方式，參見王業鍵，〈十八世紀中國的輪作制度〉，《清代經濟史論文集》（臺北：稻香出版社，2003），頁 112-114，特別是表二。又，李令福利用孔府檔案匡算出各類糧食作物的畝產量及播種比例，建立了兩年三熟輪作復種制在明中後期形成的新觀點。李令福，《明清山東農業地理》（臺北：五南出版社，2000），頁 197-206。和《中國北方農業歷史地理專題研究》（北京：中國社會科學出版社，2017），第四章。

118 《家政須知》，頁 2b。

燥濕，以分穀性。

即通過運用和開發自動發揮作用的時節之力，來提高糧食作物的產量；並依地勢高低燥濕、水陸並進，實施立體式的綜合栽培。這種立體式栽培不僅需要相應的種植知識，有時也涉及到地形的改造，使之更適合多樣化生產，如丁耀亢詩中便有「平地為山開草味，因時插柳創籬垣。又聞野水宜渠沼，欲作蓮塘種竹孫」的句子。[119]

接著，又提到對於田地的耕作原理的認識：

> 耕之不深，如不耕同；鋤之不淨，與不鋤同。秋耕早，陽氣入地而肥；春耕太早，霜氣入地而瘦。[120]

即耕地不僅要起深，還要確實將雜草鋤淨。同時因應季節變化來考量耕作時間，入秋土地尚餘夏暖宜早耕，開春田中猶有凍土宜晚耕，這是為了調節土壤溫度，以促進作物生長。17 世紀時，據說這種加強深耕、鋤地和施肥的 20 畝田地，和山東一般較粗放的 80 畝田地相比，豐年時收成可多數倍，旱潦時尚可以打平，兩者單位面積平均收成的比例約1:8 以上。[121]

丁耀亢詩文中還有〈再命守山僕〉的「西林防野燒」，[122]〈種松得雨〉「須防野火護新條，更為牛羊及樵斧。種者甚易守者難，戒令兒童頻看取」[123] 等等，叮囑在林木已成蔭時，需要時時教人看守以防野燒，且應適時採伐，可與「勤本」相互補充印證。

---

119 〈東村鑿井得泉，築施茶庵其上，同村鄰載酒落成〉，《聽山亭草》，卷 3，頁 15b。
120 《家政須知》，頁 2b。
121 參見耿蔭樓，《國脈民天》（清光緒區種五種本），「親田」，頁 2b-3a。明代山東各地普遍存在粗放經營和較低的畝產量，有人稱山東地區的農民「習為惰農也已久」。參見沈一貫（1531-1615），〈墾田東省疏〉，《沈蛟門文集》，《明經世文編》（明崇禎平露堂刻本），卷 435，頁 9b-10a。
122 《陸舫詩草》，卷 2，頁 3a。
123 《聽山亭草》，卷 3，頁 11a。

最後，家長須依照田地大小制定相應的經營計畫。〈勤本〉中說：

> 凡田少者，當自力農。田廣者，不能力農而分種，我失其五矣。
> 分種而不得其人，糞少農惰，我失其七矣。不得已而行貢法，此
> 田多不得利也。[124]

田地少的人應當力農（親自經營），可以獲得最大的經濟效益。田地多
的人，將部分田地租給佃農耕種，不僅折損經濟效益，若遇到惰農又缺
肥料，損失就更大了。最不得已的是行「貢法」，耀亢認為這種方式利
潤甚薄。但不管是地主力農或租給佃農，書中警告若不好好經營管理，
都可能導致損失。

另一種治生之法為「逐末」。〈逐末〉中提綱挈領指出：

> 在於擇人而任使，通權而達變，非其人無利也，非其時無利也，
> 非其地無利也。

也就是合夥人和市場掌握兩點是最重要、也是最困難的。接著文中提到
了商業經營的諸型態：

> 或為行商，或為坐賈，或為畜牧，或為收藏，或賤入而貴出，或
> 更舊而為新。

行商即客商，往來各地販售貨品的商人；坐賈是在固定的地點設立商
店，以經營商業的人。無論那一種經營型態，其市場規則都是賤入貴
出、更舊為新。至於商品內容則包含：「醞醬稚菽，酒麴絲麻，販羊牧
豕，油房雜靛」。[125]

將〈逐末〉中所提行商坐賈、各種商品與丁耀元詩文、〈因時〉及
〈山居志〉、〈峪園記〉中所列生產項目相互對照，可知丁耀亢倡導的

---

[124] 《家政須知》，頁 2b-3a。
[125] 《家政須知》，頁 5b-6a。

「農商兼業」，就是把原料生產、手工業和交通運輸、服務業等結合在一起的生產型態。就現代國民經濟三級產業的概念來看，第一級產業是指原料開採的行業，第二級產業是對原料進行加工生產，如製造業、工業，第三級產業是提供服務的交通運輸，丁耀亢的農業經營顯然包含了一級、二級、三級產業的類型，茲將丁耀亢莊園中主要生產品項整理如下，以便檢視。

表 5-2　丁耀亢莊園的生產品項：

	生產內容	生產類型	出處
糧食作物	小麥、稻米、[126]高粱和黍稷等	部分供作家庭食用和儲蓄米	
		出粟貴糴：趁春天青黃不接，催科之急時高價借出穀物（I）	〈因時〉「三月」：出粟貴糴；「九月」：收春初放出雜糧。
		醬麴、釀酒（II）	〈因時〉「九月」：釀酒；「十一月」：釀來春酒；「三月」：煮酒；「五月」：踏酒麴。「六月」：作醬麴。
經濟作物	1. 大豆、芝麻	榨油（II）	〈逐末〉：「油房雜靛」。
	2. 果樹栽培以松、棗、栗等為主	松果、橡栗（I） 剝棗—將紅棗製成乾果，可耐久藏（II） 作家具、燒炭（II）	〈因時〉「八月」：收松果橡栗、剝棗。「六月」：動木工作家器。「九月」：伐薪柴、燒炭禦寒；「十二月」：新炭出山。〈山居志〉
	3. 竹、銀杏、胡桃、李樹	「食不勝用」，顯然亦是商品生產之一。（I）	〈峪園記〉

---

126 丁耀亢〈壬申秋避亂山居〉詩：「坐看林影變，行見稻芒熟」。《問天亭放言》，頁12a。〈因時〉「八月」載：「收稻」。明代時魯東丘陵區已不宜種稻，且不多獲，惟有諸城稻種較多且品質較優，氣香味甘滑，自古馳名。每值稻子收穫，戶戶春米，「貿邊得高價，可比魚鹽」，收益豐厚往往超過陸田（江南水田）數倍。顧炎武，《天下郡國利病書》（清光緒 27 年上海圖書集成局排印本），第 16 冊，「山東備錄下」，頁 40b-41a。

	4.蔬菜生產以韭、菘（白菜）為主	直接出售[127]（I）醃菜（II）	〈因時〉「九月」：醃菜。
	5.藍草	雜靛：藍靛染料（II）[128]	〈因時〉「四月」：種藍；〈逐末〉：「油房雜靛」。
	6.藥草	製藥（II）	〈因時〉「五月」：製藥。
畜牧業	1.山蠶業（蠶絲）	織絹（II）	〈因時〉「三月」：浴蠶；「五月」：收絲織絹。
	2.養雞、鵝、羊、豬（規模龐大，莊園內另區飼養）	肉品（I）做氈貨、醃臘、醢醬—肉醬（II）	〈因時〉「六月」：曬皮氈衣；「七月」：再風書畫氈衣；「八月」：做氈貨。「十二月」：醃臘。〈逐末〉：「醢醬稚菽」。
	3.養魚	魚貨（I）	橡檀山有天然廣闊的曲潭溪流。

　　這種聚集了千人（1642 年丁耀亢出海避難時，奴僕、佃客壯士就有近 500 人之多，另外他們的親眷應也有數百人）聚居一處的小山村，因應住戶人家的生老病死，也需要各種輔助性的行業來滿足他們生活的需要，大概丁耀亢莊園中生產的糧食、酒麴、油房、木器家具、醢醬、藥品、木炭、山綢、皮襖等等，有部分是供應當地的消費服務。[129] 同時，

127　蔬菜的種植若與商品流通聯繫起來，利潤亦相當高。元代山東人王禎（1271-1333）便稱，近城治圃圃者，如種韭菜三十餘畦，獲利足夠全家一年的生活費用。王禎，《農書》（北京：中華書局，1956），卷 8「百穀譜五‧韭」條，頁 80。丁耀亢父丁惟寧晚年致仕後便在西園種韭數十畦，賣錢以維持生活，可見明代中晚期時蔬菜的種植已出現商品化和專業化的趨勢。〈述先德譜序〉，頁 363。

128　《齊民要素》（約成書於 533-544 年）卷 5「種藍第 53」中說：「種藍十畝，敵穀田一頃。能自染青者，其利又倍矣。」賈思勰，《齊民要術》（上海：商務印書館，1936，影萬有文庫版），頁 73。《本草綱目》「藍澱」條載制靛之法說：「澱，石殿也，其滓澄殿在下也。亦作淀，俗作靛。南人掘地作坑，以藍浸水一宿，入石灰攪至千下，澄去水，則青黑色。亦可乾收，用染青碧。其攪起浮沫，掠出陰乾，謂之靛花，即青黛。」李時珍（1518-1593），《本草綱目》，「草部」卷 16「藍澱」（臺北：國立中國醫藥研究所，2001），頁 636。「藍靛」是染料也是藥品，有解諸毒的作用，可以敷「熱瘡」和「小兒禿瘡熱腫」；也可用以「止血殺蟲，治噎膈」。

129　這些與當地日用消費有關的附屬性行業，是否由地主丁耀亢來出面經營？從〈逐末〉中提及「坐賈」似乎有此可能，但丁耀亢的著作文獻中找不到這方面的線索

這類加工過的商品有利於長途交通運輸，進行對外銷售，此種經營方式較之直接販賣原物料，獲利增加數倍。這表明丁耀亢莊園中第三級產業也相當發達。

　　不過高利潤帶來高風險，對此，丁耀亢也提出了一套控管風險的策略。〈逐末〉中說：

> 苟得其人，可為恆產。不得其人，本末俱亡。[130]

　　當時這些農產品手工業多採取合股經營的方式，如以釀造業為例來

（濱島敦俊曾言士大夫基於「重本輕末」思想，作不到自身經商的如實記述，可作為一種解釋），對比他所說「擇人任使」的原則，也有可能是委託他人（朋友或奴僕——參見下述）來從事經營。其次，就類似情況下地主會如何處理這樣的事情？景甦、羅崙在《清代山東經營地主經濟研究》對此問題的討論，可以提供我們很好的參照。該書透過分析太和堂李家（擁有耕地472畝）、樹荊堂畢家（擁有耕地900畝，及絲織機坊、制毡帽作坊各一座）、進修堂孟家（擁有1050畝耕地）、矜恕堂孟家（擁有耕地2140畝）等的整體經營狀況，配合對光緒朝山東46縣131家經營地主經濟風貌的整理，得出晚清經營地主廣泛從事手工業、商業和高利貸是其特徵，手工業通常開設酒店、油坊、粉坊和機坊（上述特徵和生產品項皆與丁耀亢莊園的經營型態十分相似），商業方面常開設雜貨店、布鋪等，具體情形如其中土地規模最小的太和堂李家在不滿150戶人家的村子裡開設了酒店、雜貨鋪、藥鋪、賃貨鋪等商店，滿足一個普通農戶生老病死所需的日用品，太和堂自稱可以「萬事不求人」。這些店鋪不大，與其消費市場相適應，卻是集日以外屈指可數的「座商」。在時間上，該書雖以晚清經營地主經濟研究為主，部分涉及到清初到中葉的情況，與丁耀亢生存時代相接近，如書中提到荊樹堂孟家從清康熙末年起，即以經營土地為主兼營商業（雖然我們不知道地主所經營的商業內容是否為自家農場出產，抑或是從他處販運而來），此一模式一直延續下去。又如乾隆時期，矜恕堂孟家在經營地主之外，還開設了4座雜貨店，嘉慶初年繼續增開兩家布店等。不過景甦和羅崙在書中提到康熙末、乾隆時期的這幾個例子，都僅有寥寥數行，無法知道各家經營的具體狀況和生產內容，本文所論處於明末山東的丁耀亢以「農商兼業」的經濟生產方式經營其家業，可將此種「經營地主兼營商業」的模式往前推進到明末時期，乃一重要發現，值得再作文比較分析。景甦、羅崙，《清代山東經營地主經濟研究》，頁78-80、91-95、104、115-129、197-199。濱島敦俊，〈土地開發與客商活動——明代中期江南地主之投資活動〉，頁103-108。

130《家政須知》，頁6b。

說，酒坊的資金主要包含自己的資金和外埠的前貸資金（其他都市的酒店）。合股的方式是持寄原料的米、麥，當場換取釀好的酒。釀造業的利潤相當高，約四成到五成，坊主將一部分資金用以擴大再生產，大多是投資田地、房屋，由此成為大商業資本家者不少。131

　　又說：

> 故必有忠信之朋，兼有通變之識，同心分金，有才有守，庶幾得
> 之。不然，則門內之貿易，猶可得其錙銖；門外之生息，無由察
> 其出入，可不審諸？132

可知合股生意的成敗，主要取決於合夥人的誠信和才識。依據學者研究，合股一般多採用親屬制或家族制，選用自己親戚或同族人共同合夥，以親屬血緣關係為紐帶來鞏固內部聯繫，至後來商業愈發展，幫手伙計更須增多，就擴大選用同鄉同里的熟人，以地緣關係來加強，補充血緣的紐帶。133 然而，耀亢的各種資料中並不見他的親戚或族人的合夥資料，族人在明末大難時甚或有侵占弟耀心產業之舉；若從耀亢多次請朋友照管產業的情況看來，134「忠信之朋」或許是朋友或可信靠的奴僕管事。無論如何，相對於土地生產的積極自信而言，耀亢對合股經商抱

---

131 金志文，〈紹興老酒簡史〉，中國人民政治協商會議浙江省紹興縣委員會文史資料研究委員會編，《紹興文史資料選輯》（紹興：中國人民政治協商會議浙江省紹興縣委員會文史資料研究委員會，1983），第 1 輯，頁 71。要木佳美，〈明末紹興における釀造業の展開と米穀流通〉，小野和子編，《明末清初の社會と文化》（京都市：京都大學人文科學研究所，1996），頁 291。

132《家政須知》，頁 6b。

133 如藤井宏論新安商人，稱其以「血緣鄉黨的結合關係為基礎」，參事經營者為「豎子、蒼頭、家丁、世僕」之輩。類似情形亦見於山西商人。藤井宏，〈新安商人的研究〉，收入「江淮論壇」編輯部編，《徽商研究論文集》（安徽：安徽人民出版社，1985），頁 131-272。寺田隆信，《山西商人の研究：明代における商人および商業資本》（京都市：東洋史研究會，1972），頁 269。

134 參見〈寄故山僧為視園林〉、〈再命守山僕〉及〈憶東海朱寒村田廬〉，《陸舫詩草》，卷 2，頁 3a-b。

持著小心謹慎的態度，關鍵在於這種「農商兼業」的做法，商業獲利高且速而資金不安全，農業則反是。

此外，該書也提及了控制家用和「習苦」問題，大多習知習見之語，如〈節用〉主張節儉和戒奢，推崇傳統用七留三的做法。其中讓人印象深刻的是，丁耀亢強調今日「節用」的不易實行，在於時勢轉移——文中將明末物價低廉，升斗小民也有數千石的儲蓄，對比入清以後苛重的稅收榨取和民間奢侈成風。此觀點與他晚年〈山中懷古田舍四首〉一脈相承：「明季風尚淳，官清徭稅少。讀書帶耕作，遊賞盡花鳥。……安知逢世難，轉眼成枯槁。舊林半剪伐，焚書無遺草。」[135]

〈習苦〉主張子弟應參加生產勞動、以培養強健堅毅、樸實敦厚的品性，因為宦室富家的子弟，「日食膏粱，見粗糲則投箸而起；帖括書生，用心章句而不知稼穡，冒寒暑霜露則病。夫夫也，一旦失勢居貧不能謀生，與餓殍等。」[136] 故基於「生於憂患，死於安樂」這樣居安思危的考量，丁耀亢告誡家長「愛子弟莫先於習苦」。對照他在青年時期〈戊辰九月自城移家入山五首〉詩「陶令兒郎諸葛妻，妻能炊黍子蒸藜」，[137] 便將山居生活與子弟習苦融合；明末大動亂時有〈冬夜聞亂入盧山〉詩「兒女慣行役，負載雜弓刀」，[138] 倡導生產勞動對鍛鍊體魄的好處。直到晚年丁耀亢的〈誡子篇〉詩還殷殷告誡子弟不要貪圖「浮榮薄德」，應「勿惜勞，勿憚苦」、「憂勤免受鄉鄰侮」，[139] 以勤立身，養成習苦節用的良好習慣。

135《聽山亭草》，卷3，頁12a-b。

136《家政須知》，頁6a-b。

137《問天亭放言》，頁6b。

138《逍遙遊・海遊》，頁30a。

139《椒丘詩》，卷2，頁35b-37a。

(二)「經營」思想的探討：多算與通變

在「農商兼業」的經營型態上，丁耀亢進一步闡述了產值提升與非常時期的應變問題，包括〈多算〉、〈廣積〉和〈通變〉，並將之濃縮為一份全年家務規畫表：〈因時〉。其中以富於批判精神的〈通變〉（供應和需求有效性的市場掌握）最受到丁耀亢的重視。

在產值提升的部分，書中強調必須廣開生殖之門，並將不同的生產活動結合在一起，可提升數倍的生產效益。如〈多算〉中說：

> 財之為言，……有才而財聚，無才而財散矣。貨之為言，……能化則貨生，不能化則貨絕矣。錢之為言，……有爭伐之意焉。利之為言，……有利害之意焉。故其為物也，多算勝，少算不勝。[140]

「多算」語出《孫子兵法》，原意為作戰前先比較敵我情勢的優劣，此處丁耀亢將經營與作戰之道相擬，主張獲取各種經營相關訊息，決定自己的動向，瞭解愈多則勝算愈大。

文中接著說：

> 善算者，得乎盈虛消息之數，算在天者也。揣其土產物理之宜，算在地者也。籌度乎金生粟死，賤入貴出，和而不爭，守而不失之理，算在人者也。[141]

「金生粟死」是中國經濟思想史上的重要命題，早見於《商君書‧去強》：「金生而粟死，粟死而金生。」指錢、糧二物，互相制約，缺一不可，重視商業就必然抑制農業。這段文字指出善算者應掌握「天」的盈虛消息之數、「地」的土產物理之宜、「人」的農商平衡與賤入貴出之

---

140 《家政須知》，頁 9a-b。
141 《家政須知》，頁 9b。

理，來做整體的運籌會計，以取得、保有和增加私人財富。基於此理，丁耀亢引用了著名的國氏為盜的故事，說明如何善於利用外在環境的一切可用資源，如配合天時地利，養育山川萬物，廣開生殖之門以增加收入。

由此看來，經營之利似乎前景看好，然丁耀亢對此仍然保持審慎的態度：

> 善取不如善守，算人不如算己。造化生於心，得失存於命。[142]

也就是有時即使盡了人力，也仍有「命」（天命運數）的影響，從精打細算的角度來考量盈利的問題，「善守」才是萬無一失的經營之道。又說：

> 善治財者，下令如流水之源，則人皆樂之。不善治財者，如逆水而行舟，則人皆苦之。故竹頭木屑，皆應機而辦事；牛溲馬渤，可治病而醫人。[143]

文中竹頭木屑和牛溲馬渤是譬喻的說法，意為善於治財者對於極細微的事也不輕忽，將無用化為有用，不因節約開支而使人感到匱乏。

就精打細算的精神來說，表 5-2 的莊園生產品項，已可窺見丁耀亢如何將「善算」運用在整體農事規劃中以廣生殖，這裡我們再將表 5-2 與〈勤本〉中對糞肥的討論合在一起看，可知莊園內使用的糞肥皆來自於多元經營衍生之廢棄物，反映出這種城外小山村自成一套自然循環的生態系統的特點，即種植（農）→養殖（牧）→農產品加工→糞肥（廢棄物）→種植（農）。在《補農書》中也見類似的多元化經營，不過，沈氏經常提到購買磨路（牛的廄肥）、豬灰（豬圈糞）、人尿糞、麻餅糞等肥料，《家政須知》中則完全沒有出現這類敘述。橡檟山離城較遠，

---

142 《家政須知》，頁 10。
143 《家政須知》，頁 10a-b。

往來費時費力應是重要原因，全然不同於沈氏所在的漣川地區有著密如蛛網的水路運輸，一年四季用船運輸肥料與生活用品。它也跟丁耀亢經營規模宏大、第二級產業發達有密切關係：沈氏所購買的磨路、豬灰、人尿糞、麻餅糞等肥料，丁耀亢莊園中皆可自產。此外，沈氏養豬須到城鎮買酒糟、豆餅作為豬飼料，而丁耀亢莊園本有經營釀酒業和油房，無須向外購買此等廢棄物。兩相比較，差異在於沈氏向外購買的多是畜牧業和農產品加工的廢棄物，這部分在沈氏生產中比重甚小，卻是丁耀亢莊園的主力生產品項和獲利關鍵。以下將丁耀亢莊園的生產品項、〈因時〉和〈勤本〉中所提及的糞肥作成一表以供參閱。

	種類	來源	出處
草糞	積草作糞	取草積濠中	〈因時〉「五月」：大修糞窖，以備積草；「六月」：取草作糞；「七月」：末伏出糞。
	牛腳草	抬草進牛羊圈，一冬踐踏所成。	〈因時〉「九月」：鋤牛腳草；「十月」：積牛腳草。
人畜糞便	牛羊豬糞	莊園內有規模龐大的畜牧生產區	表 5-2
	人糞	莊園住民	表 5-2 下面的解說
	鴿糞	農家飼養	
土糞	陰溝淤泥之糞	魚池、水道、田間溝洫等等。	表 5-2；〈因時〉「三月」：修糞池；「四月」：修水道；「六月」：修田間溝洫。
	火坑之糞	燒炭副產品	表 5-2
	向陽之牆	修理房屋	〈因時〉「一月」：修理房屋；「二月」：修屋；「五月」：墁牆壁。
餅糞	油坊麻餅之糞	黃豆、芝麻榨油後殘渣	表 5-2

丁耀亢莊園內池塘和園圃布置，也顯示出他如何將「多算」用於實踐。詩〈雨後池上看注水〉說：

　　小築空庭月一方，通渠引水自相將。

　　已浮萍影開清照，未種蓮花有淨香。

接雨魚浮群仰沫，迎風燕墮喜翔翔。

新橫短楹堪容榻，誰過習池醉不妨。[144]

詩中「習池」借指園池名勝，即〈峪園記〉中「有溪自西南來，繞山而北，匯為曲潭」的曲潭修築而成，沿溪種植了柏樹、竹檜等將園池與園圃隔開。[145]詩句「通渠引水」是在溪湖周圍開挖排灌水道，可以開溝受水，隨時蓄放，且池中養魚，乃是利用不同種類資源的循環相生（天然水資源的灌溉系統、養殖漁業與園圃種植），藉以降低成本提高生產的多種經營，其園池景觀也是一種經濟生活方式。

又如〈伐梨〉詩說：「三十年來不得利，密陰不如閑田地。東園種麻換租錢，西鄰得麥猶逢歲。梨兮梨兮負主人，閑地猶堪種麻麥。」[146]即遇到收穫不佳時，應及早更改農事規劃，以保持經營效益。

順著此一思路，接下來〈廣積〉從資源的儲蓄和使用的有效性，討論了化用的問題。文中說：「野鵲知藏，蓋以備風雨；田鼠知積糧，以潛地窖。人而不知積也，曾鳥鼠之不如乎！」是儲蓄本為傳統淵遠流長有備無患的思想，不過，丁耀亢更看重的是「積漸」，也就是講究如何從量變導致質變的一種經營的新思維：

江海之有容納，天地之有收藏，皆積漸使然也。[147]

那要如何實踐「積漸」呢？書中說：

在山積薪炭，近海積魚鹽，在田積穀粟槁秸，在家積麻縷絲絮，在畜牧積牛馬羊豕，在園圃積藜藿瓜瓠。積無用以化有用，積及時而防失時。如此，則貴賤貿易加一等矣。[148]

---

144 《問天亭放言》，頁 10a。

145 〈峪園記〉，頁 351。

146 《歸山草》，卷 2，頁 84b。

147 《家政須知》，頁 10b-11a。

148 《家政須知》，頁 11b。

文中對於整體生產的思考，包括了充分利用土地的各種物產、農家的各種勞動力（不僅是成年男子的優秀勞動力，也將婦女的紡織和年長、年幼者的看驢放牧等輕活包含進來）以及餘暇時的園圃種植，並且通過貫徹「積無用以化有用」的最高原則，即儲蓄和使用的有效性取決於不同資源之間的循環利用（此條可與上述「多算」相互參看），從而創造出更多的利益。

如此看來，「廣積」可以增進多種經濟效益：一是勞力效益，廣開各種生產途徑，以解決勞動力老弱餘缺的矛盾。即家中剩餘的勞力可以隨時間、地點發揮不同作用，無有閒置人手。二是土地產值，利用地勢及自然條件實行多種種植，錯開農事，生產各種各樣的產品，無有閒置之地。三是「化用」原則，意味著家長須熟知各種資源的用途與轉化之法。簡言之就是結合勞力密集化、生產密集化和多元經營，來創造家庭經濟的最高效益。

末尾的〈因時〉篇，丁耀亢仿效「月令」製作了全年家務活動計劃表，以物候指導農事生產和家庭活動，來達到事半功倍的目的。

〈因時〉一開始便說：「聖人先時，賢者不違時，庸人失時。春生夏長，秋收冬藏，天之時也。冬至一陽生，分十二候以完春夏之令。夏至一陰生，分十二候以完秋冬之令。時之氣也，迎其氣而業成焉，後其氣而業廢焉，唯智能得乎氣之先，故事半而功倍。」這是講「因時」的旨趣，討論天時陰陽與農事殖產之密切關係，各項農事能先時且不違農時，便能「業成」，反之則「業廢」。丁耀亢詩中也常見記述節氣影響農作物生長的句子，如〈三月朔日雨後雪農家忌之卜為凶歲余既喜且憂作詩留驗〉、〈孟夏朔日大霜〉等等。[149]

依據書中對「經營」思想的分析，丁耀亢將管理者區分為三等：「善算者」熟諳經營之道，創業理財皆游刃有餘，至於那些「庸人敗

---

[149]《聽山亭草》，卷 3，頁 8a、16a。

子」：

> 茫然無知，遂至朝不謀夕，皆不知算也。又烏得知吾人之言？姑
> 與淺言之，曰：算其一年之所入而謹之，算其一年之所出而節
> 之，庶幾無敗歟！[150]

即最下等者「不知算」，將陷入朝不保夕的地步。丁耀亢認為能做到「量入為出」，保持家庭經濟收支平衡和一些儲蓄，供荒年不時之需，大概也不致讓家破落了。

「通變」是丁耀亢治生思想的另一特點。〈通變〉中說：

> 窮則變，變則通，是故賢者與世推移，而不膠滯於物。[151]

傳達了儒家「變」之哲學與產業經營之間微妙而又深奧的關係。

就丁耀亢的經營經驗看來，「通變」首先應是訓誡子弟隨時留意吸收新資訊、新技術，及由此衍生市場的新需求，隨機應變。如前面提到明末山蠶的放養技術剛剛成熟，丁耀亢便將山蠶作為重要的副業經營，且掌握了同縣人不會的繰絲和織山紬的高級技術，可見及早投入和織造技術的整合開發，是丁家莊園獲得高額利潤的關鍵之一。類似情況也見於釀酒經營，丁耀亢的《陸舫詩草》卷4有〈獨酌羅侍御酒再求釀法〉詩，詩中說：「海內傳羅酒，因人大有名。重如金掌露，清過玉蕈羹。香雪融關鬲，醍醐入性情。頻來勞設醴，原不為逢迎。」[152] 又卷3有〈夏日再過羅欽瞻御史〉：「每到能無醉，真如為酒來。快談雄羯鼓，濡墨勒瓊杯。」[153] 從吟詠的角度來看，羅酒相當不同凡響。據文獻所記，清初官場上能飲到羅酒乃是美談，王士禎《分甘餘話》記述：「德

150《家政須知》，頁 10b。
151《家政須知》，頁 12a-b。
152〈獨酌羅侍御酒再求釀法〉，《陸舫詩草》，卷 4，頁 53b。
153〈夏日再過羅欽瞻御史〉，《陸舫詩草》，卷 3，頁 17a。

州羅酒擅名京師，清冽在滄酒之上。」[154] 此酒由羅欽瞻親自督造，工藝獨特，酒麴亦為特製，主要原料為雜糧，運河水以及菊花、荷花等，是山東德州酒的著名品牌。羅欽瞻為崇禎 10 年（1637）進士，後轉而事清，漸有政聲，其人精通釀酒技術（「窮酒理」），[155] 在他的精心研究下羅氏酒坊方有此絕世佳釀。[156] 當時丁耀亢在京師謀求仕途，與羅欽瞻交往甚厚，在多次吟詠後向羅欽瞻請求指導釀造之法，這種不同釀酒技術的吸收學習，可為丁家酒坊經營提供重要的精進養分。

其次，丁耀亢注重從傳統中去學習經營思想，但也很注意引導子弟將其中的知識理論，配合時勢變遷，努力變為自己的認識和思想。他明確指出以往的歷史經驗、治生之術已不足以因應清初社會經濟的發展，故須順應潮流以知「變」為前提。〈通變〉中說：

> 金可以變粟，粟可以變金，人所知也；金變為糞，糞變為金，人所不知也。貴者賤之母，賤者貴之子，人所知也；積貴生賤，積賤生貴，人所不知也。[157]

文中指出金錢與粟米之間的互相轉換，這是人們所熟知的，而金錢與糞之間可以互相轉換，卻是人們不知道的。又當物品價昂到高點就會下落，價賤到低點就會反彈上漲，這也是人們所熟知的；而累積昂貴之物會生賤，累積低賤之物可以生貴，卻也是人們不知道的（丁耀亢纏綿病榻之際沒有多作解釋，不過莊園內的多元經營，〈廣積〉「積無用以化有用，……則貴賤貿易加一等」，應可與此條並觀）。

---

154 王士禛，〈詩酒酬唱〉，《分甘餘話》（北京：中華書局，1989），卷 3，頁 71。
155 劉正宗，〈以藥換酒投羅侍御欽瞻〉，盧見曾編，《國朝山左詩鈔》（濟南：山東大學出版社，2006 影清乾隆 23 年德州盧氏雅雨堂刻本），卷 4，頁 16b。收入《山東文獻集成》，第 1 輯，冊 41。
156 關於羅酒的相關討論，參見王賽時，《中國酒史 插畫版》（濟南：山東畫報出版社，2018），頁 385-386。
157 《家政須知》，頁 12a。

又說：

> 廉者得半，貪者得倍，人所知也；廉者倍之，貪者半之，人所不
> 知也。貧者富之資，富者貧之資，人所知也；富以生貧，貧以生
> 富，人所不知也。[158]

廉賈賺取較少的利潤，貪商賺取一倍的利潤，這是人們所熟知的。廉賈
能賺到一倍的錢，貪商只能賺到一半的錢，卻是人們不知道的。幫助窮
人變富有，促使富人變貧窮，這是人們所熟知的改革手段；富可以生
貧，貧可以生富，卻也是人們不知道的。

　　上述致富之法皆有與時俱進的特點，到了亂世凶年，治生產業更迫
切需要應變的能力。文中說：

> 功名成于亂世，暴富起於凶年。善變者，朽腐化為金玉；不善變
> 者，金玉化為朽腐。守而不變，紈袴多餓死；變而能通，賤豎成
> 公卿。[159]

動亂經常是一家成敗的關鍵時刻，丁耀亢認為不善變者僅知固守現狀，
容易遭到時代的淘汰。若能不為既有的成說所限，發展一種調整自我的
應變能力，就能從動亂中尋找到生機，突破困難，成就偉大功業。

（三）與治生相關的人倫秩序與道德規範

　　《家政須知》在闡明治生產業之道外，也論及與此相關的人的管理
問題。因為家父長主持家庭的生產勞動諸項事務，家長之妻居於輔佐地
位，奴僕則是奉命行事者，由此家內成員各有所司，故訓子弟治家「防
蠹」與這兩種人的管理最為密切。〈防蠹〉中說：

158《家政須知》，頁 12a。
159《家政須知》，頁 12a-b。

> 欲訓子弟之治家，先詳言其防蠹。有內蠹焉，妻妾專權，寵僕亂
> 法，誘我以小利，逢君之大惡是也。有外蠹焉，上下蒙蔽，內外
> 串通，竊我之財而不知，空我之囊而不覺是也。[160]

《儀禮》等言「三從」，將婦女的一生置於他人的永久監護之下。不少家訓、家規勸戒子弟對妻子要特別防範：「婦主中饋，惟事酒食衣服之禮耳，國不可使預政，家不可使幹蠱。」[161] 士人排斥婦女主持家政的原因，除了炫耀聰明才智，以及在家務管理上越權給社會帶來不良的影響之外，更擔心妻子主持家務，導致家庭破碎（尤其是兄弟不和）。[162]

此處耀亢所提出的「妻妾專權」問題，亦常見於當時的文獻記載，實與明清家庭面對日益激烈的社會生存競爭，必須透過家庭內部的性別協商以維持家庭生活的順利運作，密切相關。而婦女往往被家長委以家政，或在發生事情時，自己不得不承擔避難之事。實際上婦女經常越位掌管治生產業和其他家庭事務，也顯示妻子得以丈夫最親近的地位接管丈夫的權力，實緣於丈夫無力或無心執行其家長的職務。

明清時期越來越普遍的婦女持家或者婦女「治生」，是否表示儒家設想的兩性文化受到了衝擊？另一類的史料記載與近年來的研究，從責任的角度揭示出婦女承擔家計與「婦德」之間的另一種關係。諸多的婦女傳記資料中，生動地描寫了家計艱困或家道中落時，婦女如何利用各種「治生」手段積極活動來彰顯其美德，[163] 顯示中國社會上主流價值

---

160 《家政須知》，頁 7b。

161 《顏氏家訓》（四部叢刊景明本），上，治家第五，頁 9a。

162 （元）鄭太和，《鄭氏規範》（長沙：商務印書館，1939 影學海類編本），頁 2。孫奇逢（1585-7675），《孝友堂家訓》（長沙：商務印書館，1939 影學海類編本），頁 2。Maurice Freedman, *The study of Chinese society*. selected and introduced by G. William Skinner (Stanford, Calif.: Stanford University Press, 1979), p. 246.

163 如著名理學家王畿為了參與理學活動，將治生之事推給妻子。章學誠的母親靠著平時省吃儉用的存款為丈夫清償債務，恢復清譽，這類事例相當多。參見 Susan Mann, *Precious records: women in China's long eighteenth century* (Stanford, Calif.: Stanford University Press, 1997), p. 238. 呂妙芬，〈婦女與明代理學的性命追求〉，收

認可婦女在社會和家庭中的積極作用，女人可以相夫教子、扶老攜幼，賢德婦女具有忠貞堅毅，和勇敢勤勞的特徵。而才幹識見更為婦女之「賢」和家庭存續提供了關鍵的支持。但學者也指出，因婦女參與「治生」而使「家事」擴大了解釋範圍；再者，強調「賢內助」，用「家事」為一個轉寰，也可能消解了婦女持家所存在的某種爭議性。[164]

　　由此看來，婦女「治生」不是正有益於家庭經濟，為何受到丁耀亢的譴責呢？〈十敗〉中說：

> 悍婦當家，外嬖專寵，囊橐在人，身如寄生，心雖有知，力不能斷，名之曰死肥鵝。[165]

丁耀亢對於「妻妾專權」的批評，主要是從損害男性家長的自主權出發。而且，他認為家長「力不能斷」乃是箇中關鍵，即因丈夫不善管理家政、失德敗家，故妻妾趁機而起。換言之，婦女越位固然不符合儒家的兩性文化，卻不應全然歸咎於婦女，若從法理和因果關係來考量，妻子的越權與丈夫不可依靠、而被迫自立自主是分不開的。

　　其次，家長也可能因惑溺於女色而損害家政，「外嬖專寵」便是因寵愛小妾而妨礙公私平情的治家準則。依據禮法的規定，妻妾地位尊卑不同，然現實多有因家長的個人好惡，給予寵妾在錢財和生活上的諸多關照，導致妾有機會插手家務，從中貪汙舞弊，敗壞家政。正如時人

入羅久蓉、呂妙芬主編，《無聲之聲Ⅲ：近代中國的婦女與文化》（臺北：中央研究院近代史研究所，2003），頁 143-151。又如妻子用嫁妝資助丈夫或兒子求學或文化事業、扶助親友、孝養長者、幫助丈夫渡過官宦生涯中的危機。參見 Susan Mann, "Dowry Wealth and Wifely Virtue in Mid—Qing Gentry Households," *Late Imperial China*, Vol. 29, Number 1 Supplement, June 2008, pp. 64-76. 毛立平，《清代嫁妝研究》（北京：中國人民大學出版社，2007），頁 212-219。

164 參見劉靜貞，〈女無外事？——墓誌碑銘中所見之北宋士大夫社會秩序理念〉，《婦女與兩性學刊》，第 4 期（臺北，1993.3），頁 21-46。以及〈正位於內？——宋代女性的生活空間〉，《錢穆先生紀念館館刊》，第 6 期（臺北，1998.12），頁 57-71。

165 《家政須知》，頁 16b-17a。

所指出：與妾有關係的寵僕，多是妾的娘家人，通常也經手莊田錢糧之事。[166]

　　至於奴僕則被明確指為家庭經濟的最主要敵人，如「寵僕」從小跟隨在家主身邊，對其喜好、性情有極深的了解和把握，故善於逢迎，投其所好，由此紊亂家法，忘其尊卑，難於管束。另一種（管事）奴僕為主人管理田莊、打理帳簿，和主家之間既為利益依存，也存在某種緊張關係（舞弊問題）。故丁耀亢認為僅憑藉著主僕之分，忠心之義並不足以應付複雜的現實狀況，根本預防之道還在於家長須時時看查，善盡督導之責，明而能斷矣。[167]

　　本書最終篇「十敗」以十種禽蟲來比擬敗家子，專論家政成敗的非凡重要性。〈十敗〉中說：

> 吾見敗家之子，性與人殊，未至敗家，必先失德。或有兇頑之子，剛愎多猜，飾非拒諫，喜近群小，疏遠正人，酗酒使氣，負義忘恩；或有庸闇之子，愚懦昏懶，疏惰苟安，性雖木訥，心不忠信，疏遠骨肉，專聽婦言。其類有十，性也，有命焉，人事也，有天道焉。家之成敗，關於子孫，吾安得而怨之。約略其狀，名之以禽蟲，言其非人類也。[168]

　　依據丁耀亢前幾篇的論述邏輯，治生產業問題關係到家庭的存續，通常與家長能否好好地管理產業、甚至才智高下密切相關。故管理家務不再是瑣事、俗務，而是與家道興衰緊密連結，乃士人盡人倫、以圓融道德之首要責任。由於家長在整個家庭保存、發展過程中扮演十分重要的角色，卻不免為剛愎，庸懦的天性所左右，或為周遭親近之人所蒙蔽，偏聽偏信，甚至染有酗酒、賭博等不良嗜好，故必須時時省視自我

166　丁宜曾，《農圃便覽》，「歲」，頁 7b。
167　《家政須知》，頁 8b-9a。
168　《家政須知》，頁 15b-16a。

的作為，注意自我約束，若發現問題時便及時修正改進，以免失德敗家。在這種重治生的新價值觀之中，士人的貧窮與道德之間不必然是正向關係（傳統儒者以清貧自我標榜），而家日落更被視為是一種「失德」的象徵。

　　綜合上述，丁耀亢的經營長才有他個人特質的因素在內，但若從其所代表諸城丁氏仕紳的發展來作權衡，便具有指標性的意義。明末避難前丁耀亢的家訓與一般社會的觀點相同，重在於讀書進舉、仿效先人，明清易代下，諸城丁氏的家族和產業瀕臨崩解，由此激起丁耀亢「保全殘業」之意識。1653 年以後他的家政觀已側重於治生，晚年又因《金瓶梅》案、子孫經營不善、清廷在華北的賦稅政策等等問題，憂心如焚，激發他創作《家政須知》教子孫以家政的決心。

　　《家政須知》中側重農商、耕戰合一的多元化莊園經營的生產特色，是從山東地區水旱災頻繁、移墾社會中生產出來；這種「農商兼業」的經營型態重在以農產品的加工、運輸和銷售，補充因水旱災所造成的家庭經濟損害，並透過「治農兵」來保護辛苦墾殖的成果。具體而言，丁耀亢的「農商兼業」是鄉居經營地主將自家莊園的農產生產結合一級、二級、三級產業的類型，以獲取數倍的高額利潤，商業化程度相當高。此不同於濱島敦俊所論晚明以來江南城居地主兼客商活動相較—利用農閒到外地販運商品牟利，不以自家生產品為限。

　　或許因為側重農商的經營型態，《家政須知》非常強調經營才能的重要性，無論是丁耀亢傲然自詡的創業之功，或者他從個人之家的角度，高度肯定家長發揮經營長才對家庭的重要貢獻，及家務勞動的價值，並將之抬高到與讀書應舉並列，這修正了過去以讀書應舉作為培養子弟的社會主流思想（視家務勞動為次要，或不重要），凸顯出一種通變、重治生的新價值觀發展。

第六章
清代家庭經濟論的變化

　　如前所述，產業經營增殖論興起於明代中期以後新興以農起家的富民階層，明清之際下層士人接受、挪用「草澤之人」的持家心得，不僅促使儒者「耕讀」的內涵由哲學層面向生存層面擴展，同時依據區域地主經營意識的差異，分別發展出江南嘉湖地區及山東移墾社會的不同生產型態。

　　到了 18 世紀前後，隨著新的經濟問題產生（清初的市場收縮）及政府墾殖政策的大力推行，家庭經濟的經營型態和自衛策略不僅多元化，產業增殖論的影響力也由下層士人向官僚學者擴張，有清一代流傳極廣、康熙重臣張英的《恆產瑣言》，堪稱官僚之家注重家政的箇中代表，從該書寫作的長期醞釀、編輯過程看來，可知此老胸中「時時有此一段經畫」。其次，這種「重治生」的潮流也反映在學者官員所編纂的治家書籍，如稍晚雍正名臣王士俊的《閑家編》也值得我們加以關注。該書特色有二：一從知識效用入手，將探討知識技藝的〈家政〉與側重倫理訓誡的〈家訓〉釐為兩門，與〈家禮〉、〈女訓〉並列，凸顯這四類治家知識具有不同的學術特徵。可知明代中期以來家政書、「居家日用類書」等與家務管理相關知識的大量整理、出版與流行，「家政」已成為治家思想史上的一樁顯要課題，《閑家編》的門類劃分乃是順應當時治家知識內容的分化，具有一定普遍的意義，為我們觀察治家內涵的變化發展提供一扇重要的窗口。二是《閑家編・家政》以產業經營為「家政」首務，回應晚明以來社會「重治生」的思潮，亦與雍正提倡家庭價值、墾殖政策密切相關。此外，楊屾所創辦的「耕讀」講學團體興盛一

時，不再依附於明末士人結社不定期、不定點的鬆散討論形式，而是具備設館教學的組織制度，並將農業科技融入蒙學教育之中，乃劃時代的創舉。

　　要言之，晚明以降關於「家政」的知識生產，是否在入清以後，對不同階層、不同地區（或者某些區域）產生重要的影響？就是本章要討論的問題。

一、官僚地主的「鄉城耕讀」論：張英《恆產瑣言》

　　張英字敦復，號圃翁，安徽桐城人。清初著名政治人物，官至禮部尚書、文華殿大學士。康熙嘗語執政曰：「張英始終敬慎，有古大臣風。」可知張英以正直的人品，深獲皇帝的信任。《恆產瑣言》約作於康熙 30-31 年（1691-1692）前後，張英 55-56 歲左右，最遲不會晚於康熙 36 年（1697），因為康熙 36 年編成的《聰訓齋語》上卷已經提到《恆產瑣言》這一書名。[1] 當時他的長子廷瓚已於康熙 18 年（1679）成進士，次子廷玉也已經進學，從家族傳統和未來的發展來看，張英十分務實地將投資土地的主要目標定位在發揮支撐家庭組織的功能，以輔助子孫求取功名。

　　除了《恆產瑣言》之外，張英還有另一本家訓《聰訓齋語》傳世，或許因為張英及其子孫在科舉官場上飛黃騰達（次子張廷玉在雍正時期與鄂爾泰一起權傾朝野，後代子弟登第者不絕，六代共出進士 13 人，其中入翰林者 12 人），這些家訓得到後人極高的評價，不僅單獨刊刻重印過多次，也被收錄在許多叢書中，整個清代非常普及。

　　《恆產瑣言》反映清初城居地主的產業經營，進而連結到仕紳社會中「耕」、「讀」相佐的生活方式、子弟教育和保守產業等問題。過去學

1　《聰訓齋語》，上，《篤素堂文集》（上海：上海古籍出版社，2011 影清康熙刻本），卷 15，頁 21b。收錄於《清代詩文集彙編》，冊 150。

者主要從經濟史的角度來討論《恆產瑣言》，較早北村敬直〈明末‧清初における地主について〉引述該書講述鬻產背景的部分，提出明末清初是鄉居經營地主向城居出租地主的過渡時期，引發戰後日本明清地主制的討論；之後岸本美緒〈「恆產瑣言」について〉透過個案的詳實研究，重新思考北村敬直所言明末清初的「過渡期性質」（一般性通則），將之定調為一種與江南三角洲地帶性質不同，商販交通不便的地主經營模式（凸顯其特殊性）。[2]

　　在經濟史的研究視角之外，若就本書關注的「家政」而言，張英《恆產瑣言》的最大特點在於以官僚之家、出租地主為出發點來論述產業經營問題，有別於晚明以來以下層士人、經營地主為主流趨勢的家政書，兩者之差異涉及到階級、經濟觀點和經營形態等問題。這是因為從「家政」知識生產的背景來看，《恆產瑣言》與《補農書》二卷、《家政須知》有著完全不同的持家經驗。張英身為一個久居官場、不諳農業耕作技術的官宦人，根本無暇、也沒機會如地方下層士人一般住在鄉村、親自從事農事生產規劃，這也是過去多數官僚地主常見深居不出、不注重農事經營，致有生產低下之弊的結構性因素。那麼，在此一固定結構之下，張英如何發揮才智、突破官僚地主的種種困境，甚或化解阻力以為助力，實值得我們加以高度關注。

　　其次，《補農書》二卷、《家政須知》皆是以市場經濟（擴大發展）為探討「經營」思想的立論前提，然而這個立論前提在清初卻出現了一個巨大反轉，整體市場周期從成長擴張轉為收縮向下，面對此一新的挑戰，過去倚賴市場經濟的「經營」觀點已不足以因應。張英在《恆產瑣言》中記錄了此一重要的歷史事件，同時思考如何運用「自然經濟」的

2　另外還有 Hilary J. Beattie, *Land and Lineage in China: A Study of T'ung-ch'eng County, Anhwei, in the Ming and Ch'ing Dynasties* (New York: Cambridge University Press, 2008)，從宗族的角度來思考《恆產瑣言》中所述土地占有問題（與本文關注的「家政」截然不同），主張桐城縣仕紳階層具有相當的穩定性，以此向何炳棣等人以科舉考試來界定仕紳，主張明清社會具有高度流動性的觀點提出挑戰。

自給自足方式，以對抗市場景氣低迷，在逆境中保守產業、甚而擴大增加產業，顯示出時代轉折過程中所催生的另一種解決之道。

目前《恆產瑣言》常見的是以 1701 年《篤素堂文集》翻刻的文集本（本文採用的版本），另外還有兩個不同系統的早期版本，這三種版本反映張英不同時期的看法，如北村敬直引述該書講述鬻產背景的部分，已見諸原始稿本；而岸本美緒據以反駁北村敬直的核心資料：仿效「吾鄉草野起家之人」以貫徹節約並盡地利的生活態度，來渡過荒年並趁田賤以擴大產業的這一觀點，則僅見於文集本的最後定稿，其他版本皆無。以下整理《恆產瑣言》版本的三大系統及其內容的主要差異：

1. 叢書本：即吳省蘭所輯《藝海珠塵匏集（戊集）》收錄的版本。此一版本最接近《恆產瑣言》的原始稿本。

2. 庫本：文淵閣四庫全書《文端集》本。這個版本是在叢書本的基礎上進行了第一次的文字修訂。

3. 文集本：最後完成的定稿。此一版本以《篤素堂文集》為最早，到了清代中晚期仍不斷被重刊或翻刻。

將叢書本、庫本和文集本的內容進行比對後，可以發現寫作時間應為叢書本→庫本→文集本，其內容增補具連貫性，符合論述愈來愈縝密的規律。三個版本的差異聚焦在《恆產瑣言》第 11 段「產之斷不可鬻」的討論，庫本補充了「守之有道」的常見問題，如不善經理，付之僮僕的弊端；文集本接著補充了遇兵災、水旱不得不鬻產時，如何度過難關，甚或仿效「吾鄉草野起家之人」趁機擴大產業（新論點）等，這些增補使「產不可鬻」的論證愈形完備。[3]

《恆產瑣言》所闡述的出租地主、仕紳之家「耕」、「讀」相佐的生

3　除上述內容增補之外，一些細小文字上的差異也可以看出多次修改的痕跡，如康熙 40 年文集本和康熙 43 年文集本，文字上便略有差異，頁 8a 提到：「天下亂離（43 年本作凶荒）日少，太平（豐稔）日多。及至平定（豐稔），而產業既鬻于人。」這些文字上的調整顯然與清廷統治日益強化，天下日益安定密切相關，所以改「亂離」為「凶荒」，「平定」為「豐稔」。

活方式及「自然經濟」（「男耕女織」以自給自足）觀點的家庭經濟論述，與張英的家世背景及持家經驗密不可分，他對於「家政」的關注，既是從「官宦人」的角度來回應明末以來「重治生」的社會潮流，而清初市場經濟與守田之間的內在緊張，也促使張英重省兩者的關係。以下先梳理張英的家世背景與產業經營，來了解該書家庭經濟論述的立論基礎，再分析書中所見「鄉城耕讀」相互循環的生存發展策略，指出這種世家之產的「治生」觀特色；最後說明該書的主要閱讀群體，及不斷刊刻、重印的社會文化因素，凸顯它在清代家庭經濟論述中的歷史地位。

（一）張英的家世、產業經營與《恆產瑣言》的成書動機

　　張英出身於安慶府桐城縣屈指可數的官宦世家之一，曾祖張淳在隆慶 2 年（1568）考中進士，官至陝西布政使，是家族中最早的官僚。祖父張士維是秀才，曾參與以葉燦、方大鎮等桐城鄉紳為中心的講學會桐川會的設立。張士維的長子張秉文（1585-1639）於萬曆 38 年（1610）時年少登第，歷任戶部主事、福建及廣東地方官，崇禎 6 年（1633）出任山東布政使，時值山東動亂四起，連年不休。

　　張士維的四子張秉彝（張英的父親）為監生，1634-1644 年張獻忠攻打桐城期間，張秉彝為了避難，攜全家往來於金陵和桐城之間。張英生於崇禎 10 年（1637），正是家中生活最不安定的時期。崇禎 11 年（1639）冬清兵自畿輔南下，攻破數十州縣，張秉文於濟南作戰殉難，張秉彝得知消息之後，迅速攜兄張秉文的兩個兒子北上濟南，泣走數百公里扶櫬歸鄉，葬於牌坊山麓。之後桐城的日子愈發難過，因為「桐城苦寇」，長期的混戰加上天災，使得生活異常困苦，身為監生的張秉彝本欲出任金陵府通判，與妻子吳氏商量此事，吳氏說：「此時魚軒翟茀，何如羊裘鹿車耶。遺榮偕隱，願效古人。」即值此之際出而仕宦雖然榮華，卻不如效法古人歸隱過著窮困的生活。張秉彝決意聽取妻子的建議，於崇禎 17 年（1644）回到桐城，在北山過著隱居生活，督課婢

子拾薪鋤菜，以供朝夕。直到順治初年審度戰亂大抵平定，才搬回城中居住。[4]

張家自曾祖父張淳起，已經在松山附近擁有土地（位於縣城東南約60里），到張英這一代，松山附近的產業持續擴張，到達了「阡陌罕異姓」的程度，其二哥張載即隱居在此松湖畔，親自從事農事經營。[5]

順治5年（1648）張英初次分得家產，當時張秉彝已年過50餘，合於習俗中父母年高，由兒子打理家務的一般狀況，故進行了第一次析產。時長子克儼已逝，六子張變、七子張芳尚未出生，析產是在張載（33歲）、張杰（23歲）、張嘉（19歲）和張英（12歲）四子之間進行的。張英分得350餘畝田，正值桐城田價低廉之時，他在順治15年（1658）及冠以後開始親自經營產業，獨立管理家務，但因為張英城居且體弱，故家計窮困，大約一年後就淪落到需要變賣、抵押其妻妝奩的窘境。當時張英尚未充分認識到土地的重要性，故希望分得銀錢，以代替倉促間難以變賣的田產。[6]

康熙2年（1663）張英中舉，隔年他又析得150餘畝田。康熙6年張英為了籌措參加會試的費用，不得不變賣這筆產業。[7]同年張英登進士第，又因父喪歸居鄉里，直到康熙11年（1672）出仕為止，都生活於桐城。

張英家在他及其兒子一代，已發展為江南地區官僚地主的類型，乃簪纓世家以科舉鞏固家族在地方上的力量，家中數代以來持續有子弟進學和取得最高功名者，同時伴隨著土地占有的大幅增加。據學者考證，桐城的排年（里長戶）本身擁有的土地數量是7、800畝至5、600百畝，張英在仕宦之初，產業尚不及里長戶的標準，但在一代之內就擴大

4　張英，〈誥贈一品夫人吳太君行略〉，庫本《文端集》，卷43，頁22b。
5　張英，〈擬古詩十三首〉，《存誠堂詩集》（海口：海南出版社，2000影故宮珍本），卷6，頁3b。收入《故宮珍本叢刊》，第587冊。
6　《恆產瑣言》，頁14b-15a。
7　《恆產瑣言》，頁14b。

到了這一標準的兩倍左右。[8] 他在寫作《恆產瑣言》時擁有約 1300-1400 的產業，除去繼承的 350 餘畝外，自己添購了 1000 餘畝的田地，[9] 多出自康熙皇帝給予他的犒賞和官場收入。張英常常提到自己對於耕讀之樂的喜愛，詩中曾有「欲自營十畝，課僕春山中」的句子，[10] 但實際上這些專事耕作的奴僕，在於提供他一種觀賞農耕的樂趣，與佃農在土地上耕作或經營地主做為支撐家計的主要收入，是有所區別的，正如他在《聰訓齋語》中說：「古人所云躬耕，亦止是課僕督農，不在霑體塗足也。閱耕是人生最樂。」[11]

從張英的思想發展來看，《恆產瑣言》的撰作並非偶然，而是他長期關注家庭經濟在治家議題上的一個反映。他自言在京師做官數十餘年，與四方之人往來交際，閒談間「必詢地土物產之所出，以及田裡之事」，又論及「謀生之事畢竟以何者最勝」。針對當時那些「名士」、「偉大夫」不事家人產的行為，則嚴厲批評是犯孟子之戒而不悔。[12] 該書植基於他個人早期持家的經驗，結合對眾多官宦地主家道興衰成敗的見聞（「五十年來，見人家子弟成敗不少」），到了中晚年透過手定立訓，將之作為治家的重要內容，以此規範子孫，歷代傳承。他在《聰訓齋語》中自豪說：

> 居家治生之理，《恆產瑣言》備之矣。雖不敢謂「聖人復起，不易吾言」，其於謀生，不啻左券。[13]

那麼，張英對產業經營的觀點為何呢？簡單地說就是「守田」。《恆產瑣言》書首引孟子「有恆產者有恆心」，作為提倡治生產業的理論依

8　岸本美緒，〈「恆產瑣言」について〉，頁 183。
9　《恆產瑣言》，頁 11a。
10　張英，〈擬古田家詩八首〉，《存誠堂詩集》，卷 1，頁 2a-b。
11　《聰訓齋語》，上，頁 9b。
12　《恆產瑣言》，頁 2a。
13　《聰訓齋語》，下，《篤素堂文集》，卷 16，頁 24a。

據，在中國傳統社會中，土地作為恆產的有利性是毋庸置疑的，但張英見解的特殊處，在援引經典論述中帶出時代發展過程所產生的新問題，因為孟子的恆產論是要求國家「制民之產」，而張英的恆產論則是以保持和擴大地主私人田產為目的，此一內容的改造，乃是順應晚明以來「重治生」的新價值觀發展，有別於前一時期流行的訓俗文本或家訓，對於土地多從「止足」的角度出發，教導子弟勿貪良田、買賣土地必須公正等等。

　　不過，要落實保持和擴大地主私人田產這一目標，就當時主客觀兩方面的條件來說並不容易。張英寫作《恆產瑣言》時正逢康熙年間景氣低迷的經濟停滯期，明末以來江南三角洲地區土地集中於鄉紳官僚和商人手中的記載不勝枚舉，入清後，城鄉之間經濟上的巨大差異似乎不再明顯，普遍呈現出一種經濟衰退的狀況，康熙年間的經濟停滯涵括蘇州、杭州、江寧、廣東、福建等曾經繁華的地區。[14] 書中明確指出在此景氣低迷之際，若子弟沒有經過良好的薰陶和教育，就非常容易因為驕奢放縱和經不起賣田從商的誘惑，被捲入鬻產的風潮中，將祖父輩積累的田產揮霍掉。[15]

　　張英並不同意以變賣田地的方式來從事商業，他認為商業看起來生息速而饒，但多覆蹶之事；田土投資看起來利潤少又緩慢，但終究是最穩定、有利的家庭經濟生產方式。書中引述「通曉事務，以經濟自許」的友人陸遇霖之言：「典質（典當）、貿易（商業）、權子母（借貸），斷無久而不弊之理，始雖乍獲厚利，終必化為子虛。」[16] 主張土地投資比經商來得安全，接著又將田產和房屋進行比較，得出「屋舍又不如田產」的結論。原因在於房屋租金的收取對象是「市廛商賈之狡健者」，取之不償則容易訴諸官長，導致爭訟，引起禍殃。土地田租的收取對象

14　參見岸本美緒，《清代中国の物価と経済変動》，第 5、6、7 章。

15　《恆產瑣言》，頁 7b-8a。

16　《恆產瑣言》，頁 3a。

是「愿民」,「秋穀登場,必先完田主之租,而後分給私債。」而且收租方式是田地的主要作物,這對雙方皆為便利:「取其所本有而非索其所無,與者受者皆可不勞。」[17]

產既不可賣,那麼經營家業便成了主家政者的重要責任。張英引述早年持家的學習經驗,提到當時城居,一心勵志於攻讀舉業,就像多數的城居出租地主:對於田庄事務毫不關心,一年也不過與佃農見幾次面。僅春秋兩次出巡田庄,其中不乏許多不知自家田地的界限、佃農勤惰的主人,聽任管事僮僕之言,在農家中「一坐、一飯、一宿,目不見田疇,足不履阡陌。僮僕糾諸佃人環繞喧嘩,或借稻種,或借食租,或稱塘漏,或稱屋傾,以此恫嚇主人。主人為其所窘,去之惟恐不速。」[18]張英以此親身經驗為鑑,殷殷告誡子弟不當視經理田產為俗事、鄙事而加以規避。

由於土地投資利潤是由地主收入、作物市價和租稅負擔額三方面共同構成,書中指出如因水利失修導致產量減少、因抗租而使租率下降、米價低廉、租稅負擔過重等等,都是不利於土地投資的重要因素。當時人們普遍認為江南三角洲的租稅十分沉重,但張英在《恆產瑣言》中完全沒有提到租稅負擔的重要問題。至於荒年歉收卻仍須繳交租稅的難處,張英認為這是無法避免的,在「天下凶荒日少,豐稔日多」的前提之下,[19]亦不須特別加以批判,學者指出這可能是因為桐城的租稅負擔較江南輕的緣故。[20]不過,我們不能忽略出仕者身處於公領域中,對朝廷政策的支持無法避免與家業之利的對立矛盾,[21]以張英始終一貫的敬

17　《恆產瑣言》,頁 3a-3b。

18　《恆產瑣言》,頁 12a-13a。

19　《恆產瑣言》,頁 8a。

20　岸本美緒,〈「恆產瑣言」について〉,頁 188。

21　如晚明浦東陸氏以開發圩田起家,陸深(1477-1544)登第後因久在官場,給家人的書信中多次出現朝廷政策與自家利益的折衝。參見陳炯智,〈陸深家書之研究〉(臺北:臺灣師範大學歷史學系碩士論文,2009),頁 83-88。

慎，及其擬定以地主經濟輔助子弟科舉的治家策略，若對此問題略不多
談，也是情理之中。

　　在地主收入部分，張英認為「盡地利」最要緊的是事情有二，一
是選擇佃農，所謂「良田不如良佃」，好的佃農才是田租收入穩定的關
鍵。二是興水利，張英主張地主平時應時時注意水利維護，才能避免
「田瘠莊敝、收入日少」的問題。[22] 書中並沒有提到抗租問題，就張英
看來，良佃總是和田主保持良好關係，所謂「良田不如良佃」。書中列
舉了許多良佃和劣佃對比的例子，良佃是「耕種及時」、「培壅有力」、
「畜泄有方」等，相反的，劣佃是「耕稼失時」、「培壅無力」、「畜泄無
方」等。至於租不足額的問題，張英將之歸咎於管理上的積弊陋習，
即管事奴僕從中作梗，不喜殷實體面，性情耿直的良佃，而偏喜性惰且
窮，阿諛諂媚的劣佃。這些僮僕管理莊事，往往貪墨興修塘堰、莊屋的
費用，從而中飽私囊，到了水旱災時田瘠莊敝，又成為租不足額的藉
口。[23]

　　如此看來，影響地主收入的幾點理由皆不是大問題，那賣田風氣
因何興起呢？張英認為這跟米價低廉與地主不關心田莊事務有關。前者
促使地主和農民不得不變賣糧食以購買其他消費物資等商品，後者將導
致糧食產量減少，這兩個因素都跟城居生活息息相關。依據書中的看
法，城居地主是最容易受到穀價低賤和消費物資昂貴雙重影響的群體，
因為城市生活型態中，各式各樣的活動皆取辦於錢（小至薪炭蔬菜，大
至人情交際、應酬宴會等），田租必須賣出以換成需要的貨幣，才能用
來支付城居生活的開銷。當穀價低落時，商品利潤的計算方法並不能真
正提升家庭經濟的總體收入，反而在其它物品價格皆昂的情況下，賣出
穀物再轉換筵席等等，將導致雙重損失。如此一來一往，因入不敷出而

22　《恆產瑣言》，頁 9a-10a。
23　《恆產瑣言》，頁 10b-11a。

欠債，終至不得不賣田。24 加上田莊事務全托付於僮僕，疏於監督，致
使田地荒廢、田租低下。25 對於如何防止「鬻產」的問題，張英主張鄉
居生活可以有效解決上述弊端，其優點不止是田租收入，還有許多「遺
利」。他殷殷告誡子孫，在迫不得已欠債時可變賣其他財物，絕不可變
賣土地。

（二）「鄉城耕讀」的生存策略：耕而佐讀或讀而兼耕

在「守田」的前提之下，《恆產瑣言》描繪了兩種不同的生活方
式：簡樸的鄉居耕讀與仕宦的城居生活。由此建構一種依據當時整體家
庭狀況，來彈性經營家務的耕讀生活模式。

張英所倡導的鄉居耕讀，是以農業經濟和家庭手工業的結合為基
礎，與強調交換貨幣的商品經濟處於對立面。這種小規模產品原料（包
含一部分手工業）的採集、生產乃至消費都是為了滿足家庭日用生活所
需，側重於土地的使用價值，而非市場經濟的財富累積。書中說：

> 居鄉則可以課耕數畝，其租倍入，可以供八口，雞豚蓄之於柵，
> 蔬菜蓄之於圃，魚蝦蓄之於澤，薪炭取之於山，可以經旬屢月，
> 不用數錢。26

即土地作為生產資本，也兼具生產生活必需物品的使用價值，故能夠成
為家庭生活運作的根本憑藉。張英以他未出仕的二哥張載為例，提到他
甚得箇中趣味：「所貽不厚，其所度日，皆較之城中數千金之產者，更
為豐腴，且山水間優遊俯仰，復有自得之樂，而無窘迫之憂，人苦不深
察耳。」27

---

24 《恆產瑣言》，頁 4a-b。
25 《恆產瑣言》，頁 9b-10a。
26 《恆產瑣言》，頁 13b。
27 《恆產瑣言》，頁 14a。

　　在這兩種形象鮮明的地主之間，張英家居於何種地位呢？張英認為決定城居或鄉居的主要衡量標準，與地主產業規模的大小密切相關。依據該書前面提到城居生活的昂貴開銷來看，他判定有二三千金之產者自然足以應付，但產業未達到這個規模的耕讀之家，該如何做呢？張英主張可以通過退居於鄉村的手段，來加以調節；這是因為土地資本的優點，必須通過鄉居生活才能得到最大的發揮。就此而論，這種以農為本、落實自給自足的生活方式，是建立在商品經濟只限於城市，不影響到農村的前提之上，學者認為當時桐城離水路較遠，不便於農產品的商品化，故能支撐書中的自然經濟觀點。[28]

　　《恆產瑣言》接著又說：

> 果其讀書有成，策名仕宦，可以城居，則再入城居一二世。而後宜於鄉居，則再往鄉居。鄉城耕讀　，相為循環，可久可大，豈非吉祥善事哉。[29]

此處將家庭未來發展過程中，子弟科舉表現的各種狀況皆考慮在內。關於「耕讀」生活的討論，早於《恆產瑣言》半世紀成書的張履祥《補農書》，已深入闡述了如何「耕」、「讀」相兼的問題，不過張履祥的讀書是以儒學涵養品格，張英則側重在討論「耕讀」與仕宦之關係，由於明清科舉制度與學校結合，原是鄉居地主出身的張英家，為了科舉而搬到城市生活，以尋求更好的向上流動機會，及參加與其社會身分變動相關的人情應酬和宴會。相對的，當處於科舉不順遂的情況下，也可以退居鄉村以節約家庭開銷，藉田產以保存實力來等待時機，不至於落入貧無立錐之地的窘境。如此，與仕宦相關的城居生活和簡樸平靜的鄉村生活交替循環，可以被設想為一種理想的家庭生存策略。從風險管理上來考

28　關於桐城水陸交通不便，不利於農產品商品化的觀點，已見於岸本美緒，〈「恆產瑣言」について〉，頁 190-191。

29　《恆產瑣言》，頁 14a。

量，張英在書中並沒有提到時人常見的子弟分工（部分子弟從學，其他子弟從商或守業），又或者科考無望後才轉向學習家務管理等問題，這可能跟他早年兄弟析產各自打理家業的經驗有關。張英所主張的更接近將治生和科舉兩者並行，因為治生作為一種必要的生活技能和道德教育，並非是退而求其次的選擇，隨著生命歷程的進展，可採取不同的因應策略。

由此看來，策名仕宦顯然是決定城居和鄉居的關鍵，若與前面產業規模大小的標準合在一起看，兩者之間顯然具有高度的關連性。就張英自己本身的經驗而言，策名仕宦本就是他產業擴大增加的最重要因素，而在攻讀舉業的過程中，他曾經因為城居、不善經營產業而導致家計窮困，並且變賣了 150 畝田地以籌措進京趕考的相關費用，來補充官方提供赴考津貼的不足。明清時期由於取得進學資格的人數眾多，學校寬而仕途窄，依據當時考試費用的昂貴程度來計算（包括趕考和考試這兩項最主要的花費），若一心苦讀、應試多次皆落榜，在不堪重負的情況之下，逐漸耗盡家財幾乎是可以預見之事。《恆產瑣言》中並未就此加以描述討論，因為在明清實施科舉考試的數百年來，這已經成為讀書人所必須面對的一項司空見慣的老問題。此外，分家析產也是大規模田產逐漸縮小和零碎的重要原因，從張英早年第一次分產得到 350 餘畝田的情況來推算，其父張秉彝至少擁有近 2000 畝田（350 畝 ×4 人＋養老田），張英中舉後又析得 150 畝田，可能是從張秉彝的養老田中拿出來的。

順著此一脈絡，我們就很容易理解張英在《恆產瑣言》中為何談到仕宦城居後一二世，可視需要再移往鄉居，其中涉及產業規模的擴大和縮減，主要是考量到科舉考試、分家析產對家庭經濟的作用和影響力。而在明清進士錄取率極低，仕途亦不免風險的情況下，張英從居安思危的角度殷殷告誡子孫說：「人家富貴二字，暫時之榮寵耳。所恃以長子

孫者，畢竟是耕讀兩字。」[30]要求子孫一秉祖訓，重視治生產業的實作訓練，知稼穡之艱難，養成淳樸謹厚的品格，以適應各種不同的狀況。

綜上所述，我們可以將《恆產瑣言》中講述城居生活和鄉居生活的特點整理如下：

表 6-1 《恆產瑣言》所述世家之產的「鄉城耕讀」法

	城居生活	鄉居生活
經濟理論	商品經濟（市場機制）	自然經濟（農本主義）
生活特點	多交際應酬	簡靜。親戚應酬寡，偶有客至。
適用對象	仕宦及產業超過二三千金者	科舉未成和產業較少者
衣食之費	薪炭蔬菜、雞豚魚蝦，及親戚人情、應酬宴會等，種種皆取辦於錢，開銷巨大，至有入不敷出之弊。	薪炭蔬菜、雞豚魚蝦皆取自於土地，經年屢月，不用數錢。可以衣布衣，策蹇驢，不必鮮華。
子弟教育	易有驕奢之習，鮮衣怒馬，恆舞酣歌，一裘之費，動至數十金。	令其目擊田家之苦，參與收租、放款等事，養成念惜物力，勤勞的人格品性。
經營方式	不善經理，付之僮僕之手，任其耗蠹，或荒敗不可觀。	親自經理產業，使盡地利以保障田租收入。
家務勞動	深居簡出，但知飽衣暖食，絕不念物力之可惜，而泥沙委之。	課耕數畝自給自足，女子力作，以治紡績。

要言之，從家庭經濟的角度來看，張英認為賣田風氣是擁有適合鄉居生活的產業規模的地主，因為搬到城市生活卻無法因應昂貴的生活開銷，遂被迫捲入變賣田產的漩渦中，[31]而不是將之歸諸於商品經濟向鄉村地區滲透的結果。[32]至於背後更複雜的結構性因素，則與科舉社會中家庭面對的激烈競爭、分家析產的習俗密切相關，在張英的預想中，是將仕宦城居與退隱鄉居兩種模式，做為因應子弟的科舉表現的調節機制。這種觀點帶有明顯的理想色彩，因為這兩種模式對應著兩種截然不

---

30 《恆產瑣言》，頁 13a。
31 此觀點參見岸本美緒，〈「恆產瑣言」について〉，頁 177-192。
32 北村敬直，〈明末・清初における地主について〉，頁 18-49。

同的生活方式，所謂「由儉入奢易，由奢入儉難」，當人們的一種生活
消費習慣養成之後很難改變和逆轉，特別是過慣了深居簡出、飽衣暖食
的奢華生活，若再要回到身體力作、粗茶淡飯（艱難時期「穀食不足，
充以糟糠，凡百費用，盡從吝嗇」）的鄉居日子便很難接受。所以他再
三教育子弟：「目擊田家之苦，開倉糶穀時，當令其持籌」，[33] 即令子弟
親自參加收租、放貸等活動，養成重視家業的觀念，在學習經理產業的
過程中養成簡樸、吃苦耐勞的習慣，以避免因奢侈花費陷入賣田的窘
境。就此而論，短期的市場景氣低迷，雖是加速賣田風氣的幫凶，然根
本問題還在於教導子弟持家要時時自省自身，使其了解自己的生活消費
方式，才會是長遠地影響家庭未來發展的根本因素。

　　在倡導鄉居生活之外，張英還提出仿效家鄉草野之人「有心計者」
的起家法，以貫徹儉嗇與盡地利的生活態度，來度過戰亂荒年，並趁著
田價低下的時候擴大購集產業。此法有助於從當時盛行的鬻產之風中，
尋求一種化危機為轉機的契機，與書中倡導鄉居生活的穩定和優點，兩
者相輔相成，共同形成家庭經濟的自衛機制。

　　張英的恆產論與《沈氏農書》、《補農書》、《家政須知》，都是以投
資土地為家庭經濟的基礎，將治家理財作為支撐家庭組織的功能，以輔
助子弟讀書科舉。從歷史發展的角度來看，同樣是強調土地投資對家庭
經濟的重要性，張英的《恆產瑣言》與《沈氏農書》、《補農書》、《家
政須知》等，皆繼承了傳統重農的思想，處身於科舉社會體制下，過往
的知識經驗與環境互動中形成的內化思維，在面對相類似的問題，提出
的答案自有共通之處。但我們也不可忽略這些家政書的訓誡要點各有不
同，涉及家政書作者們過去的持家經驗和當時社會形勢的轉變。

　　張英的《恆產瑣言》凸顯太平之世市場收縮時，在商品經濟不發
達的桐城，如何善用自然經濟的生活優點，貫徹節儉和盡地之利以保

33　《恆產瑣言》，頁 4b。

守、擴大產業，表面上看來似是傳統「制用」以量入為出、尚儉思想的老調重彈，實際上則結合了當時的米價和賦稅兩方面來重新加以考量、論證，強調避開商品經濟發達的城市生活，退避到自給自足的鄉村生活來加以調節，由此顯示出經濟發展過程中的時代問題及其意義。重要的是，他將這種農本主義與仕紳社會的「耕讀」生活結合起來，將治生產業化約為「市場經濟」與「自然經濟」兩種不同模式，從中發展出一種因時制宜、交互循環的家庭生存策略，讓子孫可以循此模式反覆實踐，由此突破過去常見官僚地主家道衰敗之框架，保持家庭處於優勢地位，已然超出一時市場景氣低迷的侷限而具有普遍性。

相較而言，從江南嘉湖地區生產出來的《沈氏農書》和《補農書》，反映明末清初市場經濟擴張時，鄉居經營地主如何利用農業商品化追求家庭經濟最佳效益的兩種不同模式——前者為活動範圍廣闊的大地主，以高超的農業技術來發展生產、累積財富；後者為適應貧士耕讀的小農經濟生產，以高價值的經濟作物（蠶桑）來提升整體家庭收入，滿足衣食所需。而諸城縣仕紳丁耀亢《家政須知》側重農商、耕戰合一的多元化莊園經營的生產特色，乃立基於山東地區移墾社會、水旱無常的特性，利用包含第一、二、三級產業的農事經營，補充因水旱災所造成的家庭經濟損害。書中重「通變」的思想，展現一種隨機應變、把商品化農業的經濟效益發揮到最大的經營理念。這些從商品利潤來計算家庭總體收入的觀點，主要側重於開源（大幅度提升家庭經濟收入）；而張英退居自然經濟的生活構想，最大優點在於節流，利用田土的使用價值來達到「制用」、節儉的目的，即在每日飲食雜用加意節省，使一月之用常有餘，與過去經營地主側重開源的「經營」思想，正好是截然相反方向的不同思考。以下將這兩種地主經營的不同思考模式製圖如下。

表 6-2　明末家政書與《恆產瑣言》的「經營」思想之比較

	《補農書》二卷、《家政須知》	《恆產瑣言》
經營型態	經營地主	出租地主
經濟理論	市場經濟	自然經濟
盈利計算	收穫量－（雇傭開支＋集約資金與雜費的投入）－賦稅	收穫量（佃戶交租）－賦稅
經營思想	開源，提升家庭總體收入。	節流，「鄉城循環」。
市場週期	市場經濟擴大發展	市場景氣收縮
先行條件	農業科技、市場動向、勞動力效率	世家之產

　　《恆產瑣言》定調世家之產為出租地主、輔以「自然經濟」的生產型態，並利用田賤時趁機擴大產業規模。那麼，仕紳之家如何接受、認同這種產業經營觀點呢？

　　首先，該書的寫作正合於晚明以來社會上「重治生」，官宦之家對產業經營書籍亦有所需求的時代潮流，這類官僚地主因無暇躬親田土，與前述幾本經營地主的家政書調性不合。因為從操作技術層面上來說，《沈氏農書》、《補農書》、《家政須知》等幾本經營地主的家政書，都比《恆產瑣言》的技術門檻要高上很多，越是強調創業經營者越是需要經營才能，學習上也愈不容易。而官僚地主多如張英這般早年專心攻讀科考，進士及第後又忙於公務，一生都在讀書、作官中渡過，根本缺乏這些先行知識，遑論付出對等心力，他們擁有的田產主要以收租為主，此類事務多由管事奴僕代為料理，與大半輩子和土地打交道的經營地主，在生活方式和知識訓練上完全不一樣。

　　正因為如此，張英的恆產論便顯現出它的另一種重要價值，即操作方法簡明易懂，很少涉及專業的農耕技術和水利知識，經營地主視之為非常缺點，衡諸清代科舉社會大多數仕紳家庭的生活情況，反而更具親切感，成為知識接受、傳播上的特定優勢。可以說該書的實用性是清人看重的原因，正如沈秌惪評價這本書時所說：「（士人）敷菑良難，播亦不易。」因此，仕紳階層在尋求經營家業的指引上，張英以收租地主為

前提的《恆產瑣言》，足為「席先世之業」者的傳家寶，[34] 恰如其分地解釋了該書廣泛受到官宦之家推崇的內在原因。

雍乾時期的理學名臣陳宏謀（1696-1771）將此書收入《訓俗遺規》補篇，則從家庭生存策略給予此書極高的評價：

> 一門之內，物力不齊，賢愚不一；或以耕而佐讀，或以讀而兼耕。量材而授，亦善教之方也，張文端公《恆產瑣言》，已備言之。[35]

《訓俗遺規》為陳宏謀所輯《五種遺規》之一種，乃是以治理教化四民為取向的彙編書籍，在社會中具有相當大的影響力。[36] 文中推崇《恆產瑣言》考量子孫後代的物力不齊、賢愚不一，採取「耕而佐讀」或「讀而兼耕」的不同經營模式，這是因為土地作為生產資本，也兼具識稼穡的功能，故兩者可相互支援來加以彈性運用，以是陳宏謀稱許為「備言之」。當然，我們不能忽略這種「世家之產」（張英早年已擁有數百畝田產）至少達到了殷實水平，與張履祥等下層貧士僅擁有十餘畝地，兩者產業規模差異甚大，這點也是官僚地主能實踐「鄉城耕讀」的制約性條件。

從文本的閱讀、使用來看，前述《補農書》二卷因「一夫十畝」的經營型態，可由現今特殊的地貌留存來推斷其影響力，不過此一推論方式並不適用於《恆產瑣言》。仕紳之家對《恆產瑣言》的閱讀、使用和收藏，更多見諸文獻資料的線索，而不是透過身體勞動將之刻印於地

34　沈楙悳，〈恆產瑣言跋〉，《恆產瑣言》（道光癸巳 13 年吳氏世楷堂刊本）。收入《昭代叢書戊集》，冊 170。

35　陳宏謀，《訓俗遺規》補篇（道光 9 年味和堂藏板），卷下，《耕讀堂雜錄》按語。原書未標頁數。

36　關於陳宏謀及《五種遺規》的社會影響力，參見 William T. Rowe, *Saving the World: Chen Hongmou and Elite Consciousness in Eighteenth Century China* (Stanford, Calif.: Stanford University Press, 2001).

貌。

　　作為論述家庭經濟的一篇名作，《恆產瑣言》在完成後便以手抄本在張氏家族、友人間流傳；這個最早的稿本後來也為江南藏書家吳省蘭（1738-1810）所蒐羅典藏，編入叢書《藝海珠塵》匏集（戊集）中，說明此書一出即有不少的閱讀、收藏者。[37] 另，蘇懿諧（1779-　?）編《開節錄》中收錄《恆產瑣言補存》一書，乃《恆產瑣言》之補。[38] 其他如王師晉（1804-1880）教導子弟：「張文端《聰訓齋語》、《恆產瑣言》，不可不時時誦讀，志於心中，無論居家作官，當奉為寶訓。」[39] 仕紳家長親筆書寫《恆產瑣言》，展示於家塾之內以砥礪子弟；[40] 或者如焦循（1763-1820）輾轉抄錄於讀書筆記，時時加以品讀，亦十分常見。[41] 1825-1826 年間魏源、賀長齡編輯《皇朝經世文編》收錄了《恆產瑣言》全文（僅對部分重複之處略加刪節），這些文字記錄表明仕紳地主乃《恆產瑣言》的重要讀者組成部分，顯見該書受到仕宦之家的歡迎。直到清朝末年，以治家術聞名於世的湘軍名臣曾國藩，仍將《恆產瑣言》與張履祥《補農書》二卷並列為耕讀傳家的必讀書籍，不僅對它們推崇備至，在寫給弟弟、兒子教導家務管理的書信中，也不忘告誡他們要時時翻閱《恆產瑣言》。

　　《恆產瑣言》這種受歡迎的狀況持續了整個清代，如實地反映在書籍的刊刻、重印和流通上，其版本之眾、翻刻次數和刻印數量，都遠勝於張履祥《補農書》二卷。第四章提到《補農書》在清代有 7 種版

37　《恆產瑣言》成書於 1697 年以前，與吳省蘭活躍的年代約有半世紀以上的時間差，顯然這個原始稿本在仕紳階層中有一定的流通性，才有機會在最終定稿刊行多年後，仍然被保留下來，並為藏書家所蒐藏、刊行。

38　蘇懿諧編，《開節錄》二卷，上卷收錄張英《恆產瑣言》、《恆產瑣言補存》。

39　王師晉，《資敬堂家訓》，卷上（臺北：藝文出版社，1972 影民國 22 年趙學南等輯本），頁 6b。收入《叢書集成三編・丙子叢編》，冊 9。

40　《篤素堂集鈔》書首蔣德鈞識語。

41　焦循，〈張文端公論恆產〉，文中提到他看的是藝海珠塵本，《里堂道聽錄》，卷 12（無錫：廣陵書社，2016），頁 394-400。

本，據筆者粗略的統計，《恆產瑣言》至少有 19 種版本（表 6-3），是它的 2.7 倍。與《補農書》受到農耕制度限制、主要流行於江南地區，以及張氏晚年清貧，沒有刊印的情況不同，《恆產瑣言》是從市場經濟和自然經濟的循環調配來制定其家庭生存發展策略，並不受到江南農耕制度的限制，故其適用性也更加廣泛。再就張英的學問地位、人際網絡和官方力量而言，受惠於張英、張廷玉父子二代為相，後代子弟之榮耀地位，主要閱讀群體——仕紳階層的財力、物力（遠勝於《補農書》的下層士人），以及張英在世時《文端集》已被收入《四庫全書》，並獲得諡號文端，這些主客觀因素都直接或間接促成了該書的廣泛流行。相對而言，張履祥本為一介布衣，其地位在死後兩百多年才有所提升，終獲得從祀孔廟的榮耀，他的《補農書》見於《四庫全書總目提要》，較之《恆產瑣言》，兩者在知識地位上仍有不少差距。

　　如前所述《恆產瑣言》的版本有三種不同系統，除去庫本之外，文集本最早是在康熙 40 年（1701）張英退休時，被作者收入《篤素堂文集》予以刊刻行世。3 年後 3 月望日（1704），又被作者收入《張文端集》再次刊行，[42] 此一系統到了清代中晚期仍不斷被重刊或翻刻，如光緒 23 年（1843）張英的後代子孫將《張文端集》重新刊刻印行。又有道光 20 年（1840）《篤素堂文集》四卷本，[43] 即《聰訓齋語》二卷、《恆產瑣言》一卷和〈飯有十二合說〉一卷。四卷本還有光緒 6 年（1880）桐城張氏刻本，光緒 31 年（1905）鉛印本。

　　文集本系統的《恆產瑣言》還有一種三卷本，是將《聰訓齋語》二卷和《恆產瑣言》一卷合刊，這種合刊本，目前所知同治初年李申夫（方伯）（1819-1889）任湖北按察使時已將《聰訓齋語》和《恆產瑣言》合刊在社會上流通，但李申夫在湖北印行的這個合刊本，目前並未見到有存本。不過這個版本後來又為蔣德鈞重印，蔣德鈞任職龍安郡時，

42　即康熙 43 年《張文端集》（雙溪張氏刊本）。
43　該版本現藏於貴州省圖書館。

於光緒 14 年（1888）、光緒 17 年（1891）兩度刊刻的《篤素堂集鈔》三卷湘鄉蔣氏龍安郡署刊本，列在《求實齋叢書》第七，[44] 蔣氏自言求實齋的《篤素堂集鈔》是爰取同治初年李申夫的版本。又，同治 11 年（1872）張保齡重鐫守素堂刊本《篤素堂文集》三卷，據稱即為《篤素堂集鈔》三卷。[45]

　　光緒 17 年（1891）蘇州江蘇書局刻本《篤素堂集鈔》二種（三卷），以及民國 12 年《篤素堂集鈔》三卷上海掃葉山房石印本，也是收錄《聰訓齋語》和《恆產瑣言》，與《求實齋叢書》本內容是一樣的。

　　現存《恆產瑣言》除了上述的文集本之外，叢書本以吳省蘭所輯《藝海珠塵匏集（戊集）》嘉慶中南匯吳氏聽彝堂刊本的時代最早，以商務印書館《叢書集成初編》殿後。兩者都將張英的兩部家訓《聰訓齋語》和《恆產瑣言》並列，實際上是同一版本系統，商務版是根據《藝海珠塵》本影印的，並裝訂於同一冊內（序號第 997 冊）。又，晚清沈楙悳輯《昭代叢書續編戊集》道光 13 年（1833）世楷堂刊本，僅收入《恆產瑣言》，書後有沈楙悳跋語，書的內容與《藝海珠塵》本完全相同。

44　《求實齋叢書》本的《恆產瑣言》經內容校對，與康熙 40 年《篤素堂文集》本相同，與康熙 43 年《張文端集》本文字上略有不同。

45　杜信孚編，《同書異名通檢（增訂本）》（江蘇：人民出版社，1982），頁 235。

表 6-3　清代《恆產瑣言》版本一覽

出版時間	書名	卷數	說明
--	《四庫全書‧張文端集》		
康熙 40 年	《篤素堂文集》	16 卷	
康熙 43 年	《張文端集》	16 卷	
乾隆 18 年曾孫張曾虔刊本	《篤素堂文集》16 卷詩集 7 卷坿《聰訓齋語》2 卷坿《恆產瑣言》1 卷		
嘉慶中南匯吳氏聽彝堂刊本	《藝海珠塵匏集（戊集）》		
道光 13 年世楷堂刊本	《昭代叢書續編戊集》		
道光 20 年	《篤素堂文集》	4 卷	即《聰訓齋語》2 卷《恆產瑣言》1 卷〈飯有十二合說〉1 卷
同治初年李申夫	《篤素堂文集》	3 卷	即《聰訓齋語》2 卷《恆產瑣言》1 卷合刊
同治 5 年刻本	《篤素堂文集》	4 卷	
同治 11 年張保齡重鐫守素堂刊本	《篤素堂文集》	3 卷	
光緒 6 年裔孫張紹文於龐山重刻本	《篤素堂文集》	4 卷	《澄懷主人自訂年譜》6 卷《澄懷園語》4 卷坿《篤素堂文集》4 卷
光緒 6 年桐城張氏刻本	《篤素堂文集》	4 卷	《篤素堂文集》4 卷《澄懷園語》4 卷
光緒 8 年津河廣仁堂刊本	《恆產瑣言》	1 卷	
光緒 17 年湘鄉蔣氏龍安郡署刊本	《篤素堂文集》	3 卷	求實齋叢書
光緒 17 年蘇州江蘇書局刻本	《篤素堂集鈔》	2 種	即《聰訓齋語》和《恆產瑣言》合刊
光緒 23 年桐城張氏刻本	《張文端集》（收入《張文端公全書》）	16 卷	
光緒 31 年鉛印本	《篤素堂文集》	4 卷	
光緒間胡寶善活字本	《篤素堂文集》	3 卷	
清鈔本	《篤素堂文集》	4 卷	

二、王士俊《閑家編》對「家政」的釐定

　　晚明以降多本代表性家政書的出現，及廣泛流行於士庶大眾間的「居家日用類書」，對傳統「家政」語彙在家務部分的內容充實和重要性的提升，透過前面幾章的討論已可以清楚地看到。這些「家政」知識的生產，一方面促成新的分類（將與家務管理相關的知識和技藝獨立出來），凸顯知識發展的趨勢；另一方面對其工作項目和經營重點加以界定，首以「諸產」回應社會上「重治生」的新價值觀，本節所論《閑家編》即是這方面的重要著作。

　　《閑家編》是由雍正朝名臣、河東總督王士俊所編輯的一部治家書籍，初刊為雍正 12 年（1734）寫刻本，今常見者為同年後出的養拙堂刻本及道光 23 年（1843）上海王壽康曙海樓刻本。[46] 書中蒐集舊有與治家相關知識，並參照王士俊自己的管家經驗，依知識性質將之分門別類，說明各自的工作屬性與經營重點的不同。如王士俊在《閑家編》序中說：

　　　　爰為遍擷舊聞，旁參臆見，鈞貫聯綴，分部就班。[47]

一語道出《閑家編》的特色，即他對於「治家」的觀點立基於舊知識的繼承，又新增了自己的看法，並透過重新編輯內容來對知識加以分門別類。

　　該書將治家相關知識分為四門：〈家訓〉、〈家禮〉、〈家政〉、〈家壼〉，乃是因應長期以來治家知識的大量累積，到了明清時期專書著作已達到鼎盛階段後自然產生領域分化，故以分門別類方式來凸顯其學術上的不同特徵，由此形成一套解釋架構的作品。其中「家壼」之名，卷

46　養拙堂刻本即一般所見《四庫全書存目叢書》所使用的版本（該影本缺原書 33 葉）。道光 23 年刊本現藏於上海圖書館。

47　王士俊，《閑家編》序，清雍正 12 年養拙堂刻本，頁 3b。

末的《四庫全書提要》指為「於古無稽」，蓋因當時關於婦女之教的書籍，多用「女訓」稱之。這四門知識各自有其作用功能，在家長治家時皆為不可或缺。正如王士俊的序言所說：

> 閑之以言，曰有家訓。閑之以義，曰有家禮。閑之以事，曰有家政。閑之之道備矣。復殿之以家壼，是又家人利女貞之指也，庶幾寡悔矣乎。[48]

《閑家編》書首有凡例解說分類方式，各門皆有序文說明，是瞭解王士俊如何區分這些不同門類的治家知識，探析該書的知識架構和內容定義之關鍵，值得特別予以重視。他在編纂《閑家編》時如何思考這些與治家議題相關的論述，在此一思考框架之下又排除了那些東西，這些都是我們了解「家政」語義的歷史發展的重要線索，有助於我們觀察傳統「家政」內涵逐漸累積及其分化的過程。

重要的是，過去家訓文獻也經常提到許多家務管理的知識，這種混雜不清的情形，在這個大分類架構之下有了進一步的區隔，王士俊明確將〈家訓〉和〈家政〉釐分為兩門，因為他認為倫理規範不等同於實際事務的執行，可見在明末清初的社會轉型階段，士庶大眾對於家務管理的需求日殷，「家政」已脫離附屬性、成為治家論述發展史上的一樁重點課題；又將「諸產」作為〈家政〉門的首務，顯示在治生產業之學的積累上，對「家政」經營的重新排序，其作為超出摘抄、編輯之外，具有一定的重要意義。

（一）《閑家編》的成書動機

王士俊字灼三，號犀川，貴州平越（今貴州省福泉縣）牛場渚滸

人,《清史稿》中有傳。渚瀟王家乃貴州屈指可數的官宦世家之一,[49]父親王夢麟生性耿介,體貌嚴肅,以舉人任河北豐潤縣令,是個實務型的官員,任內建義塾,賑孤乏,課士子,尊高年,並革除苛捐雜稅等,政績卓著。[50]王士俊天性聰敏,10歲即能詩善文,年19入平越府學。舉人失利後,他跟隨父親熟讀律令,研習吏治。34歲舉於鄉,越4年(1721)成進士,選庶吉士。依慣例,庶吉士須在館學習3年,散館後才授職,但第2年(即雍正元年)他即奉特旨以知州發往河南待缺,補許州知州。此後10年,他從州縣令一路雲霄直上升至正二品大員,這樣的政治經歷在清代268年間相當少見。

從王士俊的仕途經歷來看,《閑家編》的編纂並非偶然,這些對於家庭問題和家人管束的討論,有其相當實際的政治考量。王士俊在《閑家編》序中說:

> 余輯書之日,荷天子寵命,總督河東,恭念聖人修身齊家,萬方從欲以治,即家人象辭所謂:「父父、子子、兄兄、弟弟、夫夫、婦婦而家道正,正家而天下定矣。」……小臣恭膺節鉞,專制兩疆,方且教群吏、教百姓,而家之子孫先不克教焉?其何以對揚皇庥歟?[51]

《閑家編》作於雍正12年(1734),王士俊時任河東總督兼河南巡撫(1732-1735),在公務繁忙之餘,仍抽空編纂此書,歷經4個月完成,

---

49 從明代中葉至清代,堵瀟村周邊幾個寨子以王氏族人為主,以其在雲南大理任知府,卸任到堵瀟居住的一世祖王馴起,提出「耕讀為本,道德齊家」的家風後,經過近百年時間對子孫的培育,在當時蠻荒邊遠的堵瀟深山區,王氏族人中出了五位翰林,七位進士,二十多位舉人,九十多個貢生,兩百多位秀才,五十多個縣令以上的官員。其中王士俊、王夢旭、王夢堯三叔侄為同朝進士供職翰林,世稱「一朝三翰林」。龐思純,《明清貴州七百進士》(貴州:貴州人民出版社,2005),頁69。

50 郝增祐纂修,《豐潤縣志》(清光緒17年刊本),卷4,頁1b。

51 王士俊,《閑家編》,序,頁3a-3b。

「鏤板以壽之」，[52] 以具體的編書祝壽行動表達對雍正破格提拔的非常感激。這篇序援引《易經・家人》正家之說，以微觀大，陳述自己為國效命的一片拳拳之心。相似的表忠態度也見諸他同年編輯出版的另一本《吏治學古編》，學古即「入官學古者，學為古人也」。該書乃蒐集河南、山東兩省的古吏治行編輯而成，以作為自己效法的典範，「雕板廣諸同志，俾知芳踪不遠，懿矩猶存，非難非易，可師可法。……上不負朝廷，下不負所學，意在斯乎！意在斯乎！」[53]

　　然而，他一生中為皇帝寵信，仕途最順遂的時候，卻也是日後獲致大罪的開端。清代墾荒政策始自順治，它的大力推行，給清初經濟發展帶來顯著成效，但經順、康幾十年的開墾，荒地殆盡，弊端和問題漸顯。當時雍正為了保證與墾荒等相關政策的順利推行，在選拔官員時也貫徹與其相適應的用人標準，以促使開墾政策得以嚴格執行，王士俊就是其中典型例子。早在任職地方官時，王士俊便展現了他在吏治方面的不凡才幹，由此得到雍正的認可。當河東總督田文鏡於雍正 10 年年底在任上逝世後，雍正便一力拔擢了王士俊接任河東總督的職位，被雍正賞識的王士俊由此充分意識到，官場亨通與皇權作用密切相關，因此，他上任之後便向皇帝表達了他的忠心和辦事原則。

　　王士俊在擔任河東總督這一段最輝煌的時期裡，也是雍正朝開墾案弊端最多的時候，一些地方官在荒地幾無的情況下，為完成指標，弄虛作假、多報墾數，造成「田不增而賦日重」，欺公累民。而王士俊為了報答皇帝對他的信任，並展現其才幹，將主要精力落實於執行雍正帝的開墾政策上，遂成為開墾案官僚的代表及被彈劾最多者。

　　對於此一政治處境，王士俊時刻懷著戒慎之心，戮力王事之外，他也透過編書來表述自我，在風波詭譎的官場上，尋求一種保身之道。《閑家編》運用儒家傳統的「修、齊、治、平」之道，說明修齊是治

52　王士俊，《閑家編》，序，頁 3b。
53　王士俊，〈序〉，《吏治學古編》（雍正甲寅 12 年中正堂刊），頁 1a-b。

國、平天下的基礎和出發點，並以纂述前人舊聞來表達見賢思齊及自省之心，他特別標舉像朱熹這樣的理學大儒，或者呂坤這樣恪己自守、正直之臣的著作，藉此形塑其清廉、勤謹的人格志向，故自言：「古人多係述而不作，余著《閑家編》，傳舊聞者十居七六，亦此意也。」[54]

更重要的是，「閑家」呼應了雍正重視儒家家庭義務的政策。清代一開始便打著「孝治天下」的口號，以期「君子之事親孝，故忠可移於君」，順治皇帝曾命大學士傅以漸注述〈內則〉，刊行《御定內則衍義》，康熙頒發《聖諭廣訓》提倡孝道，敕令全國廣為宣講，並有《御定孝經衍義》一書。1728年雍正在詔書中稱寡婦自殺是一種用來逃避儒家家庭義務的怯懦方式，極力主張「夫亡之後。婦職之當盡者更多。上有翁姑、則當奉養以代為子之道。下有後嗣、則當教育、以代為父之道。」[55]同時改變過去旌表節烈的標準。這僅早於王士俊編纂《閑家編》數年，故老練的王士俊藉著編書來迎合皇帝重視家庭價值的政策，博取其歡心以增強皇帝對他的信任。

這批以王士俊為代表的開墾案官僚的後來命運，也與上述的政治文化特徵緊密相關。《閑家編》中強調治家謹嚴與道德人格的追求，對照王士俊的政治經歷，新皇帝即位後家庭議題反成為他主要獲罪之由，與撰書的最初宗旨背道而馳。乾隆以嚴於吏治而著稱，其整飭官場的行動從繼位之初便已開始，在革除前朝弊端的部分，王士俊不可避免地成為調整開墾政策的主要標靶，由昔日寵臣到如今的懲罰，王士俊心中甚為怏怏不平，乾隆元年（1736）七月他向新皇帝上條陳四事摺，乾隆敏銳地察覺到奏摺中含沙射影地指陳自己翻前朝的案，觸及違反祖制、大不孝等敏感問題，遂由此獲罪而幾乎招致殺身之禍。[56]於是「解士俊任，

54　王士俊，《閑家編》，「凡例」，頁1a-b。
55　雍正六年，戊申，三月，壬子。諭內閣。《大清世宗憲（雍正）皇帝實錄》（臺北：華文書局，1964），頁1043-1044。
56　袁飛，〈從王士俊開墾案看雍正朝官僚政治〉（北京：中國人民大學碩士論文，2005）。

逮下刑部，王大臣等會鞫，請用大不敬律擬斬立決，命改監候。二年，釋為民，遣還里。」[57]

　　同樣諷刺的是，王士俊在居鄉期間因僕人滋事，被訟而破家的人生結局。1741年他因為爭佔甕安縣民羅氏墓地，縱容奴僕毆民，民自經死，民子走京師都察院，王士俊因此獲罪。[58]遭此大難後，王士俊家道中落，囊無餘資，貧病以終。[59]

(二)《閑家編》的分類與「家政」的界定

　　《閑家編》「凡例」中說：

> 家訓者，言也；家禮者，儀也；家政者，諸事也；家壼者，婦人之教及古賢婦人之式也。此為大綱。[60]

據此可知王士俊認為「家訓」是訓誡文字，「家禮」是禮儀，「家政」是家務、家事，「家壼」是女教，此為整本書的大架構。循此，他依序說明了各門類的主旨和內容。

　　關於「家訓」的主旨和內容，王士俊在〈家訓序〉的看法是：

> 古者以言教者訟，若是乎，言教無益哉。雖信斯言也，凡六經三史，諸子百家，皆土苴矣，皆駢枝矣，況眾家庭之眷屬最親，孫子之貽謀宜遠，又烏得已於言？……凡古人之有所言者，皆有所不得已也，遂為薈萃彙編，爬梳往訓。[61]

57　〈王士俊〉，《清史稿》（北京：中華書局，1977），卷294列傳81，頁10350。
58　〈王士俊〉，頁10350。
59　〈王士俊〉，頁10347-10350。凌惕安，《清代貴州名賢像傳》（臺北：明文書局，1985），頁24。
60　王士俊，《閑家編》，「凡例」，頁1a。
61　王士俊，〈家訓序〉，《閑家編》，卷1，頁1a。

即「家訓」旨在訓誡教化家人及子孫應有的生活態度，觀其內容主要輯錄儒家與家庭人倫規範相關之語。

又說：

> 家訓如顏之推、包孝肅公、司馬溫公各種，俱已習見習聞。……故是編家訓二卷，不復贅述。第擇前明諸儒語錄，正大切題者入之。至各卷則博稽廣引，不拘一代，亦見三綱五常，互古同由，所損益可知也。[62]

大抵一般士庶大眾對於「家訓」的共同認知，即名人家訓之言用以垂訓子孫者，代表作品有《顏氏家訓》、《溫公家範》等，這些家訓經典廣為歷代統治者、仕紳之家所援引、反覆刊刻，故為人所習知習見。在這個共同的知識基礎之上，王士俊採擇明儒語錄關於家庭人倫之訓誡，錄入〈家訓〉門來加以補充。其次，王士俊提到各卷為博稽廣引，不拘一代，其中可見三綱五常的因革損益。

那麼，我們該如何來把握這個損益的發展趨向呢？就編輯策略來看，《閑家編》各門皆有底本，除上述〈家訓〉門之外，王士俊在《閑家編·家禮序》中說：

> 朱子晚年考究三禮甚核，所著家禮一編，則在乾道五年，丁母祝孺人憂，而編輯者也。黃勉齋謂未暇更定之書，楊信齋亦謂家禮乃初年本，中與經傳相牴牾者，不止一條，然今沿襲已久矣。……余更薈蕞梗概，折衷其現所舉行之大端，至於瑣瑣細目，不敢贅述。再據先儒之閎論，時輩之陳義，若《四禮疑》、《四禮翼》，及近日《齊家寶要》諸書，參附私見，共成一秩焉。[63]

62　王士俊，《閑家編》，「凡例」，頁1b。
63　王士俊，〈家禮序〉，《閑家編》，卷3，頁1a-b。

文中指出〈家禮〉門乃是以《朱子家禮》為底本，建立其知識架構，再加以簡化改編（《閑家編‧家禮》主要分為婚禮、喪禮、祭禮、幼禮等，與《朱子家禮》的不同之處在於省略當時少行的冠禮一項，增加時興的幼儀）。因朱子在編纂此書時未暇更定，不乏與經傳牴牾之處，再加上沿襲已久，隨著時代變遷也需要有所彈性調整，故又輔以呂坤（1536-1618）的《四禮疑》、《四禮翼》，及張文嘉《齊家寶要》等書，折衷現在行禮的方式，參附己見來編成。

　　《閑家編‧家禮》門取法於當時「家禮學」的主流著述方式，書中所據《朱子家禮》是宋代家禮發展的標誌性成果，具有承先啟後的地位，自明代起便不斷有注解、增刪《朱子家禮》的家禮類書籍出現，顯見其對社會大眾的影響力十分廣泛，如明代王叔撰《家禮要節》，乃《朱子家禮》的節本。據學者統計，清代簡明版《家禮》出版數量，更有高達近 70 種不同版本。[64] 可以說《朱子家禮》在明清時期已成為民間通用禮，所有這類著作大多依附於《朱子家禮》，其在「家禮學」中始終佔據主導和經典的位置，於是乎由此入手，便成為時人編纂「家禮」的一種通用模式。

　　〈家壼〉門載「女教」之事，由於婦女在家庭生活中居於輔佐的重要地位，故成為治家議題中不可或缺的組成部分。王士俊在〈家壼序〉中說：「蓋閑家之制必始婦人，宋史母后曰，得賢內助匪細事也。積善餘慶，道在此矣。」[65] 又說：「婦人之義有三，在家從父，出門從夫，夫死從子。婦人一生，括此三言矣。然從之之道，有以順為從者，有以助為從者。夫以順為從者，猶閨閫之常耳。至以助為從，則才全德備，所包者廣，所及者大，求之古人，亦僅僅矣。」[66] 顯見王士俊並不認同過

64　Patricia Buckley Ebrey, *Confucianism and Family Rituals in Imperial China: A Social History of Writing about Rites* (Princeton, N. J.: Princeton University Press, 1991), pp. 231-235.

65　王士俊，〈家壼序〉，《閑家編》，卷 7，頁 1b-2a。

66　王士俊，〈家壼序〉，《閑家編》，卷 7，頁 1a-b。

去以婦順來體現「三從」的消極作法，而更要倡導婦人助夫的積極作為，所以編纂了〈家壼〉門，教導婦女如何輔佐丈夫以發揚「妻道」。

《閑家編・家壼》門以呂坤《閨範》為編輯底本，所謂：

> 採呂氏《閨範》之遺，而更參以《四禮翼》數條，第刪其談經之迂者，談史之荒者，而附以管見焉。[67]

自漢代班昭作《女誡》以來，歷代女教書的編纂和寫作始終有所傳承和延續，到了明清時期，朝廷、地方官和士人私修女教書的刊刻數量與品質更是進入了鼎盛階段。此處所據呂坤《閨範》，是當時一部極富影響力的著作，全書仿漢代劉向《列女傳》，「輯先哲嘉言，諸賢善行，繪之圖像，其奇文奧義，則間為音釋。又於每類之前，各題大指，每傳之後，各贊數言，以示激勸。」《閨範》一書的版本甚多，初刊於萬曆18年（1590），採上圖下文二截式刊印，之後流傳漸廣，「而有嘉興板、蘇州板、南京板、徽州板，縉紳相贈寄，書商輒四鬻，而此書遂為閨門至寶矣。」[68]

綜觀治家議題研究的整體發展趨勢，明清之際家訓書、女訓書，家禮書在質量兩方面，已達到最高峰，各類別出版品的數量邁越前代，且不乏代表性專書。從成書目的來看，晚明以後「家訓」、「家禮」、「女訓」已被視為具有不同的學術特徵，由明末清初書籍目錄的匯編、鑑別圖書的標準中，可以清楚得知。如著名的藏書家祁承㸁（1563-1628）撰《澹生堂藏書目》一書，著錄所藏圖書9,000餘種，10萬餘卷，十分注重圖書的校勘和分編，他在〈庚申整書略例〉便提出了「因、益、互、通」的理論。[69]《澹生堂藏書目》依傳統經、史、子、集四部作提

---

67 王士俊，〈家壼序〉，《閑家編》，卷7，頁1b。
68 呂坤，〈辨閨範書〉，《去偽齋文集》（臺南：莊嚴文化出版社，1996年影清康熙33年呂慎多刻本），卷2，頁51b。收入《四庫全書存目叢書》，集部，冊161。
69 祁承㸁，〈庚申整書略例〉，《澹生堂藏書目》（清光緒18年會稽徐氏鑄學刻本），頁1a-5a。

綱，家訓文獻在經部十三的「小學」類之下設有「家訓」一目以彙收
（包含「家訓」、「女訓」），家禮文獻在史部十二「禮樂」類之下設有
「家禮」一目以彙收。

又如，嵇曾筠、李衛等修撰的雍正《浙江通志》，自清雍正 9 年
（1731）開局編纂，先後四任浙江總督主其事，至雍正 13 年（1735）歷
時 5 年成書，其精細用心由此可見，是迄今為止浙江省體例最完整的一
部省志。該書〈藝文志〉同樣因循經、史、子、集四部為提綱，家禮文
獻於經部「禮」類下「通禮」一目彙收，家訓文獻於子部「儒家」類
下「家規」一目彙收，女訓文獻則於子部「儒家」類另設「女戒」一目
彙收。將雍正《浙江通志・藝文志》與《澹生堂藏書目》放在一起看，
隨著時代的發展，「家訓」、「家禮」、「女訓」各自成目，不相混雜，可
說是反映社會思想潮流的大勢所趨。雖然，在圖書分類體系上究竟應將
「家訓」、「女訓」繫於經部或子部，可能還有待斟酌。而類似的情況也
見諸「家禮」的領域劃分（經部或史部）。

另一方面，同一個人的「家訓」著述、「家禮」著述和他的「女訓」
著述也有天讓之別，說明當時人們清楚地意識到它們的不同。如晚明著
名學者官員呂坤的著作：

> 《續小兒語》三卷（「家訓」）
> 《四禮翼》四卷、《四禮疑》五卷（「家禮」）
> 《閨範》四卷（「女訓」）

明末清初浙西士人群體也遵循同樣的知識門類框架來寫書：

> 張履祥《訓子語》（「家訓」）
> 陳確《叢桂堂家約》、張履祥《喪祭雜說》、《喪祭雜錄》（「家
> 禮」）
> 陸圻《新婦譜》、陳確《新婦譜補》（「女訓」）

由此看來，這四門知識相較而言，「家政」缺乏上述三種門類那般

淵遠流長的知識傳統，往昔通常是在家訓文獻中附帶提及教導子弟管理家務的知識，明清時期隨著家務管理的重要性日漸增加，欲將「家政」獨立自成一門，兩者內容的重疊，便成為有待釐定之處。那麼，王士俊如何界定「家政」呢？簡言之，王士俊從學術特徵上來加以把握，認為「家政」是家事、家務，內容為講求實用性的知識技藝。關於「家政」的主旨和內容，王士俊在〈家政序〉中的看法是：

> 夫子釋書之君陳篇也，曰：「是亦為政。」此家政之說也。凡大而田園廬舍，小而米鹽淩雜；動而周旋晉接，靜而神運默籌，無不包括其中矣。家而失其政，則無可循之緒，無可守之規。紕繆其輕重洪纖之等，顛倒其緩急先後之序，而其家僨焉，不可以終日，故君子慎之。[70]

即王士俊對「家政」的定義，不同於以倫理規範教化家人或子孫為基調的「家訓」之處，在於他並未將家務管理等同於倫理準繩的格言佳句之合集，這是因為家政是以日常飲食及與此相關的財貨、田土等為核心來展開的，故必須以切實可用的知識與技術為教材。再者，家政離不開實踐，據王士俊看來，要合宜地執行這些家務，必須形成一套實踐的程序和步驟，其法就是對事務的重要程度和處理的先後順序加以區分。

　　這種共有產業的「家」，是以「八口之所仰給」為基準（此一模式可能是王家同居共財的範圍），[71] 由此建立一套以夫妻為核心的家庭領導階層之組織架構，其協力合作方式如下：

70　王士俊，《閑家編・家政》，卷 5，頁 1a。
71　王士俊，《閑家編・家政》，卷 5，頁 1a。由於《清史稿》人物傳記資料，研究王士俊的學者多注重其政治作為，及其入仕前跟隨當豐潤縣令的父親王夢麟學習吏事，較少涉及其他方面，我們對於他的家庭生活情況知之甚少。從王士俊在他的父親出外任官職時，以長兄的身分當家務管理，遇到急難的時候，他甚至越權典當了部分家產（未經過父母的決策同意），用做「囊空如洗」的父親（豐潤縣令）回鄉奔喪的事情來看，王士俊家同居共財的範圍，可能以二三代人為主。

> 家長者，主政者也。家督者，輔政者也。家室者，助政者也。家
> 僮者，奉政者也。[72]

「主政者」為家庭中男性最高尊長，通常是父親掌握家務管理權，其作為家的首要人物也更容易管理一家。「家督」謂長子，這個詞彙在清代文集、家訓、《稱謂錄》中十分常見，輔政是充任家長的副手，大概家長年事愈高，辦事之能力也愈減低，故有以子為副分憂的需要。而「家室」是家長之妻，「夫治外，婦治內」的經典論述顯示，男人管理家庭的外部事務和女人主持中饋的家內事務，兩者之職分有所區隔卻又互補，從家長看其妻主持中饋的職責，向來處於輔佐的地位，故謂助政者。在上面領導階層之下有「家僮」為其奔走，即奴僕，明清文獻中常見的「家人」（家僕），可分為「紀綱之僕」和直接在土地上從事耕作生產的佃戶、下層奴僕兩大類，前者常擔當主人的一切家業經營管理，代理家長經營家業、行使權力。

接著又說：

> 先之以諸產，凡財用所從出係焉。次以諸人，經之緯之，因人而施爾。又次以諸務，盈之縮之，百務具舉爾。終以諸防，而杜於漸謹於微，政悉舉矣。[73]

也就是建立家庭領導階層的組織基礎之後，再按家務的工作性質分為「諸產」、「諸人」、「諸務」、「諸防」四項，依照「輕重緩急」之原則，核定工作項目之順序，始於「諸產」，終於「諸防」，下面各立子目分述其經營要點，這便是他所提出的研究方法。

72　王士俊，《閑家編‧家政》，卷5，頁1a。
73　王士俊，《閑家編‧家政》，卷5，頁1a-b。

表 6-4　《閑家編‧家政》各工作項目的內容

項　目	子　目
諸　產	田宅、買賣、鄰界、錢糧、債負、器用、冠服、飲食、職業
諸　人	族戚、師長、擇師、家塾課儀、字紙必惜、擇友、鄰里、賞式、罰式、聚會、主事、幼孩、妾御、幹人、佃人、三姑六婆、奴婢、物類
諸　務	交際、宴會、爭訟、積善、早慮、藏書、分析
諸　防	肅閨、盜賊、火燭

　　上表中「諸產」的田宅、買賣、鄰界、錢糧、債負等主要討論產業經營增殖，器用、冠服、飲食則是規範家庭支出費用。「諸人」的族戚、師長、擇師、家塾課儀、字紙必惜、擇友、鄰里、賞式、罰式、幼孩、物類等討論子弟的教養問題和人情應對，幹人、佃人則討管事奴僕和佃戶等與治生相關成員的統御，妾御、三姑六婆討論妾侍及明清常見姑婆們的管理問題。「諸務」的交際、宴會等社交費用，提出合宜的節約法，同時勸誡子孫家人勿爭訟、多積善，以及藏書和分家規定。「諸防」中注重男女、盜賊和火燭的預防。

　　大抵王士俊所謂的「家政」，至少包括：1. 產業經營增殖，2. 眾人的管理（主要是奴僕、子弟和妻妾），3. 一般日常事務的料理及防禍（這部分具有「盈之縮之」的彈性調整空間）等。從篇幅上來看，家庭資產的經管增殖及與此相關奴僕、佃戶的管理，不僅是首務，也是最為繁瑣的工作項目，故所占比例最大，又將科舉社會裡人們普遍關注的讀書、擇師納入其中，清楚地傳達出一幅耕讀傳家的理想生活圖像。

　　王士俊在〈家政序〉中並未如〈家訓〉、〈家禮〉和〈家壼〉的序文一般，提到他編輯該門所依據的主要底本，然若就其餘三門的寫作模式皆以社會大眾所共享的著名文本及知識基礎來看，王士俊對「家政」的界定及其知識內容也應遵循此一模式。以下就王士俊所採用的文本、如何形成一套實踐家政的程序和步驟（「輕重緩急」的判斷）等，來加以說明。

(三)〈家政〉門的編輯底本和編輯策略

　　根據筆者對《閑家編‧家政》門的查對,其內容主要由三種不同來源的知識組成:王士俊所採用的主要底本為《袁氏世範》,約占〈家政〉全文的一半以上,可見他對此書的重視。在此基礎之上,加上他自己的管家經驗,和摘錄與家務相關的先賢風範及作為來予以補充。前者如「字紙必惜」條就是出自他撰寫的〈惜字說〉一文,[74]「宴會」條提到時俗講究鋪張大辦的弊端,雍正時禁止女優演戲的施行成效,鼓勵折簡請客的標準菜單(果四色、饌八色、湯飯三道)等等。[75] 後者如「擇師」條提到胡瑗當官時先治己後治人,種種為人所稱道的行為楷模。或許衡的學者以治生最為先務之說等等。茲不一一列舉。[76]

　　〈家政〉所用主要底本《袁氏世範》,乃南宋袁采(?-1195)於淳熙 5 年(1178)任樂清縣令時所作,分為〈睦親〉、〈處己〉和〈治家〉三部分,各篇內容皆無標題,以條列方式編纂而成。《四庫全書提要》對該書評價極高,譽為《顏氏家訓》之亞,顯見將它歸於家訓類之流。該書雖成於南宋,但受到重視則是明代中葉以後的事,許多版本是在明中葉以後刊刻的。如明清時期多種「居家日用類書」便收錄了《袁氏世範》的節本,而較王士俊稍晚陳宏謀(1696-1771)的《五種遺規》也收錄了該書的節本(較《居家必用事類全集》的節本詳細)。該書不僅版本繁多且一再翻刻,流傳極廣,尤其受到士人家庭的一致好評和高度重視。

　　將《居家必用事類全集》的刪節本、《袁氏世範》全文本與《閑家編‧家政》的內容加以相互比對後,可以發現《閑家編‧家政》採用的是《袁氏世範》全文本來做為重新編輯的底本。而且,王士俊僅採納

74　王士俊,《閑家編‧家政》,卷 5,頁 23a-26a。
75　王士俊,《閑家編‧家政》,卷 6,頁 5a-6b。
76　王士俊,《閑家編‧家政》,卷 5,頁 21a-23a。

了《袁氏世範》中〈治家〉的部分，排除〈睦親〉、〈處己〉的內容。[77]
這是因為《閑家編‧家政》門主要收錄與家務管理相關的實用性知識技
藝，由此排除了討論自我的道德修養的〈處己〉及家內人倫教化的〈睦
親〉篇，用王士俊自己的話來講，就是：「若其人倫之大，天性之真，
則已詳見家訓、家禮各條矣，復何贅歟。」[78]

　　王士俊重新整編《袁氏世範‧治家》篇的目的非常清楚，他不滿意
原書條列方式編纂、無標題的鬆散結構，而企圖透過重新整編將之形成
一套實踐的程序與步驟，基於此一目標，他從兩個方面來從事整編的工
作：分門別類和加上子目，位置的調整通常是為了適應新的分類。其中
門類順序關乎「輕重緩急」，產業經營之知識技術向前移動，指示家政
的其他項目如諸人、一般事務、家防等，必然往後推移。此一家政項目
之優先順序的重新調整，根據王士俊自己的解釋是：

> 士大夫有采，以制其子孫，家固不能無藉於產也，故家政始之。
> 況自井田既廢以後，田宅得以買賣，而八口之所仰給者，消長至
> 不齊矣。是不可不足，亦不必有餘，善乎二疏之言曰：「自有舊
> 田廬，足以供衣食。」……纂諸產。[79]

文中清楚指出家庭生活的運作離不開產業的支撐，而田制變更是士大
夫從有采到「消長不齊」的關鍵，這是因為隨著土地私有化，田土買
賣盛行和所有權轉換加速，以至「貧富無定勢，田宅無定主，有錢則
買，無錢則賣」，[80]「富兒更替做」。[81] 在這種財富變動無常的社會過程
中，產業欲維持在「不足」和「有餘」之間，符合「足供衣食」的最佳

---

77 《閑家編‧家政》抄錄《袁氏世範》的內容，僅有一處非抄錄自〈治家〉篇，即
　　「諸務」中旱慮一條，此條抄錄自《袁氏世範‧處己》。
78　王士俊，〈諸人〉序，《閑家編‧家政》，頁 17a。
79　王士俊，《閑家編》，頁 1a-1b。
80　王士俊，《閑家編‧家政》，卷 5，頁 7a。
81　王士俊，《閑家編‧家政》，卷 5，頁 10b。

理想狀況，所憑藉的不是士大夫的身分地位，而是家長的用心經營，故成為家政的首務。

　　依據他在序言中引《易經・家人》：「富家者，家之順也」的說法，指出家政的重點在「胥協其宜也」，[82] 即家長能統率家庭成員協作家庭事務以達到富家的目標，因此與家庭經濟生產活動密切相關的管事和奴僕，便成為督導、管理的重點對象。可以說，從《閑家編・家政》的門類排序和篇幅比例來看，新的編輯凸顯出治生產業及與此相關的奴僕管理的重要性，並明確將之作為維繫家庭人倫的基礎，充分貫徹以「諸產」為首的原則，此乃王士俊立基於過去治家知識的輯補工作，所提出的一種新見解。

　　在治生產業之外，建構子弟的教育知識也受到王士俊的相當重視，「諸人」中有師長、擇師、家塾課儀、字紙必惜、擇友等條目討論子弟的啟蒙教育，而首重在建立子弟尊隆師友的根本觀念，強調不可以因為家事匱乏而不從師，更要努力用功。這是因為教育學習對人格養成具有的非凡重要性：「所聞者堯舜周孔之道，所見者忠信敬讓之行，漸摩既久，身日進於仁義而不自知也。」反之與不善人處，「所聞所見，無非欺誣詐偽，汙漫邪淫之事，身日陷於刑戮，而亦不自知也。」[83] 衡諸王士俊一生的富貴榮華皆由讀書登第而來，王氏家族的後代子孫中舉入仕者數量眾多，在清代始終保持其地方望族的崇高聲譽，顯見以耕輔讀乃是王士俊思考家庭發展的主要生存策略。

　　整體而言，王士俊對「家政」的界定是以倫理訓誡和知識技藝的區分為核心，在這個區分中，較早的詮釋者如宋儒朱熹等，將管理家務、治生產業賦予一種較低的價值，甚至與「禮治」的層次相互矛盾、衝突。在這個矛盾、衝突的模式中，管理家務、治生產業的部分很顯然被矮化、忽略了。在新的詮釋中，倫理訓誡與知識技藝的區分作為作者想

82　王士俊，〈序〉，《閑家編》，頁 2a-b。
83　王士俊，《閑家編・家政》，卷 5，頁 20a。

要突破既有意義的入手點，乃是順應明代晚期以來治生產業作為家政經營重點的新價值觀；另一方面，這種分類標準也是一個由舊義到新義的轉換過程，「治生」不僅從負面意義轉變成正面價值，其位階也被大幅度的提升到與家庭人倫分題並論，打破宋儒強調人倫教化優先於治生的位階次序，而將之轉換為治生產業乃維繫家庭人倫的基礎（協作的動態關係），是治家論述的一個重要發展。

三、楊屾「講學」模式的家政教育

　　除了《閑家編》對治家知識的重新分類之外，另外一個引人注意的學術現象，是 18 世紀中國首次出現了以楊屾為首，大規模聚集生徒、「講學」模式的家政教育。

　　楊屾字雙山，陝西興平縣桑家鎮人，生於康熙 26 年（1687），卒於乾隆 50 年（1785）（一說乾隆 59 年），是清代關中著名倡導日用經濟之學的理學家。過去對楊屾的研究多偏重在農業技術或農學上的成就，[84] 或如呂妙芬〈楊屾《知本提綱》研究——十八世紀儒學與外來宗教融合之例〉指出楊屾的思想體系龐大，遠超出農桑之學的範圍，他吸收了天主教或伊斯蘭教的觀念，創造出自己獨特的思想，是從思想史的角度研

84　如胡火金，〈論清代農學的實用性趨勢——以楊屾「天地水火氣」為例〉，《蘇州大學學報（哲學社會科學版）》，2015 年 4 期（蘇州，2015.7），頁 178-183。李富強、曹玲，〈清代前期我國蠶桑知識行成與傳播研究〉，《中國農史》，2017 年 3 期（南京，2017.9），頁 36-45。李富強，〈18 世紀關中地區農桑知識形成與傳播研究——以楊屾師徒為中心〉，《自然科學史研究》，2017 年 1 期（北京，2017.3），頁 45-59。李虎，〈論楊屾的農業職業技術教育〉，《農業考古》，2007 年 3 期（南昌，2007.6），頁 320-324。劉媛、樊志民，〈1840 年以前清代關中棉糧關係探析——以楊屾的農桑觀點為例〉，《中國農學通報》，2013 年 2 期（北京，2013.1），頁 109-113。此外，曾雄生《中國農學史》的清代部分則介紹了楊屾的農學理論，及其從傳統陰陽兩氣論發展為陰陽五行論的重要貢獻。參見曾雄生，《中國農學史》，頁 674-682。

究楊屾的先例。[85]

這些研究成果指出楊屾在盛清時期農桑之學方面的卓越貢獻，卻未著意於楊屾思想體系中日用人倫與農學之關係。事實上，本節所論楊屾的家庭經濟論述，結合了理學思想及農業科技，日用飲食即為窺見天命流行、天人合一之理的重要途徑，兩者之間有著千絲萬縷的關係。他為生徒而寫的授課教材《知本提綱》（1747），演說儒家「修業、盡倫、全仁、復命之道，纂敘成帙」。[86] 其中〈修業章〉討論農事經營，與作者男耕女織、上帝創生與家庭倫常之思想相適應。另一本《修齊直指》為《知本提綱》的簡要本，更集中闡述該論點，是楊屾「以卷帙浩繁，恐童蒙難以誦記，遂挈其綱要，括為短帙，直指修齊之實，故名曰修齊直指。」[87] 即將《知本提綱》修身齊家的部分精簡壓縮，命弟子齊倬作注，經七易其稿，於乾隆41年（1776）編成《修齊直指》，付梓刊印，其中大量篇幅涉及家庭農業生產。另有《豳風廣義》（1742）一書討論栽桑養蠶的研究，主要在推廣「女織」於家庭經濟的無窮之利。

此一教育方式的成功，在楊屾門下求學者甚眾，其組織方式不再如浙西士人群體依託於不定期、不定點的文人結社為媒介，而代之以制度化的設館教學形式，備有專業授課教材，及具體的教學考核制度。[88] 在知識傳播行動上集講學、實驗和研究於一體，農事即為教學的主要內容之一，不再是附屬品，且有人不遠千里而來學習這一套家庭日用經濟之學。乾隆年間陝西巡撫陳宏謀聽聞楊屾的成就，曾邀請他到省裏，研討實業，並手題堂額楹聯，以旌其居。一時聲名雀起，達官顯宦、慕名求

---

85 呂妙芬，〈楊屾《知本提綱》研究——十八世紀儒學與外來宗教融合之例〉，《中國文哲研究集刊》，第40期（臺北，2012.3），頁83-127。

86 楊屾，〈弁言〉，《知本提綱》（清乾隆12年崇本齋本），頁19b。

87 齊倬，〈修齊直指序〉，《修齊直指評》，頁2a。

88 李虎在〈論楊屾的農業職業技術教育〉一文中指出楊屾教學注重「範形、導神、訓約、督課」，即教學場所的規範、學生的用心學習、訂立對學生的要求和教學考核制度。《農業考古》，2007年3期（南昌，2009.6），頁321。

見者，門庭若市。[89]

　　楊屾在日用經濟之學方面的創見，直到清末仍不乏有識之士的讚賞與推廣，如劉光蕡（古愚）（1843-1903）便說：

> 讀此書須知日用飲食即是王道，王道即是聖學，天命精深之理，皆從事物粗迹上見，……先生於日用家常上見天命流行之妙，天人合一之理，一旦豁然呈露，人人可由。[90]

劉古愚不僅大力推薦《修齊直指》，同時為該書詳細作評，用《修齊直指評》的題名付刻，使其得以流傳下來，不致淹沒歷史洪流中，也是今日《修齊直指》留存的主要版本。

　　由於楊屾乃一介布衣，《清史稿》無傳，張元際〈楊雙山先生事略〉、《續修陝西通志》和《重修興平縣誌》等著重記述他在家鄉推廣桑蠶及其學術上的成就，較少涉及其他方面，故其個人生活和家庭情況知之甚少。以下透過解讀他的《知本提綱》、《修齊直指》、《豳風廣義》等書，梳理其中所蘊含天人符應的農學理論、儒家性別分工理想及園田養素的人格志趣，探究其家庭經濟論的內容、特色，何以能在盛清時期受到人們的推崇與青睞，成為生徒極眾的關中名師，講學盛況不亞於理學大儒。到了清末，陝西經濟中心涇陽的地方官吏與當地仕紳、文人緣於經世理想，特別看重楊屾的日用經濟之學，並為其上書請祠，從而帶動另一波楊屾著作的重新刊刻流傳。

（一）「耕道」：天人符應的農學理論

　　楊屾對於家庭經濟的根本見解，就是透過農業生產來達到助養天

89　張元際，〈楊雙山先生事略〉，《修齊直指評》（臺北：藝文出版社，1970 年影民國24 年宋聯奎等輯刊本），頁 1a。收入《關中叢書》，冊 26。

90　劉光蕡，〈修齊直指總評〉，《修齊直指評》，頁 3a。

命、善盡人倫（「理事功為明倫之先」）的目的，從而引導和形塑一種志
道而游藝於農圃的人格志節。清初儒者將儒學定位於家庭日用人倫中的
聖賢之教，主張在日用生活中成就道德的圓融，以克盡家庭人倫之職為
前提來追求成聖，楊屾繼承此一命題，從農業科技研究的角度創立新說
加以大力發揚。他以「盡倫」作為人死後靈魂上升帝庭享樂或下沉欲囿
受苦的判準，又繼承其師李顒的性善論，將「性即理」改造為「性即五
常」，將李顒「反求諸己」發展為「反諸一身，徵諸萬物」的致思之法。

　　重要的是，在楊屾的思想體系中，衣食、王道和性理三者之間具有
一種環環相扣、彼此維繫的緊密關係。如《知本提綱・修業章》開宗明
義便說：

> 倫常允為首重，事功尤屬先資。事功先推乎助命，經綸莫要於切
> 身。[91]

「事功」即是修業——指「農」、「工」、「禮」、「樂」四者，其中農務最
為重要。因為人的降生一開始便包含了元體與著體，性分帝衷，是為元
體，形成五行，是為著體，元體有始無終，著體有生有死。得衣食之
養，則氣凝而性有所依，失衣食之養，則氣散而性無所憑。生死之命，
係於衣食，性失憑依，無以明道而立功。[92]

　　故書中又說：

> 衣食者，生民之命，無食則饑，無衣則寒，饑寒至而形體毀。耕
> 桑者，衣食之原，力取則豐，坐棄則困，耒耜修而王政成。大
> 哉！天子躬耕而示本，皇后親蠶而垂法，誠以饑食寒衣，均關立
> 命之重，男耕女織，並係復性之功。[93]

91　〈修業章〉，《知本提綱》（清乾隆 12 年崇本齋本），卷 5，頁 1a。
92　〈修業章〉，《知本提綱》，卷 5，頁 3b-4a。
93　〈修業章〉，《知本提綱》，卷 5，頁 3b。

這裡就把王道教化、農事耕稼和男耕女織的性別分工理想結合在一起，就其彼此之間相輔相成的關係，講得非常清楚了，經濟生產不僅關乎政治經濟，家庭衣食之原，也涉及到男女各依其內在本質來作功的性別理想。

再從克全倫常的角度來看，農業也是最優越的家庭經濟生產方式：「不出鄉井而俯仰自足，不事機智而用度悉備，日積月累，馴致富饒之樂。子繼孫承，永留奕世之澤。」[94] 相對地，商業雖看似有利，卻不免起落無常，終日惶惶，且有拋親棄子、背井離鄉之苦。[95] 以父子相承的家庭制度為中心，從保守、發展家業的角度出發，楊屾圍繞著盡心於本業的題旨，展開了對農則耕稼的討論。

《修齊直指》、〈修業章〉中明確指出農道應包括「耕」、「桑」、「樹」、「畜」四個部分才算完整，因為它們對於家庭經濟各有不同的貢獻：

> 耕以供食，桑以供衣，樹以取材木，畜以蕃生息。[96]

以下先就此四農略加解題，再進行內容的討論。

表 6-5　《知本提綱・修業章》的家庭經濟結構

生產結構	操作方法解說
耕稼	耕道：土壤結構知識，講述土壤與陽光、水的作用關係。 栽鋤：布（播）種、移栽、耘鋤（田間管理中耕法）。 園圃：分地作圃，廣收生利。 糞壤：造糞之法及施肥與地力的保持、改良。 灌溉：水利灌溉系統。
桑蠶	植桑 養蠶：分為擇種、下蟻、減飼加頓（蠶眠齊）、摘繭、繅絲等。
樹藝	樹木、果、疏、花、藥和竹類的栽種、壓分和接博（稼接）之要點。
畜牧	牛、馬、豬、羊、鵝、鴨、魚和蜜蜂等的繁殖和飼養。

94　〈修業章〉，《知本提綱》，卷 5，頁 5b。

95　〈修業章〉，《知本提綱》，卷 5，頁 5a。

96　〈修業章〉，《知本提綱》，卷 5，頁 5a。

　　從該卷的結構上來看，〈修業章〉涵括農業的幾種不同的重要部門，如種植業、養殖業、林木業和手工業（絲織），詳細介紹了家庭農場的整體知識、家長在經濟生產活動中的關鍵地位，以及日用經濟與天命流行之關係。該卷各節皆有突出的論點，如耕稼從陰陽五行的角度講解土壤學原理（「耕道」），在不同狀況中所需要的農耕技術。桑蠶論植桑養蠶的技術與男耕女織之性別分工理想。樹藝和畜牧綜論園制之法、對家庭經濟的輔助，及其作為士人保養身心和修養德性之場域，所具備不可或缺的功能等等。

　　楊岫論「耕道」的最大特色，在於以天人符應的農業理論為基礎，從中推演出發展生產之法，以充實家庭經濟，累積財富。在他的思想體系中，耕稼與上帝創造論息息相關：上帝衷靈內含仁、禮、智、義、信五常，五常著氣為天、地、水、火、氣之五純（五行），造化需要形質，五純有陰陽，上帝命鬼神運陰陽之氣先化成五純，由此造化萬類，以備人需。[97] 由於天地萬物皆依上帝的計畫和法則創造，皆具有五常之性、五純之體，所以說：

> 有感即應，無微不周，乃天人合一之致。其中感應之神，皆具自然之機，我以五常相應，人物即各以五常之情相應。[98]

也就是具有「靈性」之人（有別於動植物僅具「生性」、「覺性」）是勘見「天命定序」的關鍵，「順序而理，自臻良富良貴」，[99] 但人們卻常常違命失序，「冒昧從事，以致艱困迭生，何以立身成家？」[100] 據此，楊岫推衍出學習「耕道」使人皆得其補助，也是明道立功，以復帝命的重要過程。

97　劉光蕡，《修齊直指評》，頁 6a-8a。
98　劉光蕡，《修齊直指評》，頁 1a。
99　劉光蕡，《修齊直指評》，頁 1a。
100　劉光蕡，《修齊直指評》，頁 2b。

由於陰陽的變化源於天和地，藉由人耕運作其間，促使陰陽交濟，五行合和，遂得以生育萬物，成就帝功。故楊屾認為學習「耕道」，首重陰陽相濟之理：

> 蓋地本水土合成陰體，得日陽來臨，方能陰陽相濟，均調和平，化生萬物，而衣食始從此而出也。[101]

那麼，如何透過耕作技術來加以實踐呢？書中說：

> 土嗇水寒，犁破耖撥，藉日陽之喧而後變；日烈風燥，雨澤井灌，得水陰之潤而後化。[102]

當土嗇水寒的時候，耕者須用犁、耖等農具來鋤地和撥土，藉陽光之暖來調整土壤的溫度；若是日烈風燥，則需要適度用水澆灌，使陰陽相互包含融結，適當控制土壤的含水量和養分。

至於耕的訣竅，楊屾將之歸納為「相土而因乎地利，觀候而乘乎天時」兩大原則，[103] 即「耕道」的基本綱領為「因地」、「乘天」，再由此展開「日行三道，地分五帶」[104] 的論述，講解地勢高低、耕地深淺、氣候、溫度對於耕作的作用和意義。

如「因地」要求耕者依據不同地形的土壤，來採取與之相適應的作法：

> 凡土皆可田，而曰有五等：山坡曰田，水濕不流曰澤，高平曰原，低平曰隰，水種田曰水田。五者之氣機，各有陰陽不同，而耕耨之淺深，亦宜分別。[105]

---

101 〈修業章〉，《知本提綱》，卷5，頁12a。
102 〈修業章〉，《知本提綱》，卷5，頁12b。
103 〈修業章〉，《知本提綱》，卷5，頁10b。
104 〈修業章〉，《知本提綱》，卷5，頁11b。
105 〈修業章〉，《知本提綱》，卷5，頁13b。

　　楊屾指出地勢較高的山和原因為「土燥而陰少」（高原淺層水分貧乏），需要「加重犁以接其地陰」，鋤得深才能接觸到土壤中的含水層；地勢低下的隰和澤因為「水盛而陽虧」（水分過多而不夠乾鬆），用「輕鋤耨以就天陽」，即輕輕鋤破地的表面，讓日照進入土中，就可以生育萬物，鋤得過深必然會使種子陷入泥澤中，導致生氣微而不振。在耕作的時候必須遵守「寧廉勿貪」（犁行之步宜窄不宜寬）、「寧燥勿濕」、「轉耕勿動生土，頻耖毋留纖草」等原則，[106] 經過如此精細耕耘過的地，日陽漸足，土陰漸變，則細燥易於受水，一旦播種就根本深固，生意繁茂，收穫倍增，沒有耗散不良的種種弊端。[107]

　　在「因地」之外，楊屾認為耕者還要注意時序與耕地之間的變化關係（「乘時」），這是因為陝西高原是四季分明的氣候區。〈修業章〉中說：

　　　　一耕二勞，更知春秋之殊。[108]

鄭世鐸在註解中解釋說，春天時日陽漸盛，地氣上發，這個時候土壤疏鬆，耕作起來十分容易，只要注意不要過度濕耗即可。到了秋天時地多濕潤，必須等到地表有白色，才可以鋤地，否則因為土壤過濕，來回踐踏容易板結而成硬塊，要再鬆土反而困難費力。

　　又說：

　　　　避霜斂陽，知秋耕之宜早，掩草生和，明春耕之宜遲。[109]

因為春日冬寒未盡，早耕翻出內陽，掩入外來的寒氣，不利於種子生長。等到春草生長，耕犁掩草，自生和氣，地力愈壯。秋天因為長夏積

---

106 〈修業章〉，《知本提綱》，卷 5，頁 14b-15a。
107 〈修業章〉，《知本提綱》，卷 5，頁 15b。
108 〈修業章〉，《知本提綱》，卷 5，頁 15b。
109 〈修業章〉，《知本提綱》，卷 5，頁 16b。

陽，早耕將久積的陽氣掩入土中，經霜雪而陽氣閉固不出，次年春耕自茂。[110]

　　在瞭解「耕道」的綱領大要之後，楊屾又叮嚀耕者須因土之輕重，來採取不同的操作手法，「輕土宜深，重土宜淺。」[111] 即深耕和淺耕，都是為了熟土和地力，應各隨地方土壤的特性，相宜而耕，沒有一種固定的標準模式。

　　依據書中的論述邏輯，這套「耕道」大法既為人人可行的盡倫致富之道，自可因不同需要而有相應的解決辦法。如傳統常見因兄弟均分田產，導致田地零碎化，每人所擁有的田地日漸狹小的貧困問題，楊屾提出將之運用於墾荒，作為厚植家庭產業的根本之道。「身家謀久富，務廣拓乎土田；產業計寬饒，勿憚勞於開墾。」[112] 因為初墾之地地力豐饒，收穫數倍於常田，往往有因開墾而驟富者；另一方面，由於後嗣眾多析產之故，各家擁有的田土日益縮小，所以廣開田土，自然利垂後嗣，家道從而繁盛久昌。

　　又說：「凡山澤原隰之處，不使有尺寸壞隙，庶幾產業寬饒，而久富無難矣。」其開墾之法是：山坡險峻，可掘上坡之土使其平正，層層相因，是謂「梯田」。水澤之地可架木覆土，布種黃稻蔬菜，是謂「架田」。而鹹鹵之地則上覆好土，旁掘溝渠，使鹹不復出，也可收如常田（干田化）。[113] 可見到了 18 世紀中葉，楊屾所在的陝西興平地區還有未開發的荒田，與明末以後江南方志所載，嘉湖地區人口稠密連一點隙地都不存的狀況有相當大的不同。

　　而針對人多地少而產生的家庭經濟不足問題，楊屾提出了高產的「區田法」、「短牆之耕」和一歲數收法來加以緩解。「區田法」古已有

---

110 〈修業章〉，《知本提綱》，卷 5，頁 16b-17b。
111 〈修業章〉，《知本提綱》，卷 5，頁 17b。
112 〈修業章〉，《知本提綱》，卷 5，頁 19b。
113 〈修業章〉，《知本提綱》，卷 5，頁 39b。

之,「短牆之耕」則為新創,方法是「夏月築短牆數行於田間,秋後復平為田,其土自肥,禾根亦深入,則一畝即收數畝之利。」[114]

一歲數收法是利用蔬菜和穀物等套種,1 年可獲得三收 [115] 及 2 年獲得十三收,[116] 是明清農書中所見最早的套栽技術,乃楊屾從陰陽五行的農業理論所發展出來的新技術,全然不同於張履祥《補農書》中「一夫十畝」模式,即在市場擴張時,以蠶代耕來提升單位產值,克服耕地狹小所導致的家用不足問題。此一套栽法的實施,其先決條件必須克服過去「產頻氣衰,生物之性不遂」的問題,[117]

《知本提綱》繼承宋元以來「地力常新壯」的理論,主張只要管理得當,土地就不會越種越貧,並進一步提出「地雖瘠薄,常加糞沃,皆可化為良田。」[118] 順著這個思路,他針對王禎《農書》中的「土化之法」詳加鑽研,提出「化土漸漬之法,必使餘氣相培,實賴人工變理之妙」的原則。

「餘氣相培」根據鄭世鐸的解釋是:

> 糞壤之類甚多,要皆餘氣相培,即如人食穀物、肉、菜、果,採其五行生氣,依類添補於身,所有不盡餘氣,化糞而出,沃之田間,漸漬禾苗,同類相求,仍培禾身,自能強大壯盛。[119]

即食物中未被人體吸收的物質,經由糞便排出回到土中以滋養禾苗。在這個循環過程中,人的管理十分重要。

從「餘氣相培」的觀點出發,楊屾對於傳統肥料積制加以研究,提出了系統性的施肥理論:「釀造十法」和「三宜用糞」,並將兩者結合

---

114 〈修業章〉,《知本提綱》,卷 5,頁 17b。
115 〈修業章〉,《知本提綱》,卷 5,頁 32b。
116 《修齊直指評》,頁 26b。
117 〈修業章〉,《知本提綱》,卷 5,頁 32a。
118 〈修業章〉,《知本提綱》,卷 5,頁 32b。
119 〈修業章〉,《知本提綱》,卷 5,頁 31b。

在一起。「釀造十法」即為十個方面的肥源：「曰人糞、曰牲畜糞、曰草糞、曰火糞、曰泥糞、曰骨蛤灰糞、曰苗糞、曰渣糞、曰黑豆糞、曰皮毛糞。」[120] 並分別記述了積制方法和效果，就當時的農業水平而言，這十種造糞方法幾乎是無所不包了。

在對施肥效果的實際體驗上，則有「生熟有三宜之用」的進一步說明，生糞（未發酵過的）只能栽植木果，其他都不可用，菜蔬最為忌諱，而熟糞則應用範圍極廣，有時宜、土宜、物宜之分。「時宜者，寒熱不同，各應其候」，即在不同季節，施用種類不同的肥料；「土宜者，氣脈不一，美惡不同，隨土用糞，如因病下藥」，對於不同的土壤，施用不同的肥料，以達到改良土壤的目的；而「物宜者，物性不齊，當隨其情」，[121] 即針對不同作物施以適合的糞肥。具體而言，積糞肥田能做到因物適性，百穀便可以有加倍之收，從而適應不同方式的套栽技術，解決家計貧乏的問題。

（二）「倫紀男女」：區域經濟分工下的女織問題

從這一套天人符應、陰陽五行的農業理論出發，楊屾認為治生產業的過程不僅是「徵諸萬物」的致思之法，也關乎「倫紀男女」。為了落實「男耕女織」的理想，楊屾費十餘年的時間致力於織布原料的栽種研究，將棉花、柞蠶和家蠶的養殖技術傳入陝西西部，改變當時陝西的農業生產結構，及江南與西北之間的經濟分工模式。

楊屾這種投入長期心力做研究，以克服經濟環境的障礙、自給自足的做法，本質上並不符合前述江南嘉湖地區、山東諸城縣等，從順應市場擴張的發展趨勢，以農業商品化來追求最高利益的家庭經濟型態。原因在於從區域經濟分工的角度來看，江南與西北之間的貿易往來，大量

120《修齊直指評》，頁 27b。
121〈修業章〉，《知本提綱》，卷 5，頁 34b。

江南的絲棉織品運銷到西北賺取高額利潤，陝西卻因此成為大規模入超區，[122] 導致「秦中素乏積蓄，荒歉無備，其弊踵自無衣」。[123] 清初，關中地區既不種棉、麻，也不種桑養蠶，只種糧食作物。雖然此時並不存在清初張英所提到的糧價低賤問題，18 世紀的糧食價格一直處於平穩的高峰區，[124] 但這裡的老百姓有食無衣，每年都要賣掉一半以上的口糧到外省去換布，導致衣食皆缺，生活艱難。所以站在換位思考的角度上，做為入超地區的西北如何可以解決滿足家庭消費的織布原料問題，從家庭經濟上的節流，來避免利漏於外，是楊屾思考此一問題的主要方向。

另一方面，振興蠶桑業也與楊屾「男耕女織」的儒家理想相互呼應，也就是從婦女織布供應自家消費的使用價值來看蠶桑問題，而非作為商品在市場上出售。〈修業章〉中說：

　　既明耕道以備食，更講織工而製衣。[125]

即以農桑滿足家庭衣食之用，特別將蠶桑提高到與農耕同等重要的地位。

此一經濟生產結構的預想，看似與明代中期以來江南地區《農桑譜》、《沈氏農書》、《補農書》所見農桑生產結構一脈相承，實際上兩者的立足點非常不同，後者的家庭經濟生產模式是順應當時江南市場經濟、農業結構的自然發展，來找出最有利於自家經濟情況的經營方式，從而制定生產計畫；而楊屾的「耕桑樹畜」則受到其理學思想的深刻影響。如書中說：

---

122 關於江南商品與全國各地區市場的往來狀況，參見張海英，《明清江南商品經濟與市場體系》，頁 212-230。

123 巨兆文，〈跋〉，《豳風廣義》，頁 53a。

124 岸本美緒指出中國在 18 世紀 40 到 50 年代，米價向新的高水準推進。《清代中國の物価と經濟變動》，頁 10（表 1-1、1-2）、266。

125 〈修業章〉，《知本提綱》，卷 5，頁 39a。

> 風雨暑寒，固蔽其體；倫紀男女，方美其觀。[126]

又說：

> 蠶織尤女工之本然。[127]

即主張蠶桑一事本為家庭經濟的重要組成部分，且攸關倫常風紀，具有絕對的道德重要性（「以成人道之尊貴」），而不僅著眼於市場因素。

從落實「男耕女織」的理想，以解決鄉人衣著問題，楊屾思索著找出一條新途徑。他曾經試種棉和苧麻，但「殫思竭慮，未得其善」。試種雖未成功，卻是把棉花引進陝西西部的第一人。他後讀《詩經・豳風・七月》，受到啟發，認為古代陝西能夠種桑養蠶，現代也應該能種養，而決心重興陝西的蠶桑事業。

楊屾博考各種蠶書，調查各地栽桑養蠶的經驗，親自試驗，尋找出在陝西行之有效的方法。將積累了13年的蠶桑經驗，撰寫成《豳風廣義》一書。興平、周至、戶縣一帶的鄉民，互相仿效傳習，皆大獲其利。而雍正3年（1725）的春天，有一次楊屾出遊終南山，「見檞橡滿坡，知其有用，特買沂水（今山東境內）繭種，令布其間」，[128] 取得了成功，柞蠶首次開始在關中地區大量放養。

為了將蠶桑推廣發展到更多地方，乾隆6年（1741），楊屾上條陳於陝西布政使帥念祖，請求由省府出面宣導，並將《豳風廣義》一併附上。楊屾的條陳獲得帥念祖的支持，下令各府、州、縣大力推廣蠶桑。不到十年，陝西關中、陝南，甚至陝北諸多地區蠶業迅速發展。為加強蠶桑業，省城和鳳翔、三原等地還設立了蠶局和蠶館，負責推廣和作具體的技術指導。

---

126 〈修業章〉，《知本提綱》，卷5，頁39b。
127 〈修業章〉，《知本提綱》，卷5，頁40a。
128 劉芳，〈敘〉，《豳風廣義》，頁8b。

（三）養素園：士人養高助道之資

在耕桑之外，楊屾認為園圃也是家庭經濟的重要組成部分，〈修業章〉中說：「棄圃力耕，徒失田園之樂；分地作圃，倍獲謀生之資。」[129]指出園圃同時具備了補充養生之資和修身養德的好處。

所謂「田園之樂」，從勞逸結合的角度來看，耕者終歲勤勞，較他業為勞苦，「正宜各作一園，以為棲息玩賞之所，頤養天年，是為田園之樂。」[130]另一方面，它在中國具有淵遠流長的文化傳統，因不同身分地位的人而有不同的作用和意義。〈養素園序〉中說：

> 園圃之制，昉自上古，帝王以之養聖聰而同民樂；富貴家以之識稼穡而為游息之所；文人學士以之暢達襟懷，煥發神采；高人逸哲以之作助道之資，託為隱處；農家以之樹桑麻，布蔬果，為衣帛之藪，且逍遙其中，故稱田園之樂。[131]

文中指出園田景色不僅僅供人休息玩賞，還能給予人涵養，可以是農家的養生，高人逸士的歸隱，文人學士的寄情暢懷，公卿大夫的經營宅第林園，乃至於帝王的樂利於民。

那麼，楊屾所強調的是那一種呢？他自言因為「秦中園圃久廢，樹藝失法，追效素封之意，自制一園，名曰養素」，「為士人養高助道之資」。[132]「素封」即白衣無爵祿之位，而有封邑之入。[133]而養素園命名的由來，為「取自然之衣食，做養德之實具，超然物表，淡然象外」之意，追求的是「純白乃衷」。[134]又說：「若從事歧途，則物欲擾雜，機械

---

129 〈修業章〉，《知本提綱》，卷5，頁31a。

130 〈修業章〉，《知本提綱》，卷5，頁31b。

131 〈養素園序〉，《豳風廣義》，卷3，頁38a。

132 楊屾，〈弁言〉，《豳風廣義》，頁6a-b。

133 〈養素園序〉，頁38b。

134 〈養素園序〉，頁40a-b。

縈心，烏能涵育天和，求志樂道，為潔身立德之士乎！」[135] 在這裡楊屾
提出的園田養素，一方面希望能避開物欲紛擾的商業文化，回歸倘佯林
泉的樸素生活，這其中或許不乏丁耀亢「往來林壑，欣然有得」的文人
天性，「載酒冒雨雪隨所適，靜坐終日」的遁世情懷。但依據楊屾講學
的論述邏輯，從性說到形體，再由形體導入衣食之養，由衣食之養說到
農務，層層相因，是養身治生即為格物窮理、敦本復性，一種內在人格
持續提純的過程。可以說楊屾更看重的是，田園生活對人們精神深處的
滋養，讓自己不滯於外在形象的真實，從中體會到人之元衷的純粹。

　　既然是為士人養高助道之資，因此「盡力盡法，不務於多」。[136] 楊
屾透過行動將理想化為現實，在家鄉建立一座具有試驗性質的「養素
園」，占地約十餘畝，依法培植，大抵是下層寒士也可以負擔得起的產
業規模。他在〈養素園序〉和〈園制〉中記述專為士人家庭經濟而設計
的小型園圃，並繪製了園圃圖樣：

> 外周以桑，課之蠶利，內樹雜果，滋殖無窮，中造水車，灌溉蔬
> 藥，井養不窮，少布花石，點染園林，景色幽然。後造大窯，冬
> 暖夏涼，上構一亭，四時登眺，前接長廈，旁開大牖，內積詩書
> 圖史，以廣博覽。每集良朋嘉友，暢敘幽懷。[137]

又說：

> 凡我寒素之士，各制一園，不過一夫之力，可以代百畝之耕。不
> 惟衣食有賴，亦可教授生徒為儲學育才之一藉，鄙意原欲謀養助
> 學，非圖悅目賞心。[138]

---

135 〈養素園序〉，頁 39a。
136 〈養素園序〉，頁 40b。
137 〈養素園序〉，頁 40b-41a。
138 〈素養園序〉，頁 41a-b。

這裡講的很清楚，楊屾認為這種小規模生產性質為主的園圃，是一般士人經營家庭經濟的最佳方式，可以滿足日常飲食、紡織女工、醫藥、遊觀和讀書等等。全然不同於丁耀亢家大規模莊園生產的耕戰合一隊伍，或者江南以遊觀為主的豪奢園林。

另一方面，養素園也是楊屾與門人精心探討耕桑樹藝之事，躬親練習之所，「身親其事，驗證成說，棄虛華之詞，求實落之處，獲得實效，筆之於書。」[139] 師生共同編寫講義，以授門徒。古代區田法是通過精耕細作獲得高產量，為了驗證書本理論，楊屾帶著學生在素養園中以區田法試種小麥，畝產超過千斤，雖不及古書記載的高產，但已經勝過今人 10 倍。他們還試驗了古書中所載桑樹無性繁殖法，而得出「臘月埋條春栽之法，並九十月盤栽之法，余所驗過者，從此二法最穩。」[140]

文獻中記載在楊屾門下求學者常有幾百人，學生中有受業弟子、門人、晚門人、再晚門人，僅參與《豳風廣義》、《知本提綱》註釋校對的學生中就有 7、80 人，桃李遍及三秦。如此數量龐大的學生，楊屾無法一一親自教導，故多有久在門下學習、造詣較深者協助老師輔導後學者。學生以來自關中地區的居多，出身於士人或農家者不少，求學年限不一而足，如鄭世鐸注釋《知本提綱》時已在楊屾門下學習了 6 年，巨兆文參與《豳風廣義》校對時已親炙其門下十餘載。[141]

楊屾的日用經濟之學反映出「士農合一」的特色，極力主張：「農書為治平四者之首，尤為學者之先務，乃實落經濟，……凡我學人，案頭須置農書，論文之餘，即教子弟反覆披閱記誦，詩歌論說，以明

139　楊屾，〈弁言〉，《豳風廣義》，頁 6b。

140　〈盤桑條法〉，《豳風廣義》，卷 1（上海：上海古籍出版社，2002 影乾隆 5 年寧一堂刻本），頁 27b。收入《續修四庫全書》，子部，農家類，冊 978。

141　巨兆文，〈跋〉，《豳風廣義》，頁 53a。楊屾，〈弁言〉，《知本提綱》，頁 19b。民國《重修興平縣志》（1923 年李春月鉛印本），卷 5 上「人物」，頁 18b-19a。相關討論參見李虎，〈論楊屾的農業職業技術教育〉，頁 521。

治生之本。」142 由於重大無過於農道，性命攸關，推求（研究）必要於親理，所以「士民不分，在學校不可一日不講，在田裡豈可一日不力乎！」143

　　他將《知本提綱》、《修齊直指》定位為蒙書，所預設的讀者包括一般識字庶眾、婦女和兒童，其內容包含「性理」與「治生」，特別是《修齊直指》，言農為其主要論點，這一點從儒家的蒙學教育系統來看，是非常特殊的。過去儒家以務農為鄙事，蒙學課本從持家的角度講述農業生產者，可說微乎其微，從歷史發展過程來看，蒙書的教育內容由早期教導各類日用生活知識、認識字彙、諺語選集，到宋代以後反映儒學的道德關注，詩作選集，顯示出中國社會日益多元化，人們也將道德關懷、文學訓練視為基礎教育的必要元素。144 明清時期社學、義塾、小學的通行教材──著名的蒙學經典朱熹《小學》，是以道德教育為主的童蒙教本，著重從小學的基礎工夫，開展出一套心性之學的架構。至於一般大眾的蒙學課本，在「應舉」之外，也有關注「習業」的部分，包括各行各業常用文字，基本算術能力，以及正確的職業態度與待人處世的人情世故等。145 可以說，明清蒙學教育主要著重在道德陶冶、識字能力，兼及一些應世規範，而楊屾《修齊直指》則將農業科技提升到與道德教育同等高度，並將兩者互相結合，這種理念設計的蒙學課本是一項前所未有的創舉。

　　楊屾在天人符應的基礎上闡述農道大法，旨在使學習者掌握理論，日後可依據自家生活狀況，制定與之相適應的農事經營規畫。故教材的編寫以此為核心，層層展開，優點是淺顯易懂，人人可學（與《補農

142 楊屾，《豳風廣義》，「凡例」，頁 1b-2a。
143 〈修業章〉，《知本提綱》，卷 5，頁 8b。
144 李弘祺，《學以為己：傳統中國的教育》（香港：中文大學出版社，2012），頁 404-432。
145 張心愷，〈明清時代蒙學施教所啟導之文化典範與應世智能〉（臺北：臺灣師範大學歷史學系碩士論文，1999）。

書》相比，文化水平要求更低，閱讀群眾更為廣泛），所發揮的教育影響力也更為廣大，極有助於治生產業之學的通俗化和普及化，較之過去囿於一家一地、內容艱深之經營地主的家政書，其內容體系不僅更趨成熟，且將治生產業之學向下擴散、廣及社會大眾。

　　從書籍出版、流通的狀況來看，18 世紀興平縣楊屾的講學團體盛極一時，乾隆年間楊屾的著作因他「聲譽卓卓」受到人們的重視。其中《豳風廣義》一書流傳最廣，「久為海內所推重」，至 19 世紀依然不衰。[146] 但《知本提綱》、《修齊直指》二書，後來在關中地區已少有人知，主要原因在於「舉業家無所用之，故流傳未廣」，[147] 兩書無關舉業功名固然是影響流通的重要因素，若從前述幾本重要的家政書如張履祥《補農書》二卷、丁耀亢《家政須知》和張英《恆產瑣言》的流通狀況來加以檢視，政治地位的能見度可能才是影響流通的主要關鍵，政治能見度愈高者符合人們教育子弟以維持家之發展的利益，故書籍流通度也愈廣，如張英的《恆產瑣言》；若身後隨著政治地位的日漸升高，也可以促成著作重新流通，如張履祥的《補農書》二卷；假使不幸書遭查禁，則容易造成著作佚失，如丁耀亢的《家政須知》，這可能是「舉業家無所用之」的另一層未盡之意。

　　同治、光緒年間，楊屾《知本提綱》和《修齊直指》的重新刊刻和流傳，主要與陝西地區經世救國之風潮攸關，而由當地經濟中心涇陽的富家、士人領袖和書院體系來共同協作。如《修齊直指》的柏經正堂刻本，柏經正堂乃是涇陽巨富柏森所創立，雖為坊刻，實則是興辦地方教育兼刻書、以圖強國為目標。《修齊直指》也因味經書院院長劉光蕡作評，而收錄在他的文集匯編中，主要以煙霞草堂遺書續刻的本子傳世。書院是傳統士人的文化組織，兼具講學、著述、藏書和刻書功能，與當地文化事業的發展，息息相關。陝西味經書院為近代關學中心，有講經

146　徐懷璋，〈重刻知本提綱序〉，《知本提綱》（民國 12 年重刻本）。
147　〈跋〉，《修齊直指評》，頁 1a-b。

授道的講堂和刊書處，治學強調經世致用，是近代西北地區學校未興之前研究高級學藝之所。院長及刊書處靈魂人物的劉光蕡，是關學中的輿論意見領袖，此一文化身分（人際交往和人脈資源）和媒介網絡，為《修齊直指》的流通、傳播注入了嶄新、強大的活力。

劉光蕡特別看重該書：「新古今講學之面目，開凡民著察之徑路，竊謂為近日講學必須用之書。」[148] 又言「先生之書，世必盛行」，並欲為楊屾作傳以述關學之傳承。[149] 此次重刊，以涇陽地區的書院體系為刊刻、流通據點，許多學子們可以方便、容易地閱讀到這本書，從而擴大其讀者組成與影響力。到了民國時期 30 年代，劉聯奎任陝西通志館館長主編《關中叢書》時，又將《修齊直指》納入其中。

至於《知本提綱》的重刻經過與《修齊直指》亦相彷彿。道光年間（1821-1850）陝西巡撫楊名揚，欲興蠶桑，見《豳風廣義》大為讚揚，遂將先生所著各書一併報請表彰，道光皇帝手諭褒嘉命從祀鄉賢祠。光緒 20 年（1894）興平知縣楊宜瀚為楊屾籌建專祠，定每年農曆四月四日為祭祀日，後數年張元際補印了《知本提綱》廣為流傳，民國時期興平知事李居義因修省志，得到當地文人徐奉伯贈送的《知本提綱》，細讀後認為該書「學有見地，生面別開」，又將乾隆年間舊版重刻廣為流通。

---

148 〈劉古愚先生總評〉，《修齊直指評》，頁 3a。
149 張元際，〈補印知本提綱序〉，《知本提綱》（民國 12 年重刻本），頁 3b。

Chapter 7

第七章
結論

一、明清家政學的原理

　　明代中晚期以後，隨著商品經濟的發展，社會面臨轉型階段，出現了一批強調治生產業的「家政書」，為官宦富室（大型家計）的持家心得，或士人之家實踐治生的真實記錄，主政者透過生產型態的建立，反覆實踐，以確保自身家庭之發展處於最優勢的地位，凸顯作者對於生存策略相關因素的複雜權衡。過去經濟史學者多將這些「家政書」視為地方農業經濟資料，然究其本質，乃是一種以儒家「耕讀」理想結合農業科技，包含倫理、教育、農學、家務技藝、衛生的複合體，內容遠超出農業經濟資料之外。從「家」作為經濟實體的觀點來看，受到明中葉以來市場經濟的蓬勃發展，這些「家政書」在討論家務經營時，除了滿足家庭成員的衣食需求，更注重財富的累積。要言之，明清家政是一門探討（經濟生產）生活方式與倫理秩序的學問，其操作要點包括：1. 作為家庭經濟生產的「經營」思想；2. 家長掌握財政大權，來指揮全體家庭成員協作，由此規範家庭人際關係（特別是妻妾和奴僕的管理）；3. 一般日常家務的料理。這樣的「家」包含生產和消費的功能，有別於我們稱現代與工作場所分離、僅餘消費功能，由父母子女所構成的親族團體為「家」的定義。

　　就知識生產的脈絡來看，各本家政書「經營」思想的形成與作者的創業歷程、創作環境和生存心態，密切相關。另一方面，過去學界廣泛認為明末清初是鄉居地主轉向城居地主的過渡時期之觀點，主要侷限於

江南地區，本研究顯示在江南以外的華北和西北地區，到了 17、18 世紀鄉居的經營地主仍然是士人家庭經濟生產的重要經營型態。

　　首先，產業經營增殖論的出現與新興（以農起家）的富民階層密切相關，他們對農事經營高度關注，與舊式「深居不出」、「足不履田」的官僚地主有明顯的區別。明代中晚期以後，隨著其經濟力量不斷增長而成為地方上強大的勢力集團，他們講求家業經營、並進一步著書立說闡述治生產業之學，順應明代中期以後市場經濟的蓬勃發展，為農業商品化帶來的廣泛影響；同時也與新興富家欲鞏固其地方勢力，並尋求向上流動的社會潮流分不開關係。

　　明清之際浙西遺民群體以不事異姓、倡導治生以立身，代表性人物張履祥，挪用《沈氏農書》作為「耕讀」活動的指導用書，十餘年後又自撰《補農書》，紀錄其長期以來民間諮訪及勞動實踐該書之心得、以補《沈氏農書》之不足，具體展現了士人讀者與新興經營地主之間的磨合與對話。受到 16 世紀以後社會經濟體制轉變的影響，陶淵明式清苦的「耕讀」生活已不再是道德優越的象徵，書中明確指出，家長在一定程度上要「管理」生產，即對於生產資源加以統合協調，使其投入的集約資金和生產利益最大化。於是，傳統「耕讀」的內涵遂由哲學層面向實際生活演變，從中衍生對「治生」與道德之間的權衡與反思，改變了過去專重禮治、避談「治生」、理欲對立的觀點，重構「人欲」、「私」與「天理」之間的關係，凸顯一種「重治生」的新價值觀發展。

　　同一時期士人對於家政的關注並非僅限於江南，也見諸華北地區的家政書，兩者的知識生產脈絡則有所差異；丁耀亢的《家政須知》以實際生活為背景，耕戰合一的生產隊伍反映華北移墾特色，而側重農商的觀點，乃是緣於山東水旱災頻繁，欲以商業利益補充農業經營之不足的一種生存策略。丁耀亢的家庭經濟活動反映出明末清初華北經營地主的多樣性生產，這種多元的莊園經營生產進而連結到農業、手工業和商業中的供應、銷售和運送等，此一經營型態的成功，促使其田宅規模一度大增。明清之際戰亂不斷，丁家本是諸城大族，城破時弟姪兩位舉人殉

難，長兄父子受傷，已然「不可振起」；而戰亂中引發的奴變和豪強兼併，更激起丁耀亢「保全殘業」之意識。入清後，丁耀亢一方面入京尋求仕宦機會，然仕途始終不如意。丁耀亢歷經滄桑，晚年曾讓子孫接管產業，未料這個決定卻導致負欠官糧、將至不支。從家庭發展作為一種風險管理的角度來看，他有感於治生家業仍是最要緊的事，擔心百年後子孫難以維持，終有晚年《家政須知》之創作，訓誡子弟在培養教育知識的主流觀點之外，守成之道還有賴於家父長將農業生產與商業經營結合的家政管理。

17 世紀末以後，隨著清朝統治鞏固，新的經濟問題產生、鼓勵墾荒為中心的人口政策的推行，遂衍生了從不同視角探討家庭經濟的著作。康熙朝禮部尚書張英所撰《恆產瑣言》，乃仕宦人論述家庭經濟的權威著作，在寫作此書時，他的長子已成進士，次子張廷玉也已經進學，故他一開始就非常明確的將土地經營的主要目標定位在發揮支撐家庭組織的功能，以輔助子孫求取功名。張英的恆產觀具有時代性，書首引孟子「有恆產者有恆心」，認可傳統觀念土地作為恆產的有利性，然其最大特色在於將「恆產」論闡述為以保持和擴大地主私人田產為目的，而非原典的國家「制民之產」，亦不同於流行的訓俗文本或家訓，對於土地多從「止足」、買賣公正的角度出發。

從持家經驗來看，作為一個自幼攻讀舉業、大半時間都在官場中度過的城居出租地主，他和前述鄉居經營地主如沈氏、張履祥和丁耀亢等人，有著本質上的差異。相較於明末市場經濟高度發展所促成的農業商品化，張英敏銳地觀察到康熙年間因市場景氣低迷、米價下跌而產生的地主賣田風氣，因應此一時代性問題，作為大官僚地主典型代表的張英，足以倚賴的不是農業科技與經營才能，他殫精竭慮為子孫所設想的方法是：以回歸「自然經濟」的簡樸鄉居生活，作為與代表「市場經濟」的城居仕宦生活的調節方式，兩者可視子弟之學業成就與否，來進行交互循環；同時借鑑同鄉農家富民的持家經驗，以盡地利和百般攻苦的辦法，來度過普遍的賣田風潮，並將之轉化為擴大產業的時機。

　　到了 18 世紀，陝西楊屾致力於日用生活經濟之學的研究，「天命
精深之理，皆從事物粗迹上見」，「開凡民著察之徑路」，將儒家天命之
學結合農業生產的特質，從中推演出一套發展生產之法，以充實家庭經
濟；另一方面，楊屾強調女「織」作為家庭經濟中自給性副業的重要性
（有別於女「織」的商品經濟價值），除了「倫紀男女」的理想，更重
要的是反抗江南商品經濟向全國輸出的模式，因區域經濟分工，江南絲
棉大量運銷西北，形成陝西以食換衣的經濟困境，從保護當地經濟、避
免「利漏於外」的角度，楊屾長期從事蠶桑研究以重興關中蠶業，來達
成家家織衣自足的目標。而他將農業經營融入蒙學教育的內容，乃是一
種時代性的創舉，在治生產業之學的推廣上，他所創辦的「耕讀」講學
團體在組織、教材、人數和研究等方面皆有突出的表現，不再如浙西士
人群體、依附於士人結社的不定期、不定點的鬆散討論形式，而是具備
設館教學的組織制度，《修齊直指》即為其童蒙教材（《知本提綱》中修
齊部分的簡要本），先後從學弟子達數百人，師生精心探討耕桑樹藝之
事，共同編寫講義，以授門徒，可謂興盛一時，極有助於西北地區治生
產業之學的通俗化和普及化。

二、仕紳階層看待「治生」與家政勞動價值之轉變

　　在上述知識生產脈絡中，我們看到了不同群體（農業技術家族、
下層士人、官僚學者、理學講學團體）看待「治生」與家政勞動價值
的微妙變化。明代中期以後，新興富民階層強調治生產業的重要性，
及其做為「家」之發展策略的價值觀，乃是他們真實生活奮鬥過程之反
映，從而改變前一時代以禮治優先，鮮少涉及（甚或反對）產業經營增
殖的治家論述。第二階段是明末時期，士人貧困化及從中衍生的心理危
機等問題已經十分嚴重，儒者面對社會經濟發展的挑戰，必須將實際
生存問題一起納入考量，遂有「經營」思想的提出，強調經濟獨立乃是
保全「士」之人格志節不可或缺的必要條件，稼穡必須與讀書、養德結

合。到了清政權統治穩定以後為第三階段，家政已成為治家的一項重要議題，與家訓、家禮、女訓等議題並立，而「治生」所存在的理欲衝突問題也被重構、或消解，18 世紀楊屾將儒家哲學結合農業科技來發展生產之法，作為蒙學教育的主要傳播內容，打破傳統社學、義塾以朱熹《小學》為通行教材，視道德關懷、文學訓練為基礎教育的必要元素之觀點。這幾個不同階段所顯示「重治生」的新價值觀發展及其對家政勞動價值的看待方式，有何重要的意義呢？

正如緒論中所說：「重治生」作為一種新價值觀的發展，不少權威的儒學史學者和經濟思想史學者都曾提出過他們的考察和論點。那麼，本書透過治家議題的研究取徑，究竟能夠獲致那些新的認識，以下對家政研究與過去儒學史、經濟思想史的研究成果進行討論比較，來說明該項研究所獲致的學術貢獻。

過去眾多儒學史的研究者指出，儒家義理之學在明清之際出現了一種曲折變化，最顯著的就是理學家對於理欲之間的重新詮釋，可謂是儒學思想的一種新發展，知名著作如溝口雄三的《中國前近代思想の屈折と展開》，對 16 世紀以來明清儒士對公、私、理、欲觀念提出系統性整理，認為明清之交思想史上不同於過去的新變化，就是「欲」與「私」從負到正的一百八十度「座標轉位」。[1] 類似見解也見諸狄百瑞（William Theodore de Bary）對晚明思想對於「私」與「欲」的新主張之討論，[2] 餘如林聰舜、鄭宗義、張麗珠等人對於明末清初儒學轉型相關的討論。這些論著多聚焦在討論一些重要的思想家，如李贄、陳確、黃宗羲、顧炎武、戴震等人（主要為江南地區的思想家），對「治生」所涉及「欲」與「私」的新見解。

1　溝口雄三，《中國前近代思想の屈折と展開》（東京都：東京大學，1980），頁 2-3。

2　William Theodore de Bary, "Individualism and Humantairanism in Late Ming Thought," in de Bary, ed., *Self and Society in Ming Thought* (N. Y.: Columbia University Press, 1970), pp. 145-218.

　　本書從治家議題和產業增殖論的角度，補充了上述儒學史（思想史）學者所未論及的「重治生」的實際內容和躬身實踐，並將此一對「治生」的關注，擴及到全國性的考察（不僅限於江南地區士人）。特別是眾學者們所頻繁引用的陳確、張履祥等浙西士人群體對「治生」的關注，過去僅著重在思想層面的討論，卻未措意於思想家在日用生活上的真正實踐（張履祥和陳確的文集中經常可見這方面的實踐資料）也就是「治生」落實到真實生活中與衣食、財貨或田土等生存欲密切相關的家庭經濟、物質生活問題，忽略了這個具有中國「近世性」的思想新發展，落實到社會中所產生的貫時性與區域性差異。

　　從家政文本的成書脈絡來看，「治生」在勞動價值上的變化，與思想史學者對意識形態中理欲關係的新解釋部分吻合，但它不是一個純粹的思想史或理學家的哲學問題，更是涉及時代變動過程中家庭存續的生存策略思考，在實踐的方式上，與明代中期以來農業科技的運用、市場經濟的起伏及作者的生命經歷脫不開關係。與此同時，由於下層士人在地方上與家世業農的「草澤之人」長期接觸，加強了「士」與農業技術家族的交流互動，其所倡導的「耕讀」生活在繼承傳統的儒家精神、人格志節之外，更吸收了新興富民的經濟計算、農業科技及統御佃戶之道，兩者互相支援，構成實踐「耕讀」生活的兩大支柱。可以說此一具有「中國」特殊性的「近世性」思想發展趨勢，落實到社會過程中所產生的各種現象，成因其實相當複雜，家庭經濟問題就是最好的例證。它也讓我們進一步了解「重治生」在不同時期的多樣風貌：明代中葉以來源自不同群體的價值觀如何交織，並在社會經濟體制變遷過程中對家庭經濟體進行重新編組，至明清之際「重治生」的新價值觀發展成型，以及此一觀念在清代統治穩定以後的轉折和擴大影響力的過程，整體趨勢是從明末以前農業技術家族色彩較濃的特色，到清初以後儒士著作為主的轉變（區域性差異的比較請見下一節）。

　　其次，從歷史的縱軸線來看，家政經營重點的轉移，也反映出不同時期家庭經濟論述者的職業階層的改變。明代中期以前具有影響力的家

庭經濟論述，多為聞名全國的官宦世家或理學大儒所做，他們對於「齊家」的看法，與其對國家層次的政治影響力密切相關。這些大官僚、大儒者憑藉著本身的聲望，以當時側重禮治的儒家理念建構家族教育的主要內涵，見諸數量繁多的家訓作品中，而他們的看法也得到當時世家大族的認可及支持。明代中葉以後隨著商品經濟的發展，農業技術家族憑藉其經營之「法」，以技術發展生產，進而由「庶」入「士」，將經濟資源轉換為社會身分，與前一時期治家議題的作者的全國性聲望、治家重點，截然不同。這些出自草野、本就極容易隨著時代洪流的前進而佚失的持家心得，卻因為下層士人的挪用，從而聲名大噪，甚或編入文集、或單獨成書加以反覆刊刻，在社會上廣泛流通。顯見士人讀者群在閱讀、實際操作與再創作的循環過程，是促使家政知識內容的更新充盈，持續保有活躍的生命力的重要關鍵。

隨著時間的推進，社會上「重治生」思潮的影響力也由下層士人向官僚學者擴散，如 17 世紀末張英的《恆產瑣言》對於擴大產業的主張，或者向崛起草野「有心計者」學習，以度過凶荒之年的作法。該書在清代流傳極廣，光是清代印行的版本粗估至少超過 19 種，為《補農書》的 2.7 倍，仕紳地主為其主要讀者群組成。到了清末，《恆產瑣言》與《補農書》二卷共同被曾國藩推崇為「耕讀」指定用書，正好是從草澤之人、下層士人到官僚地主的兩種極端不同類型。

除《恆產瑣言》之外，稍晚雍正名臣王士俊的《閑家編》，也從兩方面回應了「重治生」的新價值觀，一是依照知識的效用，對舊有積累的治家知識和自己管家的經驗心得進行分類重編，將之釐為「家訓」、「家禮」、「家政」和「女教」四類，明確將專重倫理教化的「家訓」與管家相關知識技藝的「家政」區分開來，二是以產業作為「家政」之首務，將物質經濟作為維繫家庭人際關係的基礎，此一知識體系充分體現家務管理已成為治家的一個重要議題，而治生產業則為家政經營的重點。

「重治生」之新價值觀對後世的深遠影響，也可以從治家書籍的知

識架構來加以考查，清代中期以後士人家訓中多列有專章或專書討論家業經營，治生產業成為士人家庭教育的重要組成部分，如 18 世紀末胡煒的《治家略》，原書八卷，主要收集民間日用之事，整理成書，作為訓誡子孫的家法，目的是「專言治家之事，欲使一家之老幼親疏，咸有以遂其生，裕其養。」其中便有「農事編」，可知農業生產是「家」的重要組成部分。又如王文清的《治生要術》、楊秀元的《農言著實》等等。

在經濟思想史的研究部分，學者更多關注「治生」的經營面向，特別側重在商業利益的追求、商業財富的累積、商人地位的變化、乃至於有識之士對於奢侈經濟的各種評價和再思考等等。重要論著如余英時關於「士商互動」的研究，強調士人文化對於商業經營的影響；林麗月、卜正民（Timothy Brook）借用當代消費經濟的概念重估明代商業的歷史角色，反駁奢侈風氣促成道德墮落的傳統觀點。

不過，在一連串的商業發展過程之外還存在著不同的發展方式，也就是本書所關注的作為經濟共同體「家」的內在整頓改革，例如 17、18 世紀仕紳之家的家政，其經營方式是以農為本，主要的動機並非為了商業財富的資本累積，而是以農業科技支撐傳統儒家的「耕讀」生活，確保士之人格獨立、家庭子孫處於最優勢地位，由此發展出不同的財產使用方式，在市場經濟擴張時可以利用向外輸出以獲取更大利益，而景氣低迷期也可以回歸自然經濟以度過產業縮減的危機。就其經營的原則而言，關鍵點在於「財產使用」如何可以與仕紳之家的文化道德相結合，從而塑造一種優美的家風傳承，而非汲汲於持續不息的營利（資本累積）。另一方面，明代中期以後受到商品經濟蓬勃發展的影響，強調農業經營必須要透過「管理」，是以關於農業經營規模、農作順序、播種量、飼育家畜、勞動效率、經營體各部門的收支等等，書中多有詳細的記述。

再者，林麗月指出倡導「奢易為生」的學者陸楫，「仍是偏重社會

特定階層的大量花費，並未鼓勵個人或家庭『崇奢黜儉』」。[3] 換言之，崇奢論並非對人人皆一視同仁，而是隨著其論述場域的轉變而有所調整：就整體社會消費流通的經濟觀點來看，豪富之家在食、衣、住、行等方面的侈費，可使小民分其利，若將視角轉向個人或家庭經濟，則仍以推崇儉用觀念為主。這種區別性對待，正說明了過去經濟思想史的研究更專注於整體社會經濟，而未及於「重治生」對家庭經濟的重要影響，本書的研究有助於填補此一空白。

三、「經營」思想的地域性差異

就區域特色而言，《補農書》產生於地狹人稠的江南，主要憑藉著高超的農業技術來發展生產、累積財富（沈氏的看苗色追肥、烤苗等，不拘於舊說，而從實際經驗提出自己的獨特看法），或者注重以經濟作物來提升每畝的總產值（張履祥規劃「一夫十畝」模式）的經營模式，反映長江三角洲地區因水陸交通便利，市場經濟高度發展的家庭經濟型態。而《家政須知》中側重農商、耕戰合一的多元化莊園經營的生產特色，是從山東地區水旱災頻繁、地廣人稀的移墾社會中生產出來；此種墾荒式的經營型態重在以開荒低稅來發展家業，並利用農產品的加工、運輸和銷售，補充因水旱災所造成的家庭經濟損害，輔以「治農兵」來保護辛苦墾殖的成果，兩者相當不同。

在耕作制度上，《補農書》產生於江南水田的環境，是絕對不會提出《家政須知》中輪轉上糞（反映華北農業兩年三作制——種麥與小米的旱田特色）的建議。不過，丁耀亢認為雖南北風氣不同，「智者變而通之」，乃是深諳經營之道的高明見解，也就是說南北農業環境和耕作制度的不同是既存的客觀事實，然優秀的經營者仍然可以憑藉其才智來

3 　林麗月，〈陸楫（1515-1552）崇奢思想再探——兼論近年明清經濟思想史研究的幾個問題〉，頁 140。

加以變通，清楚指出「經營」思想才是家政成敗的關鍵。

　　就此而言，《補農書》和《家政須知》之間頗有許多共通之處，《補農書》運用多種經營的規畫，如種植、養殖、副業的結合組成物質交換循環方式；水稻、春花、綠肥輪作，帶來有效地力；水田、旱地、魚池互養做到了農業生態平衡。檢視《家政須知》的「多算」、「化用」原則也無所不在，莊園中同樣有種植、養殖、副業的結合組成物質交換循環方式，且規模遠遠勝於沈氏經營，於是，「廣積」也因為數量龐大足以成為一種提升產值的方式，如丁耀亢莊園中因手工業發達（沈氏僅為少量），糧食加工的附產品——麩糠，以及酒後糟均可做飼料，自家油坊的油渣可以製肥，無須像沈氏或張履祥另外花錢購買。麥地、秋地配合輪轉上糞，帶來有效地力，且丁耀亢採取野草制肥還可以將墾殖之利、農餘力調節和糞田結合在一起。園圃、灌溉、魚池互相支援則收到了農業生態平衡的效益。

　　雖然江南家政知識生產和《家政須知》的多種經營有一些相通之處，但很難說兩者之間有何因循相承的聯繫，漣川沈氏和張履祥的持家心得主要來自長江三角洲的經濟環境和調查諮訪，丁耀亢的持家心得則來自於諸城。受到晚明以來經濟蓬勃發展的影響，面對相同的問題，他們在過去的知識經驗之上，權衡各種資源的統合運用而將之引入實踐模式中，所採取的應對方式是十分相似的。

　　在多種經營的前提下，《補農書》和《家政須知》都強調以統籌農業科技、市場經濟和勞力管理來制定農事經營計畫。在生產型態上，丁耀亢的「農商兼業」是鄉居地主將自家莊園的農產品結合手工業、運輸，以獲取數倍的高額利潤（包含一級、二級、三級產業類型），《補農書》中的沈氏經營和張履祥的經營計畫，其生產型態主要還是以第一級原料生產為主，間或搭配少許手工業，再看張英的《恆產瑣言》，這是將土地出租的城居地主，主要獲利方式是租米，顯見丁氏經營的生產類型較諸《補農書》、《恆產瑣言》的商業化程度為最高。

　　此外，丁耀亢的「農商兼業」若與濱島敦俊所論晚明以來江南城居

地主兼客商活動相較——利用農閒到外地販運商品牟利，不以自家生產品為限，也應有所區別。

關於家庭經濟的自衛策略，丁耀亢在側重農商的前提下，所擬訂家庭經濟的自衛對策，也和《補農書》、《恆產瑣言》有相當大的不同。丁耀亢緣於生命經歷，認為動亂常是一家成敗的關鍵時刻，而且市場規則會隨著時代而變動，以往的歷史經驗、治生之術已不足以因應清初社會經濟的發展，須順應潮流以知「變」為前提，隨時學習新知識和新技術，故《家政須知》特別關注「通變」的時代性問題。書中對經營才能的強調，令人印象深刻，無論是丁耀亢的創業之功，或者他從個人之家的角度，高度肯定家長發揮經營長才對家庭的重要貢獻，及家務勞動的價值，由此修正過去以讀書應舉來培養子弟，視家務勞動為次要、或不重要的主流思想。

同為經營地主的《沈氏農書》對此問題著墨不多，書中沈氏屢屢抱怨農業經營利潤微薄，而有「俗所謂條對條，毫無贏息，落得許多早起晏睡，費力勞心，特以非此勞碌，不成人家耳」之感嘆。面對生產成本的提高，如隨著社會經濟的變化，雇工「非酒食不能勸」，加上物價上漲，更壓縮了經營地主的利潤盈餘，沈氏的對策是透過盡地之利（自行釀酒或者勤種瓜菜等）來度過。[4] 而像張履祥這樣的貧士，汲汲於衣食的謀求以達養生送死之基本需求，幾乎難以考量市場衰落時的自衛策略，只能等待家中的男孩成長為壯勞力之後，再重新做調整。

沈氏、張履祥、丁耀亢的看法與稍晚桐城縣出租地主（不親自經營農事）張英的《恆產瑣言》亦截然不同。桐城縣因交通不便較少受到商品化滲透的影響，故《恆產瑣言》在面臨市場收縮的時候，強調以自然經濟來度過非常時期並趁機買地。另一方面，《家政須知》中所抱怨的重稅政策，並未在《恆產瑣言》中出現，這可能是桐城的租稅負擔較

4　《沈氏農書》，頁 16a-b。

輕，且張英身居高官，故對朝廷政策與家業之利的對立矛盾略不多談。

　　在上述家庭經濟生產的過程中，凸顯出家長掌握經濟大權（家庭收入與日常支出）來指揮全體家庭成員共同協作，由此規範家內人際關係，確立家父長支配的生活秩序，其中妻妾和奴僕的管理是工作核心。《沈氏農書》對於婦女在家庭經濟中的角色的討論，是以「男耕女織」來展開的，這種性別分工模式與農業經濟的變遷有密切關係，明末以後杭嘉湖地區的蠶桑紡織業發達，已成為江南商品市場的重要組成部分。在沈氏經營對整體生產效益的計量方法中，可以清楚看到女織對於家庭經濟收入的貢獻，如書中提到當時家家織紝，婦人二名，年織絹 120 匹，得價 120 兩，扣除經緯絲、篗絲錢、傢伙、線蠟、口食等成本，可有 30 兩盈餘，所以家有織婦，織與不織，總要吃飯，不算工食，可以創造更多盈餘。

　　婦女參與「治生」有益於家庭經濟，明清家庭面對日益激烈的競爭，必須透過家庭內部的性別協商以維持家庭生活的正常運作，婦女被委以家政也引發道德相關的疑慮。丁耀亢對此問題的看法相當複雜，《家政須知》對「妻妾專權」的嚴厲批評，是因為「悍婦當家」有損於男性家長的自主權。不過，書中也提到婦女越位雖然不符合儒家的兩性文化，卻不應全然歸咎於婦女，因為妻子的越權與丈夫不可依靠、而被迫自立自主是分不開的；與此同時，他譴責丈夫不善管理家政，是一種失德敗家。另一方面，他也提醒家長，莫因「外嬖專寵」而妨礙公私平情的治家準則。禮法上妻妾地位尊卑不同，然現實中妾憑藉著寵愛安排娘家人經手莊田錢糧之事，從中貪汙舞弊，敗壞家政的例子，也十分常見。

　　在管理奴僕的部分，《沈氏農書》在精算成本作為經營地主獲利的基礎上，很自然地採用計量方法來討論雇工成本的問題。書中對長工的工作內容、耕作標準和薪資伙食皆有定規，依書中所述，一名長工管地 4 畝，種田 8 畝，當時墾田、刮面泥、種植、墊底、追肥、修桑等，已形成一套標準工序，而不同季節和重難生活（農忙時期）的葷素食分

量和比例，皆有固定的規矩可遵循。農忙欠缺人手之時，也酌量雇請日工、短工來協助農事，並將部分田地出租給佃戶。其次，張履祥《補農書》為亡友鄔行素所設計的「一夫十畝」，是以家戶勞動率為計算單位——將其遺孀及長子、侄子通通納入勞動範圍，並提供了合適的工作機會（老母和幼子也可負責一些輕省的農活，如看蠶、放羊等），與《沈氏農書》中個人勞動率的計算有所不同。

丁耀亢的莊園因規模宏大，所使用的奴僕種類相當多樣化，除了一般經營地主經常雇用的長短工和佃戶之外，還有耕作奴僕、管事奴僕及婦孺小兒等不同類型、不同層級的勞動力。丁耀亢十分重視雇工和佃農生活的待遇，認為對於雇工人應以好的待遇激勵他們的生產熱情，而耿直質樸，飲食節儉的佃農，經常受困於荒年重賦，生活相當辛苦。《家政須知》告誡子弟要特別注意兩種人：「寵僕」和管事奴僕，明確將之視為家庭經濟的最主要敵人。《家政須知》所提出的這兩類人，反映其宦室富家的階層特色，在地主沈氏或貧士張履祥的生活中是不會出現這種考量的。這是因為隨侍在家主身邊的「寵僕」，多為契買家奴或人身投靠的長隨，而宦室富家莊田多者，家長分身乏術，必定有管事奴僕代為料理，他們與直接在田地裡從事耕作的佃戶或下層奴僕地位不同，工作性質也不同。根據山東地區的風俗，料理田莊事務的管事同時也掌管糧囷之事，即這類管事奴僕對主人的職責是，托管田莊事務，打理帳簿。[5] 這也造就了這類管事奴僕也有採取權且侵占主人應得份額的方法，或者乘機將主人的家產據為己有的種種事端。丁耀亢認為根本預防之道在於家長須時時看查，善盡督導之責，一發現問題就馬上調查解決。

張英的《恆產瑣言》強調「良田不如良佃」，認為具有生產熱情的良佃才是土地收入穩定與否的關鍵，與良佃相對的不是抗租的佃戶，而

5　丁宜曾，《農圃便覽》，「歲」，頁 7b。

是缺乏生產熱情的劣佃，這與丁耀亢對於督課農工，善取地利的樂觀自信，是相當不同的。丁耀亢和張英的分歧，並不反映經濟階級的差異，他們同樣注意到管事奴僕從中作梗，影響租額收入甚大的問題，而主要和他們兩人的治家經驗的不同有關。張英出身仕宦之家，一生都在讀書、做官中度過，他的治家經驗大抵不出城居收租地主的範圍，丁耀亢則是相當典型的鄉居經營地主，直接和佃農、雇工人打過交道近半世紀，所以訓誡重點有所不同。

四、家政中的性別問題

（一）男人管家與婦女持家

　　本書所關注的「家政」（男性家長治家理財），亦可與過去明清學者對婦女與家庭經濟的交涉議題相互參照，重新省視家內性別權力關係。50 年代仁井田陞對於婦女「鑰匙權」的一般性通論，是最早討論家庭經濟中婦女的角色與地位的代表性著作。書中指出一個家的主婦負責家內事務，主中饋（管理日常飲食）、督導婦工、接待賓客之外，還擁有「鑰匙權」（家中重要的倉庫、錢箱、衣櫃和門戶的鑰匙都是由婦女保管），可以指揮奴僕從事營運活動，讓我們深刻感受到中國婦女在家庭中權力的強大，與她的執行權（支配權）密切相關。[6]近二十餘年來學界從性別視角來重新發掘婦女在家庭經濟上的貢獻，產生了豐富的研究成果，如高彥頤的《閨塾師：十七世紀中國的婦女與文化》，生動的描繪了在明末清初的社會劇變中，士人家庭的女性憑藉其才智與文化修養外出巡遊教學，打入男性文人的社交網絡之中，成為實際主導家庭事務的家長，充分顯示婦女個體的自主與能力。又如，曼素恩（Susan Mann）透過清代婦女持家理財的各種細節的描述，說明婦女在家計艱

6　仁井田陞，《中國の農村家族》（東京都：東京大學，1966），頁 243-266。

困或危難時期對保存家庭的貢獻。[7]呂妙芬指出明清理學活動盛行，有賴於家庭內部性別協商的支撐。[8]

　　婦女在家庭經濟活動中的活躍也見諸下層婦女，婦女在手工業方面的勞動貢獻（紡織）早已為學界所注意，Francesca Bray、羅麗馨等人皆有專著加以討論，其中李伯重更專注於「男耕女織」模式的形成，指出明清農家婦女由協助農耕的配角，轉而以紡織工作成為承擔家庭經濟的重要角色，此一典型的性別分工，直到清代中期才得以確立。[9]又如，唐力行、卜正民（Timothy Brook）、陳瑛珣集中研究婦女在商業買賣的角色，[10]林麗月、衣若蘭關注的「三姑六婆」等下層職業婦女

7　Susan Mann, *Precious Records: Women in China's Long Eighteenth Century*. 中譯本：曼素恩著，楊雅婷譯，《蘭閨寶錄》（臺北：左岸出版社，2005），頁124-180。Mann, Susan, *The Talented Women of the Zhang Family* (Berkeley: University of California Press, 2007).

8　參見呂妙芬，〈婦女與明代理學的性命追求〉，收入羅久蓉、呂妙芬主編，《無聲之聲Ⅲ：近代中國的婦女與文化》（臺北：中央研究院近代史研究所，2003），頁143-151。

9　李伯重，〈從「夫婦並作」到「男耕女織」——明清江南農家婦女勞動問題探討之一〉，《中國經濟史研究》，1996年3期（北京，1996.9），頁99-107。李伯重，〈男耕女織與「半邊天」角色的形成：明清江南農家婦女勞動問題探討之二〉，《中國經濟史研究》，1997年3期（北京，1997.9），頁10-22。婦女紡織的相關討論亦參見 Francesca Bray, *Technology and gender: fabrics of power in late imperial China* (Berkeley and Los Angeles: University of California Press, 1997). 中譯本：白馥蘭，《技術與性別：晚期帝制中國的權力經緯》（江蘇：江蘇人民出版社，2010）。羅麗馨，〈明代紡織手工業中婦女勞動力之分析〉，《興大歷史學報》，第9期（臺北，1999.12），頁21-43。Susan Mann, "Work and Household in Chinese Culture: Historical Perspectives," in Barbara Entwisle and Gail E. Henderson, eds., *Re-Drawing Boundaries: Work, Households, and Gender in China* (Berkeley and Los Angeles: University of California Press, 2000), pp. 15-32; 以及 "Household Handicrafts and State Policy in Qing Times," in Jane Kate Leonard and John R. Watt, eds., *To Achieve Security and Wealth: The Qing Imperial State and the Economy, 1644-1911* (Ithaca, NY: East Asia Program, Cornell University, 1992), pp. 75-95。

10　唐力行，〈論商人婦與明清徽州社會〉，《社會學研究》，1992年4期（北京，1992.7），頁110-118。唐力行，《商人與中國近世社會》（北京：商務印書館，2017），頁129-148。Timothy Brook, *The Confusions of Pleasure: Commerce and Culture*

等等。[11] 在這些重要著作的推動之下，傳統中國婦女憑藉著操持家務和「鑰匙權」，在家庭 域中扮演關鍵性角色，可能妻子的權力大過丈夫的觀點，已經為大眾所熟知。

　　然就研究方法而言，過去單單側重於婦女研究固然讓我們看到了不一樣的歷史，卻不足以完全理解性別關係，尤其家政（「家庭經濟」）關係到父權體制的物質基礎等核心問題。這是因為性別是互相定義的，一個家庭中包含男人和女人，社會結構對男女兩性所持有的權力與義務，有其特定的位置及期待扮演的角色，故考察「父權體制」下經濟生產如何運作，也是了解性別關係的重點工作。綜觀目前性別研究的整體趨勢，男性研究的議題正在不斷發展，已不再為這些面向所限，例如中國婦女史的著名學者曼素恩就提出應重視「男子氣概」（masculinity）、男性的人際關係（male friendship）和性別關係等；[12] 近年來亦有論者聚焦於「夫道」的討論，重新審視清代丈夫的自我性別角色認知。[13] 本書所關注的「家政」，本具有男性和女性互動、協商的往返過程，所謂「夫治外，婦治內」（男性家長掌管家庭外部與「治生」相關的活動，其執行家政的權限稱為「夫權」，又被稱為「夫之權」），凸顯性別作為一組

in Ming China (Berkeley and Los Angeles: University of California Press, 1998)。陳瑛珣，《明清契約文書中的婦女經濟活動》（臺北：臺明文化事業有限公司，2001）。

11　林麗月，〈從《杜騙新書》看晚明婦女生活的側面〉，《近代中國婦女史研究》第 3 期（臺北 1995.12），頁 14-19。衣若蘭，《三姑六婆：明代婦女與社會的探索》（臺北：稻鄉出版社，2002）。明清婦女與經濟活動的相關討論，除了文中引述的各種著作外，研究回顧可參見鄭愛敏，〈性別視野中明清經濟史內容的增補：以農業史、紡織業史、商業史、消費史為例〉，《中國文化研究所學報》，第 52 期（香港，2011.1），頁 95-127。

12　另一個受到關注的議題是男同性戀（male homosexuality）。參見 Susan Mann, "The Male Bond in Chinese History and Culture", American Historical Review, vol. 105, no.5, (December 2000), pp. 1600-1614. 何宇軒，〈方興未艾：學術界的中國男性史研究〉，《漢學研究通訊》，第 32 卷第 4 期（臺北，2013.11），頁 1-10。

13　如何宇軒，《丈夫守則與「齊家」之道──清代家訓中的男性建構》（臺北：秀威資訊出版社，2021）。和〈「為夫之道」：清代家訓所呈現的男性性別角色認知〉，《中國史研究》，第 90 輯（韓國，2014.6），頁 169-199。

相對流動之社會結構的特點，對於深入理解性別關係同樣具有重要的啟發性。

　　過去婦女史對於婦女持家的研究，主要是圍繞著男性不問家、不事家人產，這一淵遠流長的傳統來展開，揭示了自古以來，婦女具有操持家務和「鑰匙權」，此一過去被遮蔽的歷史事實，使我們能察覺到家庭內性別權力的浮動。相較而言，本書關注的「家政」──（士人階層）「重治生」的新價值觀發展，則清楚顯示在晚明以後社會轉型時期「家」本身的能動性，即作為一家之主的男性家長，在面對不同自然環境、經濟條件、生產關係下的動態實踐，其中包含對於各種資源的統合運用與才智發揮。從「家政」的角度來看，地方上的人們並不是被動地接受政治經濟制度的轉變或社會競爭的挑戰，而是在各種資源中協調，將主流的實踐模式引為己用，從而形成其採取行動的策略。要了解這個協調與挪用、重塑的過程，需要對「家政知識」的生產、流通過程做深入探索，才能夠知道人們如何將主流的實踐模式化為行動契機，從而轉化為適應己身的新的生產模式，而這種彈性和實用性也是促成家政知識傳遞過程中不斷自我更生、充盈的重要因素。

　　進一步來看，這些高度自主的持家婦女，在資源分配、家庭地位上並未佔有穩固的地位。就書籍流通、知識傳播而言，我們還未能發現有女性寫作的家政書，史傳中雖可見婦女開山墾荒、從事農業生產因而發家致富的少數事蹟，但是她們的經營之「法」卻並未被記錄或流傳下來，形成了一種零星的、個別的情況。這可能是因為婦女承擔家庭經濟生產活動，本就是因應男性家長缺席或能力不足時的一種家庭協商，或發生事情時，自己不得不承擔避難之事。換言之，它只是一種替代性、補充性方案，不是常規性的制度。

　　這種不著作的模式可能讓人聯想到閨閣從事筆墨創作時，「內言不出於梱」的婦德準則，但就家政知識的流通而言，我認為與婦女知識傳承的特點有極大的關係。例如與女「織」密切相關的紡織業，其知識傳承似乎多侷限於家庭人際關係之內，如張履祥的出嫁女在養蠶時成繭率

不佳，被叫回娘家與母親再多加學習，等到學習成功後才返回夫家。這種（家內）封閉式的知識傳承，一來是因為養蠶業本身就是需要勞動實踐的一門技術，且有技術保密的成分在內，另一方面也跟當時婦女識字率極低有關。這種封閉式傳承的模式不限於紡織業（生利技術），也包括如何料理家務、管理帳簿甚或相關的投資事宜，多是由母親教導女兒（出閣前），婆婆教導媳婦（結婚後），甚或嫂嫂教導弟媳，史籍中經常見到的「傳家事」，基本上就是媳婦跟在婆婆身邊侍奉飲食、學習管家，直到多年後媳婦熬成婆，終於獲得了家務主持權。至於過去常被提到的幾本女性探討（多是兒子紀錄母親的話語）家庭經濟相關問題的書籍，細究之多集中在家庭日用消費細節的節省與控制上，如《庭幃雜錄》中說：「吾父不問家人生業，凡薪菜交易皆吾母司之。秤銀既平，必稍加毫厘。余問其故。母曰：『細人生理至微，不可虧之。每次多銀一厘，一年不過分外多使銀五六錢。吾旋節他費補之。內損己，外不虧人。吾行數十年矣。兒曹世守之，勿變也。』」[14] 這就衍生出另一個問題：中國兩性在家庭經濟活動中如何分工？

從生產和消費的角度來看，傳統中國兩性在家庭經濟活動中各有其不同地位和工作重點，男性家長多半居於發展生產及資源監督、控制的角色，掌管錢財的流向和使用，婦女居於輔佐的地位（保管財物），她的支配權與承擔的家庭職責密切相關，也就是監督僕婢，照顧病人和老人，教導子女讀書寫字和禮儀、接待賓客等相關的家庭消費。[15]

本書所談男性管家的模式，顯示出當時家庭財富、聲望正處於上升和擴張的狀態，這類擁有經營才能的家長主導治生產業的各種相關事務，他們反對「妻妾專權」的主要理由，在於損害男性家長的自主

14　錢曉輯，《庭幃雜錄》（臺南：莊嚴文化出版社，1996 影北京圖書館分館藏舊鈔本），頁 763。收入《四庫全書存目叢書》，子部，雜家類，冊 86。

15　Joseph P. McDermott, "Family Financial Plans of the Southern Sung," 4: 2 (1991), pp. 15-52, and "The Chinese domestic bursar," *Ajia bunka kenkyu*, 2 (Nov, 1990), pp. 15-32.

權，如丁耀亢將丈夫不善管理家政、失德敗家，故妻妾趁機而起，諷之為「死肥鵝」。張履祥認為婦人專家政易致骨肉乖離，故說「主權不可旁撓，內命不得擅出」。[16]《沈氏農書》中提到女「織」是家中的生業之一，但通觀全書，顯然整個經濟生產活動的主導者和資源的分配仍掌控在男性家長手中。又如，張英以「內家長」稱家長之妻，其在家庭經濟活動中的職責功能也遵循男外女內的性別制度。直迄清末，這種能力強大、全權主導家中大小事務的男性家長仍不少見，當時以治家術聞名的曾國藩便是代表性人物，當他在軍中忙著打仗時，仍不忘時時寫信遙控家中各項事務的進行，大至家庭經濟生產，小至監督女兒媳婦們的女工（制小菜、作鞋），都要親自驗收。[17]

相對的，婦女史學者所強調的女性越位成為實質性的家長，多是家道處於中落階段或危難時期，如高彥頤所舉「女中丈夫」黃媛介的例子，Susan Mann 所舉婦女在家計艱困或危難時期的貢獻，乃至於下層婦女的研究者所指出她們因為家用不足而必須外出工作補充家計，或以蠶代耕的情形。

在這兩種不同的模式中，階級差異問題是顯而易見的，不同階級的婦女所面對的經濟處境並不相同，由此衍生的機會成本也應該有所不同。在男性管家的模式中，由於家長已經全力承擔治生產業的職責，家用無虞匱乏，此時婦女所提供的機會成本主要是充當丈夫和孩子的有力後盾，做好日常消費的節流、教養兒女成材及維持整個家庭的和諧。但是當家計不足時，婦女外出工作賺錢能提供家庭經濟的直接貢獻，卻因此不得不承受負面聲譽的損害，這裡面看似矛盾，然而最終經常是藉著對「家事」的擴大解釋，來表彰其賢德，由此化解其內在的緊張性，這

16　〈訓子語下〉，《楊園先生全集》，下，卷48，頁1368。
17　關於曾國藩對家中婦女的功課督導，參見林維紅，〈婦道的養成──以晚清湘鄉曾氏為例的探討〉，《中央研究院第三屆國際漢學會議論文集歷史組：性別與醫療》（臺北：中央研究院，2002），頁105-126。

是因為他們的丈夫、兒子深刻體會箇中的不易，故在傳記中以曲飾筆法來標榜婦女的內助之功。

（二）明清家政研究與現代「家政學」

　　最後，在歷史發展過程中，明清「家」與「經濟」的歷史概念，是否也有溝口雄三所說的：前近代的思想轉折是近代人士接受西方新思想（「家政學」、「家庭經濟」）的沃土和內在要求？

　　就中西新學科名詞的轉譯問題來看，19世紀末、20世紀初西方「家政學」（"home economics"）在輸入中國時，有過各種不同的翻譯，這些不同的譯名顯示出幾種不同的思考理路：如從傳統的「制用」內容來理解這門新學科的「家政用財學」，或者是男性知識分子倡導家庭革新論述的「家庭經濟」，以及作為新式女子教育「家事課」的重要內容，教授珠算、家庭簿記、收支費用和投資儲蓄的「家事經濟」、「家政學」等譯名。這些譯名反映出對新學科、新知識的內容的不同理解，新中國創建進程中家庭如何現代化的構想藍圖，也涉及到新式女子教育內容應當教授些什麼的思考，但它們都有一些共同點：就是聚焦在家庭內部消費和財富保存的部分，旁及婦女從事家庭副業貼補家用的討論，很少談或不談外部經濟生產問題。主要的原因在於「家政學」這門新學科在近代已然性別化，背後蘊含的是近代城市中產階級的家庭觀，指主婦管理家庭經濟，主持家政的職責。所謂「家庭經濟」是「專為婦人經濟之一部，與一般人之經濟範圍，略有大小之殊焉。」[18] 即教導家庭主婦以經濟學運用於日常生活，增進管理家務之效能，達到興家強國的目標。[19]

18　无用，〈婦人經濟論〉，《婦女時報》，第3號（上海，1911.8），頁1。
19　關於 "home economics" 在近代傳入中日兩國的各種譯名及其內容發展，參見周敘琪，〈清末民初家事經濟論述的建構與實踐〉，頁103-136。

　　就教育制度而言，現在多數人對家政的刻板印象就是烹飪和縫補，應與中學的家政課無關升學，退居為邊緣科目有極大關係。然而，回到清末民初「賢妻良母」主義的女學目標，「家事課」曾經是女子中小學課程最重要的三大主科之一（國文、修身和家事），深受日本教育制度、師資和教材編制的影響。[20] 到了 1920 年代以後，燕京大學、金陵女子大學、華南女子大學等高等院校家政系的設立，其目的是為了培養家政師資，即造就職業婦女，而非照顧家庭的專業主婦。[21]

　　從上述我們可以清楚看到：從男人專屬的領域到女人專屬的領域，不僅是西方、也是中國近代家政概念史轉變的前提。明清「家政」全然不同於現代家政性別化，將婦女的烹飪和縫補等家務勞動等同於「家政學」，或將「家政學」視為家庭主婦和新娘的養成教育學科。這是因為現代「經濟學」這門新學科重新定義「家」的經濟功能，與傳統生產、加工與營運一體的「家」，截然不同。而且，兩者的目標也有極大的差異，明清「家政」強調產業經營增殖與個人之家向上流動的重要性，現在「家政學」則與國族主義的興起密不可分，在消費儲蓄的方法上多有便利於國家和資本家的資本取得，卻不利於個人家庭融資之處。[22]

　　若就現代性別化「家政學」看來，似乎更側重婦女史學者關注的婦女操持家務與「鑰匙權」問題，但兩者之間仍有極大的差異：一是傳統一家主婦的職責，與「家政學」倡導以科學新知烹飪、洗衣、育兒的新

20　如晚清女學校就有不少的日本教習，將日本女子教育制度移到中國女學校。晚清民初留日女學生，也以入下田歌子創建的實踐女學校居多。這方面的研究著作甚多，此處略舉代表性的專論數本，如實藤惠秀著，譚汝謙、林啟彥譯，《中國人留學日本史》，頁 42-45。謝長法，〈清末的留日女學生〉，頁 272-279。周一川，《近代中國女性日本留學史》，頁 1-25。

21　舒海瀾（Helen Schneider），*Keeping the Nation's House: Domestic Management and the Making of Modern China.* 亦參見王惠姬，〈廿世紀前期留美女生與中國家政學的發展（1910s-1930s）〉，頁 3-66。

22　周敘琪，〈家庭經濟與現代主婦：邵飄萍譯介《實用一家經濟法》析論〉，頁 21-23。

女性形象，是很不一樣的。在這些官宦富室的家庭中，婦女婚後必須輔佐丈夫撐起整個家，她所管理的家內的人和事，不見得比丈夫所管理的外事要少。我們不妨想像一下《金瓶梅》中的吳月娘，或者《紅樓夢》中的王熙鳳，她們都有龐大的家內事務需要管理。

　　二是在傳統社會中婦女雖擁有「鑰匙權」，她仍然居於輔佐的角色，家庭財務的支配和決策者仍是男性家長（掌握錢袋）；但是現代「家庭經濟」、「家政學」則明確提出主婦可以決定如何支配家庭收入，又從個人家庭出發，強調妻子作為家庭經濟主持人的新角色，迴避了婆媳兩代女人的權力角逐問題。

徵引及參考書目

一、文獻史料

丁宜曾，《農圃便覽》，上海：上海古籍出版社，1995 影清乾隆 21 年丁氏強善齋刻本。收入《續修四庫全書》，子部，農家類，冊 976。

丁宜曾著，王毓瑚校點，《農圃便覽》，北京：中華書局，1957。

丁耀亢，《問天亭放言》，上海：上海古籍出版社，1995 影明崇禎刻本。收入《續修四庫全書》，子部，雜家，冊 1176。

丁耀亢，《逍遙遊》二卷，臺南：莊嚴文化出版社，1996 影清初刻丁野鶴集八種本。收入《四庫全書存目叢書》，集部，冊 235。

丁耀亢，《陸舫詩草》五卷，臺南：莊嚴文化出版社，1996 影清初刻丁野鶴集八種本。收入《四庫全書存目叢書》，集部，冊 235。

丁耀亢，《椒丘詩》二卷，臺南：莊嚴文化出版社，1996 影清初刻丁野鶴集八種本。收入《四庫全書存目叢書》，集部，冊 235。

丁耀亢，《丁野鶴先生遺稿》三卷（《江干草》一卷、《歸山草》一卷、《聽山亭草》一卷），臺南：莊嚴文化出版社，1996 影清初刻丁野鶴集八種本。收入《四庫全書存目叢書》，集部，冊 235。

丁耀亢，《家政須知》，臺南：莊嚴文化出版社，1996 影清初刻丁野鶴集八種本。收入《四庫全書存目叢書》，集部，冊 235。

丁耀亢，《出劫紀略》，北京：線裝書局，2003 影清初手稿本。收入《中華歷史人物別傳集》，26。

《大清世宗憲（雍正）皇帝實錄》，臺北：華文書局，1964。

王士俊，《閑家編》，雍正 12 年寫刻本。

王士俊，《閑家編》，道光 23 年上海王壽康曙海樓刻本。

王士俊，《吏治學古編》，雍正甲寅 12 年中正堂刊。

王士俊，《閑家編》，臺南：莊嚴文化出版社，1996 影清雍正 12 年養拙堂

刻本。收入《四庫全書存目叢書》，子部，冊 158。

王士禎，《分甘餘話》，北京：中華書局，1989。

王禎，《農書》，北京：中華書局，1956。

王師晉，《資敬堂家訓》，臺北：藝文出版社，1972 影民國 22 年趙學南等
　　輯本。收入《叢書集成三編‧丙子叢編》，冊 9。

王象晉，《二如亭群芳譜》，明末刻本。

王應奎，《柳南隨筆》，清借月山房彙鈔本。

王肅，《孔子家語》，四部叢刊景明翻宋本。

王畿，《龍谿王先生全集》，臺南：莊嚴文化出版社，1996 影明萬曆 15 年
　　蕭良榦刻本。收入《四庫全書存目叢書》，集部，冊 98。

田中ちた子、田中初夫編，《家政学文献集成‧続編》，江戶期第 7，東京
　　都：渡边書店，1969。

石漢聲，《農政全書校注》，臺北：明文書局，1981。

丘石常，《楚村文集》和《楚村詩集》，濟南：山東大學出版社，2007 影清
　　康熙 5 年諸城丘元武刻本。

正德《江陰縣志》，正德 15 年刻本。

民國《重修浙江通志稿》，北京：方志出版社，2010。

司馬光，《家範》，明萬曆 24 年西吳沈氏忠恕堂刻本。

司馬光，《家範》，明天啟 6 年刻本。

司馬光，《家範》，北京：商務印書館，2008 影中國國家圖書館藏本。收入
　　《文津閣四庫全書》，子部，儒家類，冊 697。

司馬光，《家範》，《留餘草堂叢書》本。

司馬光，《司馬文正公傳家集》，上海：商務印書館，1937。

司馬遷，《史記》，清乾隆武英殿刻本。

弘治《嘉興府志》，臺南：莊嚴文化出版社，1996 影明弘治刻本。收入
　　《四庫全書存目叢書》，史部，地理類，冊 179。

同治《即墨縣志》，清同治 11 年刊本。

同治《湖州府志》，清同治 13 年刊本。

同治《蘇州府志》，清光緒 9 年刊本。

光緒《常昭合志稿》，清光緒 30 年刻本。

光緒《嘉興府志》，清光緒 5 年刊本。

光緒《丹徒縣志》，清光緒 5 年刊本。

朱國楨，《湧幢小品》，明天啟 2 年刻本。

朱熹，《近思錄》，臺北：廣文書局，1967。

朱熹，〈朱文公家訓〉，《紫陽朱氏宗譜》。收入江源主編，《中華姓氏始遷祖世系大典》，北京：線裝書局，2008，第 141 卷。

朱熹，《晦庵先生朱文公集》，臺北：光復書局，1959 影明初刊本。

沈一貫，《沈蛟門文集》，《明經世文編》，明崇禎平露堂刻本，卷 435。

李日華著，屠友祥校注，《味水軒日記》，上海：上海遠東出版社，1996。

李維楨，《大泌山房集》，臺南：莊嚴文化出版社，1996 影明萬曆 39 年刻本配鈔本。收入《四庫全書存目叢書》，集部，冊 151。

李時珍，《本草綱目》，臺北：國立中國醫藥研究所，2001。

李增坡編，《丁耀亢全集》，鄭州：中州古籍出版社，1999。

李漁，《資治新書（二集）》，北京：國家圖書出版社，2008。

李澄中，《臥象山房集》，濟南：山東大學出版社，2006 影山東省圖書館藏稿本。收入《山東文獻集成》，第 1 輯，冊 35。

李詡，《戒庵老人漫筆》，明萬曆刻本。

呂坤，《去偽齋文集》，臺南：莊嚴文化出版社，1996 影清康熙 33 年呂慎多刻本。收入《四庫全書存目叢書》，集部，冊 161。

吳振棫，《養吉齋叢錄》，臺北：文海出版社，1968 影清光緒 22 年刻本。收錄於沈雲龍主編，《近代中國史料叢刊》，第 22 輯。

杜濬，《變雅堂集》，清光緒 20 年黃岡沈氏刻本。

祁承㸁，《澹生堂藏書目》，清光緒 18 年會稽徐氏鑄學刻本。

《居家必用事類》，京都市：中文出版社，1984。

《居家必用事類全集》，上海：上海古籍出版社，2002 影明隆慶 2 年飛來山人刻本。收入《續修四庫全書》，子部，冊 1184。

周文華，《汝南圃史》，明萬曆 48 年書帶齋刻本。

亞里斯多德，《家政學》，收入苗力田主編，《亞里士多德全集》，第 9 卷，北京：中國人民出版社，1997，頁 289-329。

茅坤，《茅鹿門先生文集》，上海：上海古籍出版社，2002 影明萬曆刻本。收入《續修四庫全書》，集部，別集類，冊 1345。

孫奇逢，《孝友堂家訓》，長沙：商務印書館，1939。

唐文獻，《唐文恪公文集》，臺南：莊嚴文化出版社，1996 影明楊鶴崔爾進刻本。收入《四庫全書存目叢書》，集部，冊 170。

倪思，《經鋤堂雜志》，瀋陽：遼寧教育出版社，2001。

唐甄，《潛書》，清康熙刻本。

耿蔭樓，《國脈民天》，清光緒區種五種本。

袁采，《袁氏世範》，北京：北京圖書館出版社，2003 影宋刻本。收入《中華再造善本》，唐宋編，子部，冊 16。

《致富全書》，鄭州：河南教育出版社，1994 影乾隆 40 年刻本。

陸九淵，《陸九淵集》，北京：中華書局，1980。

陸世儀，《思辨錄輯要》，臺北：商務印書館，1983 影國立故宮博物院藏本。收入《文淵閣四庫全書》，子部，冊 724。

陸深，《儼山集》，臺北：商務印書館，1983 影國立故宮博物院藏本。收入《文淵閣四庫全書》，集部，別集類，冊 1268。

清朱軾評點，司馬光，《家範》，收入《烏石山房文庫》「朱文端公藏書」，11。

許相卿，《貽謀》，明天啟樊維城輯刊鹽邑志林本。

徐葆瑩修，民國《薊縣志》，民國 33 年鉛印本。

郝增祜纂修，《豐潤縣志》，清光緒 17 年刊本。

張元際，《修齊直指評》，臺北：藝文出版社，1970 影民國 24 年宋聯奎等輯刊本。收入《關中叢書》，冊 26。

張石朋，〈家政用財學〉，《半星期報》，第 3、4、5、7、8、11、12、13、14、17、18 期（廣州，1908）。

張英，《篤素堂文集》，上海：上海古籍出版社，2011 影清康熙 40 年刻本。收錄於《清代詩文集彙編》，冊 150。

張英，《張文端集》，康熙 43 年雙溪張氏刊本。

張英，《文端集》，收入《文淵閣四庫全書》，集部，別集類，冊 11-12。

張英，《篤素堂集鈔》三卷，光緒 14 年、光緒 17 年湘鄉蔣氏龍安郡署刊本。收入《求實齋叢書》第 7。

張英，《篤素堂文集》三卷，同治 11 年張保齡重鑴守素堂刊本。

張英，《篤素堂集鈔》二種（三卷），光緒 17 年蘇州江蘇書局刻本。

張英，《篤素堂集鈔》三卷，民國 12 年上海掃葉山房石印本。

張英，《恆產瑣言》，吳省蘭所輯《藝海珠塵匏集（戊集）》嘉慶中南匯吳氏聽彝堂刊本。

張英，《恆產瑣言》，清道光癸巳 13 年吳氏世楷堂刊本。收入沈楙悳輯，

《昭代叢書戊集》，冊 170。

張英，《恆產瑣言》，臺北：藝文出版社，1968 影嘉慶吳省蘭輯刊本。收入
　　《百部叢書集成・藝海珠塵》，冊 70。

張侗，《臥象山志》，北京：線裝書局，2004 影清康熙刻本。收入《中華山
　　水志叢刊》5。

張楷，《條律疏議》，哈爾濱：黑龍江人民出版社，2004 影明嘉靖 23 年黃
　　巖符驗重刊本。收入《中國律學文獻》，第 1 輯，第 3 冊。

張履祥，《楊園先生全集》，北京：中華書局，2002。

張履祥，《補農書》二卷，濟南：齊魯書社，2001 影清乾隆 47 年刻楊園先
　　生全集本。收入《四庫全書存目叢書補編》，冊 80。

張履祥輯補，陳恆力校釋、王達參校增訂，《補農書校釋（增訂本）》，北
　　京：農業出版社，1983。

張載，《張子全書》，上海：商務印書館，1935。

張煥君校點，《司馬氏書儀》，北京：北京大學出版社，2012。

崇禎《海澄縣志》，江蘇：中國書店出版，1992 影明崇禎 6 年刻本。收入
　　《稀見中國地方志匯刊》，冊 33。

彭士望，《恥躬堂詩文鈔》，清咸豐 2 年刻本。

陳宏謀，《五種遺規》，上海：上海古籍出版社，2002 影乾隆 4-8 年培遠堂
　　刻匯印本。收入《續修四庫全書》，子部，儒家類，冊 951。

陳宏謀，《訓俗遺規》四卷（補編二卷），道光 9 年味和堂藏板。

陳祖範，《司業文集》，清乾隆 29 年刻本。

陳義鍾編校，《海瑞集》，北京：中華書局，1962。

陳確，《陳確集》，北京：中華書局，1979。

陳龍正，《幾亭外書》，上海：上海古籍出版社，2002 影明崇禎刻本。收入
　　《續修四庫全書》，子部，雜家類，冊 1133。

康熙《常熟縣志》，康熙 26 年刻本。

康熙《新城縣志》，臺北：成文出版社，1976 影清康熙 33 年刻本。收入
　　《中國方志叢書・華北地區》，第 390 號。

康熙《重修崇明縣志》，江蘇：中國書店出版，1992 影清康熙刻本。收入
　　《稀見中國地方志匯刊》，第 1 冊。

乾隆《江南通志》，收入《文淵閣四庫全書》史部，地理類，冊 507-512。

乾隆《諸城縣志》，臺北：成文出版社，1976 影清乾隆 29 年刻本。收入

《中國方志叢書‧華北地方》，第 384 號。

順治《泗水縣志》，康熙元年刻本。

焦循，《里堂道聽錄》，無錫：廣陵書社，2016。

曾國藩著，梁啟超輯，《曾文正公嘉言鈔》，上海：商務印書館，1916。

曾國藩，《曾國藩全集》，長沙：岳麓書社，2011。

葉夢得，《石林家訓》，宣統 3 年葉氏觀古堂刻本。

葉夢得，《石林治生家訓要略》，宣統 3 年葉氏觀古堂刻本。

《新城王氏世譜》，康熙刻本。

雍正《浙江通志》，乾隆元年刻本。

葛守禮，《葛端肅公文集》，明萬曆間刊清乾隆 56 年修補本。

賈思勰，《齊民要術》，上海：商務印書館，1936 影萬有文庫版。

黃宗羲，《黃宗羲全集》，杭州：浙江古籍出版社，2005。

黃姬水，《貧士傳》，明寶顏堂秘笈本。

黃傅修，弘治《江陰縣志》，江蘇：鳳凰出版社，2011 影正德年間刊本。
　　收入《無錫文庫》第 1 輯「官修舊志」。

楊屾，《知本提綱》，清乾隆 12 年崇本齋本。

楊屾，《知本提綱》，民國 12 年重刻本。

楊屾，《豳風廣義》，上海：上海古籍出版社，2002 影乾隆 5 年寧一堂刻
　　本。收入《續修四庫全書》，子部，農家類，冊 978。

楊家駱主編，《新校本明史》，臺北：鼎文書局，1975。

楊繼盛，《楊忠愍公集》，明刻本。

萬曆《永安縣志》，明萬曆 22 年刻本。

萬曆《建陽縣志》，北京：書目文獻出版社，1991 影萬曆 29 年刻本。收入
　　《日本藏中國罕見地方志叢刊》，冊 12。

嘉靖《青州府志》，臺北：新文豐出版社，1985 影明嘉靖刻本。收入《天
　　一閣藏明代方志選刊》，冊 13。

潘平格，《潘子求仁錄輯要》，北京：中華書局，2009。

《墨娥小錄》，隆慶 5 年吳氏聚好堂刻印。

鄭太和，《鄭氏規範》，長沙：商務印書館，1939 影《學海類編》本。

鄭太和，《孝友堂家訓》，長沙：商務印書館，1939 影學海類編本。

《顏氏家訓》，四部叢刊景明本。

鄭光祖，《醒世一斑錄》，清道光舟車所至叢書本。

錢爾復校訂，《沈氏農書》，收入《百部叢書集成》，臺北：藝文書局，1967
　　　年影清曹溶輯，陶越增訂《學海類編》本，冊 53。

錢曉輯，《庭幃雜錄》，臺南：莊嚴文化出版社，1996 影北京圖書館分館藏
　　　舊鈔本。收入《四庫全書存目叢書》，子部，雜家類，冊 86。

盧見曾編，《國朝山左詩鈔》，濟南：山東大學出版社，2006 影清乾隆 23
　　　年德州盧氏雅雨堂刻本。收入《山東文獻集成》，第 1 輯，冊 41。

戴名世，《南山集》，清光緒 26 年刻本。

戴震，《孟子字義疏證》，《戴震集》，上海：上海古籍出版社，1980。

謝文洊，《謝程山集》，清道光 30 年刻謝程山先生全書本。

蕭惟豫，《但吟草》，清康熙 50 年刻本。

魏禧，《魏叔子文集》，清寧都三魏全集本。

歸有光，《震川先生集》，臺北：源流出版社，1983。

顧公燮，《丹午筆記》，南京：江蘇古籍出版社，1999。

顧炎武，《亭林詩文集》，四部叢刊影清康熙本。

顧炎武，《天下郡國利病書》，清光緒 27 年上海圖書集成局排印本。

二、中文專書

上野千鶴子著，劉靜貞、洪金珠譯，《父權體制與資本主義：馬克思主義之
　　　女性主義》，臺北：時報出版公司，1997。

毛立平，《清代嫁妝研究》，北京：中國人民大學出版社，2007。

王彬主編，《清代禁書總述》，上海；中國書店，1999。

王業鍵，《清代經濟史論文集》，臺北：稻香出版社，2003。

王躍生，《十八世紀中國婚姻家庭研究》，北京：法律出版社，2000。

王毓瑚，《秦晉農言》，北京：中華書局，1957。

王毓瑚，《中國農學書錄》，臺北：明文書局，1981。

王賽時，《中國酒史 插畫版》，濟南：山東畫報出版社，2018。

中國人民政治協商會議浙江省紹興縣委員會文史資料研究委員會編，《紹興
　　　文史資料選輯》，第 1 輯，紹興：中國人民政治協商會議浙江省紹興縣
　　　委員會文史資料研究委員會，1983。

牛建強，《明代中後期社會變遷研究》，臺北：文津出版社，1997。

天野元之助，《中國古農書考》，北京：農業出版社，1992。

G. W. Skinner（施堅雅）著，王旭等譯，《中國封建社會晚期城市研究：施

堅雅模式》，吉林：吉林教育出版社，1991。

北京圖書館編，《民國時期總書目：1911-1949・經濟》，北京：書目文獻出版社，1993。

方行，經君健，魏金玉主編，《中國經濟通史・清代經濟卷》，北京：經濟日報出版社，2000。

成淑君，《明代山東農業開發研究》，濟南：齊魯書社，2006。

任繼愈主編，《中國哲學史》，北京：人民出版社，1996。

衣若蘭，《三姑六婆：明代婦女與社會的探索》，臺北：稻鄉出版社，2002。

吳宣德，《明代進士的地理分佈》，香港：香港中文大學，2009。

吳海林、李延沛編，《中國歷史人物辭典》，大連：黑龍江人民出版社，1983。

吳蕙芳，《明清以來民間生活知識的建構與傳遞》，臺北：學生書局，2007。

李令福，《明清山東農業地理》，臺北：五南出版社，2000。

李令福，《中國北方農業歷史地理專題研究》，北京：中國社會科學出版社，2017。

李弘祺，《學以為己：傳統中國的教育》，香港：中文大學出版社，2012。

李伯重，《發展與制約》，臺北：聯經出版社，2002。

李伯重，《江南農業的發展（1620-1850）》，上海：上海古籍出版社，2007。

李國祁，《清代杭嘉湖寧紹五府的市鎮結構及其演變初稿》，臺北：中山學術文化基金董事會，1981。

李龍潛，《明清經濟史》，廣東：廣東高等教育出版社，1988。

巫仁恕，《品味奢華：晚明的消費社會與士大夫》，臺北：中央研究院、聯經出版公司，2007。

余英時，《中國近世宗教倫理與商人精神（增訂版）》，臺北：聯經出版社，2007。

余新忠，《中國家庭史》，第 4 卷，廣州：廣東人民出版社，2007。

杜信孚編，《同書異名通檢（增訂本）》，江蘇：人民出版社，1982。

林麗月，《奢儉・本末・出處：明清社會的秩序心態》，臺北：新文豐出版社，2014。

林聰舜，《明清之際儒家思想的變遷與發展》，臺北：學生害局，1990。

周一川，《近代中國女性日本留學史》，北京：社會科學文獻出版社，2007。

周春燕，《女體與國族：強國強種與近代中國的婦女衛生（1895-1949）》，

臺北：國立政治大學歷史學系，2010。

周敘琪，《一九一〇～一九二〇年代都會「新婦女」生活風貌——以《婦女雜誌》為分析實例》，臺北：國立臺灣大學出版委員會，1996。

孟森，《明清史論著集刊》，北京：中華書局，1959。

胡煒著，童一中節錄，《胡氏治家略農事編》，北京：中華書局，1958。

洪煥椿、羅崙主編，《長江三角洲經濟區的歷史變遷和歷史問題》，南京：南京大學出版社，1989。

馬克思，《資本論》，臺北：時報出版社，1990。

徐林，《明代中晚期江南士人社會交往研究》，上海：上海古籍出版社，2006。

凌惕安，《清代貴州名賢像傳》，臺北：明文書局，1985。

韋伯著，康樂、簡惠美譯，《經濟行動與社會團體》，臺北：遠流出版社，1999。

孫敬之主編，《華北經濟地理》，北京：科學出版社，1957。

孫殿起輯，《清代禁書知見錄》，上海：商務印書館，1957。

唐力行，《商人與中國近世社會》，北京：商務印書館，2017。

陳來，《宋明理學》，臺北：洪葉文化，1994。

陳瑛珣，《明清契約文書中的婦女經濟活動》，臺北：臺明文化事業有限公司，2001。

陳恒力，《補農書研究》，北京：中華書局，1958。

陳寶良，《明代儒學生員與地方社會》，北京：中國社會科學出版社，2005。

《清史列傳》，北京：中華書局，1987。

張研，《清代經濟簡史》，臺北：雲龍出版社，2002。

張君勱，《新儒家思想史》，北京：中國人民大學出版社，2006。

張海英，《明清江南商品流通與市場體系》，上海：華東師範大學出版社，2002。

張清吉，《丁耀亢年譜》，南京：南京大學出版社，1996。

張燁，《明清時期山東基層士人研究》，上海：上海人民出版社，2015。

梁其姿，《施善與教化》，臺北，聯經出版社，1997。

許檀，《明清時期山東商品經濟的發展》，北京：中國社會科學出版社，1998。

景甦、羅崙，《清代山東經營地主底社會性質》，山東：山東人民出版社，

1959。

景甦、羅崙，《清代山東經營地主經濟研究》，山東：齊魯書社，1985。

滋賀秀三著，張建國、李力譯，《中國家族法原理》，北京：法律出版社，
　　2003。

曾雄生，《中國農學史》，福州市：福建人民出版社，2008。

傅衣凌，《明清社會經濟史論文集》，北京：人民出版社，1982，。

傅衣凌，《明代江南市民經濟試探》，上海：上海人民出版社，1957。

黃宗智，《華北的小農經濟與社會變遷》，北京：中華書局，2000。

黃俊傑編，《東亞儒者的四書詮釋》，臺北：國立臺灣大學出版中心，2005。

黃惠賢主編，《二十五史人名大辭典》，鄭州：中州古籍出版社，1997。

黃瓊慧，《世變中的記憶與編寫：以丁耀亢為例的考察》，臺北：大安出版
　　社，2009。

楊聯陞，《中國思想與制度論集》，臺北：聯經出版社，1976。

趙岡、陳鍾毅，《中國經濟制度史論》，臺北：聯經出版社，1981。

趙岡、陳鍾毅，《中國土地制度史》，臺北：聯經出版社，1982。

趙岡，《中國傳統農村的地權分配》，臺北：聯經出版社，2005。

趙振，《中國歷代家訓文獻敘錄》，濟南：齊魯書社，2014。

趙毅，《明清史抉微》，吉林：吉林人民出版社，2008。

趙園，《明清之際士大夫研究》，北京：北京大學出版社，1999。

魯迅，《中國小說史略》，收入《魯迅全集》，北京：人民文學出版社，
　　1981，第 9 冊。

劉天振，《明代通俗類書研究》，山東：齊魯書社，2006。

劉翠溶，《明清時期家族人口與社會經濟變遷》，臺北：中央研究院經濟研
　　究所，1992。

劉曉東，《明代士人生存狀態研究》，吉林：吉林文史出版社，2002。

鄭元慶，《吳興藏書錄》，臺北：廣文書局，1969。

鄭宗義，《明清儒學轉型探析：從劉山到戴東原》，香港：中文大學，2000。

鄭振滿，《明清福建家族組織與社會變遷》，長沙：湖南教育出版社，1992。

樊樹志，《明清江南市鎮探微》，上海：復旦大學，1990。

樊樹志，《江南市鎮：傳統的變革》，上海：復旦大學出版社，2005。

實藤惠秀著，譚汝謙、林啟彥譯，《中國人留學日本史》，香港：香港中文
　　大學出版社，1982。

龐思純，《明清貴州七百進士》，貴州：貴州人民出版社，2005。

龔肇智，《嘉興明清望族疏證》，嘉興：方志出版社，2011。

三、中文論文

王立軍，〈試論司馬光禮學思想的基本特徵〉，《唐都學刊》，2001 年 3 期
　　（河南，2001.7），頁 47-50。

王正華，〈生活、知識與文化商品：晚明福建版「日用類書」與其書畫
　　門〉，《近代史研究所集刊》，第 41 期，頁 1-85。

王汎森，〈「人間腹笥多藏草，隔代安知悔立言」——丁耀亢與《續金瓶
　　梅》〉，《中國文化》，20 期（北京，1995.12），頁 220-223。

王志躍，〈明代家禮文獻考辨〉，《圖書館理論與實踐》，2014 年 4 期（銀
　　川，2014.4），頁 64-67。

王俐，〈《農圃便覽》相關人物及農書小考〉，《農業考古》，2019 年 1 期
　　（南昌，2019.2），頁 205-207。

王惠姬，〈廿世紀前期留美女生與中國家政學的發展（1910s-1930s）〉，《中
　　正歷史學刊》，第 8 期（嘉義，2006.3），頁 3-66。

王達，〈試論《補農書》及其在農史上的價值〉，《農史研究》，第 5 輯，北
　　京：農業出版社，1985，頁 233-239。

王瑷玲，〈私情化公：清代劇作家之自我敘寫與其戲劇表演〉，收入《欲掩
　　彌彰：中國歷史文化中的「私」與「情」——私情篇》，臺北：漢學研
　　究中心，2003，頁 81-158。

王瑷玲，〈記憶與敘事：清初劇作家之前朝意識與其易代感懷之戲劇轉
　　化〉，《中國文哲研究集刊》，第 24 期（臺北，2004.3），頁 39-103。

王耀生，〈明清時期山東進士地域分布特點與經濟、區位、民風的關係〉，
　　《中國地方志》，2005 年 9 月，頁 54-55。

方志遠、黃瑞卿，〈再論明代中後期士人棄學經商之風〉，《江西師範大學學
　　報》，1993 年 1 期（南昌，1993.1），頁 69-78。

尤雅姿，〈由歷代家訓檢視傳統士人家庭之經濟生活模式〉，《思與言》，第
　　36 卷第 3 期（臺北，1998.9），頁 1-59。

石玲，〈《續金瓶梅》的作期及其他〉，吉林大學中國文化研究所編，《金瓶
　　梅藝術世界》，長春：吉林大學出版社，1991，頁 333-337。

石錦，〈明清間農業結構的轉變〉，《新史學》創刊號（臺北，1990.3），頁

97-105。

朱眉叔,〈論《續金瓶梅》及其刪改本《隔簾花影》和《金屋夢》〉,《明清小說論叢》,第 1 輯,瀋陽:春風文藝出版社,1984,頁 250-279。

伊原弘介,〈明末清初「紳士」的土地經營——以張履祥為例〉,收入明清史國際學術討論會秘書處論文組編,《明清史國際學術討論會論文集》,天津:天津人民出版社,頁 567-571。

安雙成,〈順康年間《續金瓶梅》作者丁耀亢受審案〉,《歷史檔案》,2000年 2 期,(北京,2000.6),頁 29-32。

宋光宇,〈試論明清家訓所蘊含的成就評價與經濟倫理〉,《思與言》,第 7卷第 1 期(臺北,1989.6),頁 195-213。

何成,〈新城王氏:對明清時期山東科舉望族的個案研究〉,山東:山東大學博士學位論文,2002。

呂妙芬,〈婦女與明代理學的性命追求〉,收入羅久蓉、呂妙芬主編《無聲之聲Ⅲ:近代中國的婦女與文化》,臺北:中央研究院近代史研究所,2003,頁 143-151。

呂妙芬,〈儒門聖賢皆孝子:明清之際理學關於成聖與家庭人倫的論述〉,《清華學報》,第 44 卷第 4 期(新竹,2014.12),頁 629-660。

呂妙芬,〈楊屾《知本提綱》研究——十八世紀儒學與外來宗教融合之例〉,《中國文哲研究期刊》,第 40 期(臺北,2012.3),頁 83-127。

吳仁安,〈明代江南社會風氣初探〉,《社會科學家》,1987 年 2 期(桂林,1987.4),頁 39-46。

李伯重,〈明清時期江南水稻生產集約程度的提高——明清江南農業經濟發展特點探討之一〉,《中國農史》,1984 年 1 期(南京,1984.4),頁 24-37。

李伯重,〈對《沈氏農書》中一段文字的我見〉,《中國農史》,1984 年 2 期(南京,1984.7),頁 99-102。

李伯重,〈「桑爭稻田」與明清江南農業生產集約程度的提高——明清江南農業經濟發展特點探討之二〉,《中國農史》,1985 年 1 期(南京,1985.4),頁 1-11。

李伯重,〈從「夫婦 並作」到「男耕女織」——明清江南農家婦女勞動問題探討之一〉,《中國經濟史研究》,1996 年 3 期(北京,1996.9),頁 99-107。

李伯重，〈男耕女織與「半邊天」角色的形成：明清江南農家婦女勞動問題探討之二〉，《中國經濟史研究》，1997 年 3 期（北京，1997.9），頁 10-22。

李宏勇、孔令慧，〈淺析司馬光家訓中的治家思想〉，《運城學院學報》，2008 年 4 期（山西，2008.7），頁 33-35、42。

李虎，〈論楊屾的農業職業技術教育〉，《農業考古》，2007 年 3 期（南昌，2007.6），頁 320-324。

李富強、曹玲，〈清代前期我國蠶桑知識行成與傳播研究〉，《中國農史》，2017 年 3 期（南京，2017.10），頁 36-45。

李富強，〈18 世紀關中地區農桑知識形成與傳播研究─以楊屾師徒為中心〉，《自然科學史研究》，2017 年 1 期（北京，2017.3），頁 45-59。

李慶勇，〈明代女教書著述研究〉，《洛陽師範學院學報》，2014 年 1 期（洛陽，2014.1），頁 71-73。

巫仁恕，〈明清近代市鎮墟集研究的回顧與前瞻〉，《九州學刊》，第 5 卷第 3 期（臺北，1993.2），頁 95-112。

吳聿明，〈太倉南轉村明墓及出土古籍〉，《文物》，1987 年 3 期（北京，1987.3），頁 19-22。

杜正勝，〈傳統家族試論（上）〉，《大陸雜誌》，第 65 卷第 2 期（臺北，1982.8），頁 7-34。

杜正勝，〈傳統家族試論（下）〉，《大陸雜誌》，第 65 卷第 3 期（臺北，1982.9），頁 25-49。

宋文杰，〈宗經與從俗：論司馬光家禮的創制原則──以司馬光《書儀》為研究中心〉，《文教資料》，2020 年 7 期（河南，2020.5），頁 78-80。

何宇軒，《丈夫守則與「齊家」之道──清代家訓中的男性建構》，臺北：秀威資訊出版社，2021。

何宇軒，〈「為夫之道」：清代家訓所呈現的男性性別角色認知〉，《中國史研究》，第 90 輯（韓國，2014.6），頁 169-199。

何宇軒，〈方興未艾：學術界的中國男性史研究〉，《漢學研究通訊》，第 32 卷第 4 期（臺北，2013.11），頁 1-10。

林維紅，〈婦道的養成──以晚清湘鄉曾氏為例的探討〉，《中央研究院第三屆國際漢學會議論文集歷史組：性別與醫療》，臺北：中央研究院，2002，頁 105-126。

林麗月，〈晚明「崇奢」思想隅論〉，《臺灣師大歷史學報》，第 19 期（臺北，1991.6），頁 215-234。

林麗月，〈陸楫 (1515-1552) 崇奢思想再探──兼論近年明清經濟思想史研究的幾個問題〉，《新史學》，第 5 卷第 1 期（臺北，1994.3），頁 131-153。

林麗月，〈從《杜騙新書》看晚明婦女生活的側面〉，《近代中國婦女史研究》，第 3 期（臺北，1995.12），頁 14-19。

林麗月，〈衣裳與風教──晚明的服飾風尚與「服妖」議論〉，《新史學》，第 10 卷第 3 期（臺北，1999.9），頁 111-157。

周邦君、邱若宏，〈毛主席與《補農書》及其相關問題〉，《農業考古》，2009 年 4 期（南昌，2009.8），頁 331-335。

周邦君，〈一位農學家筆下的災害實錄──明末湖州沈氏與《奇荒紀事》〉，《寧波大學學報（人文科學版）》，20 卷 3 期（浙江，2007.6），頁 86-87。

周敘琪，〈清末民初家事經濟論述的建構與實踐〉，《臺大東亞文化研究》，第 2 期（臺北，2014.6），頁 103-136。

周敘琪，〈家庭經濟與現代主婦：邵飄萍譯介《實用一家經濟法》析論〉，《近代中國婦女史研究》，第 29 期（臺北，2017.6），頁 1-50。

周愚文，〈司馬光的家訓內涵及其對宋代家族教育的影響〉，《師大學報：教育類》，第 50 卷第 2 期（臺北，2005.10），頁 1-12。

邱仲麟，〈明代北京的社會風氣變這──禮制與價值觀的改變〉，《大陸雜誌》，第 88 卷第 3 期（臺北，1994.3），頁 1-15。

胡火金，〈論清代農學的實用性趨勢──以楊屾「天地水火氣」為例〉，《蘇州大學學報（哲學社會科學版）》，2015 年 4 期（蘇州，2015.7），頁 178-183。

胡國臺，〈家譜所載家族規範與清代律令──以錢糧、刑名與社會秩序為例〉，收入聯合報文化基金會學文獻館主編，《第六屆亞洲族譜學術研討會會議記錄》，臺北：聯經出版社，1993，頁 267-312。

胡曉真，〈《續金瓶梅》──丁耀亢閱讀《金瓶梅》〉，《中外文學》，第 23 卷第 10 期（臺北，1995.3），頁 84-101。

范毅軍，〈明中葉以來江南市鎮的成長趨勢和擴張性質〉，《中央研究院歷史語言研究所集刊》，第 73 卷第 3 期（臺北，2002.9），頁 443-552。

徐林，〈明代中晚期江南地區貧士的社會交往生活〉，《史學集刊》，2004 年 3 期（吉林，2004.6），頁 34-37。

徐泓，〈明代社會風氣的變遷——以江、浙地區為例〉，《中央研究院第二屆國際漢學會議論文集（明清近代史組）》，臺北：中央研究院歷史語言研究所，1989，頁 137-159。

徐泓，〈明代後期華北商品經濟的發展與社會風氣變遷〉，《第二次中國近代經濟史研討會論文集》，臺北：中央研究院經濟研究所，1989，頁 107-174。

徐泓，〈明代的家庭：家庭型態、權力結構及成員間的關係〉，《明史研究》，第 4 期（臺北，1994.12），頁 179-183。

袁昌曲，〈明清時期生員賑濟原因之探析〉，《重慶工商大學學報》（社會科學版），2009 年 5 期（重慶，2009.10），頁 97-100。

袁飛，〈從王士俊開墾案看雍正朝官僚政治〉，北京：中國人民大學碩士論文，2005。

孫競昊，〈經營地方——明清之際的濟寧仕紳社會〉，《歷史研究》2011 年 3 期（北京，2011.6），頁 91-111。。

唐力行，〈論商人婦與明清徽州社會〉，《社會學研究》，1992 年 4 期（北京，1992.7），頁 110-118。

唐立宗，〈明清之際江南地區農業生產及其利潤——《補農書》研究史的檢討〉，《史原》，第 21 期（臺北：1999.2），頁 41-85。

馮爾康，〈清代的家庭結構及其人際關係〉，《顧真齋文叢》，北京：中華書局，2003，頁 265-266。

陳玉瓊，〈中國近五百年的乾旱〉，《農業考古》1988 年 1 期（南昌，1988.2），頁 300-307。

陳延斌，〈論司馬光的家訓及其教化特色〉，《南京師大學報（社會科學版）》，2001 年 4 期（南京，2001.7），頁 24-29。

陳慶浩，〈「海內焚書禁識丁」——丁耀亢生平及其著作〉，李豐楙主編，《文學、文化與世變》，臺北：中央研究院中國文哲研究所，2002，頁 351-394。

陳炯智，〈陸深（1477-1544）家書之研究〉，臺北：臺灣師範大學歷史學系碩士論文，2009。

陳寶良，〈明代生員層的經濟特權及其貧困化〉，《中國社會經濟史研究》，

2002 年 2 期（廈門，2002.6），頁 57-64。

陳學文，〈明代中葉民情風尚習俗及一些社會意識的變化〉，《山核幸夫教授退休紀念明代史論叢》，東京：汲古書院，1990，頁 1207-1231。

張心愷，〈明清時代蒙學施教所啟導之文化典範與應世智能〉，臺北：國立師範大學歷史學系碩士論文，1999。

張芝芳，〈司馬光《家範》版本、成書考〉，《參花》，2018 年 17 期（吉林，2018.9），頁 107-109。

張建明，〈饑荒與斯文：清代荒政中的生員賑濟〉，《武漢大學學報》（人文社會科學版），2006 年 1 期（武漢，2006.2），頁 47-55。

張凱作，〈論司馬光的禮治思想〉，《中國經學》，2019 年 1 期（北京，2019.5），頁 57-68。

張夢新，〈茅坤著述考〉，《浙江大學學報（人文社會科學版）》，1999 年 5 期（杭州，1999.9），頁 127-130。

張增祥，〈明清時期山東進士的時空分布研究〉，南京：南京師範大學專門史碩士論文，2008。

梁庚堯，〈南宋的貧士與貧宦〉，《臺大學歷史學報》，第 16 期（臺北，1991.8），頁 91-138。

章楷，〈我國放養柞蠶的起源和傳播考略〉，《蠶業科學》，1982 年 2 期（江蘇，1982.6），頁 112-116。

曹樹基，〈《禾譜》及其作者研究〉，《中國農史》，1984 年 3 期（南京，1984.6），頁 84-91。

游修齡，〈《沈氏農書》和《烏青志》〉，《中國科技史料》，1989 年 1 期（北京，1989.3），頁 80-84。

游鑑明，〈《婦女雜誌》（1915-1931）對近代家政知識的建構：以衣食住為例〉，收於走向近代編輯小組編，《走向近代：國史發展與區域動向》，臺北：東華書局，2004，頁 233-251。

傅衣凌，〈明代江南地主經濟新發展的初步研究〉，《中國資本主義萌芽問題討論集》，上冊，北京：三聯書店，1957，頁 52-68。

黃瑞卿，〈明代中後期士人棄學經商之風初探〉，《中國社會經濟史研究》1990 年 2 期（廈門，1990.6），頁 33-39。

黃霖，〈丁耀亢及其《續金瓶梅》〉，《復旦學報（社會科學版）》，1988 年 4 期（上海，1988.7），頁 55-60。

黃衛總，〈小說與家訓：清代長篇小說《歧路燈》的勸懲邏輯〉，《清華學報》，第 30 卷第 1 期（臺北，2000.3），頁 67-91。

楊建宏，〈略論司馬光的禮學思想與實踐〉，《長沙大學學報》，2005 年 1 期（湖南，2005.7），頁 50-53。

經君健，〈明清兩代「雇工人」的法律地位問題〉，《明清時代的農業資本主義萌芽問題》，北京：中國社會科學出版社，2007，頁 201-215。

漆俠，〈宋元時期浦陽鄭氏家族之研究〉，《劉子健博士頌壽紀念宋史研究論文集》，東京都：同朋社，1989，頁 159-166。

劉王惠箴著，孫隆基譯，〈中國族規的分析：儒家理論的實行〉，收入孫隆基譯，《儒家思想的實踐》，臺北：商務印書館，1980，頁 71-119。

劉石吉，〈明清時代江南地區的專業市鎮〉，《明清時代江南市鎮研究》，北京：中國社會出版社，1987，頁 1-72。

劉石吉，〈小城鎮經濟與資本主義萌芽：綜論近年來大陸學界有關明清市鎮的研究〉，《人文及社會科學集刊》，第 1 卷第 1 期（臺北，1988.11），頁 171-198。

劉志琴，〈晚明城市風尚初探〉，《中國文化研究集刊》，第 1 輯，上海：復旦大學出版社，1984，頁 190-208。

劉志琴，〈晚明時尚與社會變革的曙光〉，《文史知識》，1987 年 1 期（北京，1987.1），頁 50-55。

劉媛、樊志民，〈1840 年以前清代關中棉桑關係探析——以楊屾的農桑觀點為例〉，《中國農學通報》，2013 年 2 期（北京，2013.1），頁 109-113。

劉翠溶，〈明清時期長江下游地區都市化之發展與人口特徵〉，《經濟論文》，第 14 卷第 2 期（臺北，1986.9），頁 43-86。

劉翠溶，〈明清時代南方地區的專業生產〉，《大陸雜誌》，第 5 卷第 3、4 期合刊（臺北，1978.4），頁 125-159。

劉曉東，〈晚明士人生計與士風〉，《東北師範大學學報》（哲學社會科學版），2001 年 1 期（吉林，2001.2）頁 17-22。

劉曉東，〈明代士人本業治生論——兼論明代士人之經濟人格〉，《史學集刊》，2001 年 3 期（吉林，2001.6），頁 70-75。

劉曉東，〈「地位相悖」與「身分懸浮」——生存狀態視角下的明代士人社會芻議〉，《社會科學戰線》，2003 年 2 期（吉林，2003.2），頁 97-

102。

劉曉東，〈論明代士人的「異業治生」〉，《史學月刊》，2007 年 8 期（開封，2007.8），頁 96-102。

劉曉東、趙毅，〈晚明士人社會交往的失範及其評述〉，《東北師大學報（哲社版）》，2005 年 5 期（吉林，2005.9），頁 109-114。

劉靜貞，〈女無外事？——墓誌碑銘中所見之北宋士大夫社會秩序理念〉，《婦女與兩性學刊》，第 4 期（臺北，1993.3），頁 21-46。

劉靜貞，〈正位於內？——宋代女性的生活空間〉，《錢穆先生紀念館館刊》，第 6 期（臺北，1998.12），頁 57-71。

鄭志章，〈明清江南農業僱工經營的利潤問題〉，收入洪煥椿、羅崙編《長江三角洲地區社會經濟史研究》，南京：南京大學出版社，1989，頁 50-67。

鄭振鐸（西諦），〈漫步書林〉，《人民日報》1956 年 8 月 1 日。

鄭愛敏，〈性別視野中明清經濟史內容的增補：以農業史、紡織業史、商業史、消費史為例〉，《中國文化研究所學報》，第 52 期（香港，2011.1），頁 95-127。

暴鴻昌，〈論晚明社會的奢靡之風〉，《明史研究》，第 3 輯，安徽：黃山書社，1993，頁 85-92。

鍾彩鈞、〈吳康齋的生活與學術〉，《中國文哲研究集刊》，第 10 期（臺北，1997.3），頁 269-315。

鍾艷攸，〈明清家訓族規之研究〉，臺北：臺灣師範大學歷史學系博士論文，2002。

濱島敦俊著，吳大昕譯，〈明代中後期江南士大夫的鄉居和城居——從「民望」到「鄉紳」〉，《明代研究》，第 11 期（臺北，2008.12），頁 59-94。

濱島敦俊，〈土地開發與客商活動——明代中期江南地主之投資活動〉，《中央研究院第二屆國際漢學會議論文集（明清與近代史組）》，臺北：中央研究院，1989，頁 101-122。

濱島敦俊，〈明末江南鄉紳的家庭經濟——關於南潯鎮莊氏的家規〉，《明史研究》，第 2 期（臺北，1992.12），頁 83-92。

濱島敦俊，〈明末華北地區地方士人的存在形態——以《菑辭》為中心〉，收入《近世中國的社會與文化論文集》，臺北：明代研究學會，2007，頁 53-56。

羅麗馨，〈明代紡織手工業中婦女勞動力之分析〉，《興大歷史學報》，第 9 期（臺北，1999.12），頁 21-43。

謝長法，〈清末的留日女學生〉，《近代史研究》，1995 年 2 期（北京，1995.3），頁 272-279。

藤井宏，〈新安商人的研究〉，收入「江淮論壇」編輯部編，《徽商研究論文集》，安徽：安徽人民出版社，1985，頁 131-272。

四、日韓文論著

小川陽一、坂出祥伸編，酒井忠夫監修，《中國日用類書集成》，東京都：汲古書院，1999-2004。

小山正明，〈明末清初の大土地所有——とくに江南デルタ地帯を中心にして〉，《明清社会経済史研究》，東京都：東京大學出版會，1992，頁 255-285。

小山正明，〈明代の糧長について—とくに前半期の江南デルタ地帯を中心にして—〉，《東洋史研究》，第 27 卷第 4 號（東京都，1969.3），頁 24-68。

小野和子編，《明末清初の社會と文化》，京都市：京都大學人文科學研究所，1996。

仁井田陞，《中國の農村家族》，東京都：東京大學，1966。

古林森廣，〈南宋の袁采《袁氏世範》について〉，《宋代社會史の研究》，東京：圖書刊行會，1995，頁 62-85。

古島和雄，《中國近代社會史研究》，東京都：研文出版，1982。

北村敬直，《清代社会経済史研究》，京都市：朋友書店，1981。

寺田隆信，《山西商人の研究：明代における商人および商業資本》，東京都：東洋史研究會，1972。

足立啟二，〈明末清初の一農業経営：「沈氏農書」の再評価〉，《史林》，第 61 卷第 1 號（京都市，1978.1），頁 40-69。

松田吉郎，《明清時代華南地域史研究》，東京都：汲古書院，2002。

岸本美緒，〈「恆產瑣言」について〉，《東洋學報》，第 57 卷第 1、2 號（東京都，1976.1），頁 171-200。

岸本美緒，〈明清時代の身分感覺〉，收入森正夫等編，《明清時代の基本問題》（東京：汲古書院，1997），頁 403-427。

岸本美緒,《清代中国の物価と経済変動》,東京都:研文出版,1997。

荒木敏一,《宋代科舉制度研究》,京都市:京都大學文學部東洋史研究
　　會,1969。

酒井忠夫,〈明代の日用類書と庶民教育〉,林友春編,《近代中國教育史研
　　究》東京都:國土社,1958,頁 62-74。

間野潛龍,〈明代の家規について〉,《東方學》,第 8 輯(東京都,
　　1954.6),頁 83-93。

滋賀秀三,《中國家族法の原理》,東京都:創文社,1967。

溝口雄三,《中國前近代思想の屈折と展開》,東京都:東京大學東洋史研
　　究會,1980。

盧仁淑(중앙대학교),〈司馬光『家範』의 禮學 특성에 대한 연구〉,《儒教
　　思想研究》,第 42 輯(韓國,2010.12),頁 81-106。

五、西文論著

Beattie, Hilary J., *Land and Lineage in China: A Study of T'ung-ch'eng County, Anhwei, in the Ming and Ch'ing Dynasties*, New York: Cambridge University Press, 2008.

Bray, Francesca, *Technology and Gender: Fabrics of Power in Late Imperial China*, Berkeley and Los Angeles: University of California Press, 1997.

Brook, Timothy, *Praying for Power: Buddhism and the Formation of Gentry Society in Late-Ming China*, Harvard: Harvard University Press, 1993.

Brook, Timothy, *The Confusions of Pleasure: Commerce and Culture in Ming China*, Berkeley and Los Angeles: University of California Press, 1998.

Brunner, Otto, *Land and Lordship: Structures of Governance in Medieval Austria*, Philadeiphia: University of Pennsylvania press, 1992.

Clunas, Craig, *Fruitful Sites: Garden Culture in Ming Dynasty China*, Durham: Duke University Press, 1996.

Dalla Costa, Mariarosa and Selma James, edited., *The Power of Women and the Subversion of the Community*, Bristol: Falling Wall Press, 1975.

Delphy, Christine, Diana Leonard trans, "A Materialist Feminism Is Possible," *Feminist Review*, 4 (1980), pp. 79-105.

Delphy, Christine, Diana Leonard trans, *Close to Home: A Materialist Analysis of Women's Oppression*, London: Hutchinson 1984.

Eastman, Lloyd E., *Family, Fields, and Ancestors: Constancy and Change in China's Social and Economic History, 1550-1949*, Oxford University press, 1988.

Ebrey, Patricia Buckley, *Confucianism and Family Rituals in Imperial China: a Social History of Writing about Rites, Princeton*, N.J.: Princeton University Press, 1991.

Ebrey, Patricia Buckley, trans., *Family and Property in Sung China: Yuan Ts'ai's Precepts for Social Life*, Princeton, NJ: Princeton University Press, 1984.

Elman, Benjamin, "Political, Social, and Culture Reproduction via Civil Service Examination in Late Imperial China," *Journal of Asian Studies*, 50:1(1991), pp. 7-28.

Entwisle, Barbara and Henderson, Gail E., eds., *Re-Drawing Boundaries: Work, Households, and Gender in China*, Berkeley and Los Angeles: University of California Press, 2000.

Foucault, Michel, *Histoire de la Sexualité 2*, Paris: Gallimard, 2008, 1984.

Freedman, Maurice, *The Study of Chinese Society*. selected and introduced by G. William Skinner, Stanford, Calif.: Stanford University Press, 1979.

Handlin Smith, Joanna F., "Garden in Ch'i Piao-chia's Social World: Wealth and Values in Late-Ming Kiangnan," *The Journal of Asian Studies*, 51:1(February 1992), pp. 55-81.

Himmelweit, Susan and Simon Mohun, "Domestic labour and capital," *Cambridge Journal of Economics*, 1:1(March 1977), pp. 15-31.

Himmelweit, Susan, "The Real Dualism of Sex and Class," *Review of Radical Political Economics*, 16:1(March 1987), pp. 167-183.

Ho, Ping-ti, *Study on the Population of China*, 1368-1953, Combridge: Harvard University Press, 1959.

Ho, Ping-ti, *The Ladder of Success in Imperial China: Aspects of Social Mobility, 1368-1911*, New York: Columbia University Press, 1962.

Illich, Ivan, *Shadow Work*. London: Marion Boyer, 1982.

Kuhn, Annette and AnnMarie Wolpe, edited., *Feminism and materialism:*

women and modes of production. London: Routledge, 1978.

Leonard, Jane Kate, and Watt, John R., eds., *To Achieve Security and Wealth: The Qing Imperial State and the Economy, 1644-1911*, Ithaca, NY: East Asia Program, Cornell University, 1992.

Littrup, Leif, *Subbureaucratic Government in China in Ming Times: A Study of Shandong Province in the Sixteenth Century*, Oslo: Universitetsforlaget, 1981.

Liu Wang, Hui-chen（劉王惠箴）, *The Traditional Chinese Clan Rules*, Locust Valley, N.Y.: Published for the Association for Asian Studies by J. J. Augustin, 1959 .

Ling, Xiaoqiao（凌筱嶠）, "A Review of Re-reading the Seventeenth Century: Ding Yaokang (1599-1669) and His Writings," PhD dissertation, University of Havard, 2010.

Mann, Susan, "Household Handicrafts and State Policy in Qing Times," in Jane Kate Leonard and John R. Watt, eds., *To Achieve Security and Wealth: The Qing Imperial State and the Economy, 1644-1911*, Ithaca, NY: East Asia Program, Cornell University, 1992, pp. 75-95.

Mann, Susan, *Precious Records: Women in China's Long Eighteenth Century*, Stanford, Calif.: Stanford University Press, 1997.

Mann, Susan, "Work and Household in Chinese Culture: Historical Perspectives," in Barbara Entwisle and Gail E. Henderson, eds., *Re-Drawing Boundaries: Work, Households, and Gender in China*, Berkeley and Los Angeles: University of California Press, 2000, pp. 15-32.

Mann, Susan, "Dowry Wealth and Wifely Virtue in Mid-Qing Gentry Households," *Late Imperial China*, 29:1(June 2008), pp. 64-76.

MacLeod, Mary and Esther Saraga," Abuse of Trust," *Marxism today*, Aug.1987, pp. 10-13.

McDermott, Joseph P., "The Chinese domestic bursar," *Ajia bunka kenkyu*, 2(Nov. 1990), pp. 15-32.

McDermott, Joseph P., "Family Financial Plans of the Southern Sung," *Asia Major*, 4:2(1991), pp. 15-52.

Rawski. Evelyn Sakaida. *Agricutural Change and the Peasant Economy of*

South China., Combridge: Harvard University Press, 1972.

Rousseau, Jean-Jacques, *Discours sur léconomie politique et autres texts*, Paris: GF-Flammarion, 2012.

Rowe, William T., *Saving the World: Chen Hongmou and Elite Consciousness in Eighteenth Century China.*, Stanford, Calif.: Stanford University Press, 2001.

Shin, Chin. *Peasant Economy and Rural Society in the Lake Tai Area, 1368-1840*. Berkeley: University of California, 1981.

Schneider, Helen, *Keeping the Nation's House: Domestic Management and the Making of Modern China*, Vancouver: UBC Press, 2011.

Theodore de Bary, William, *Self and Society in Ming Thought*, N. Y.: Columbia University Press, 1970.

Watt, John R., *The District Magistrate in Late Imperial China*, New York and London: Columbia University Press, 1972.

Wolf, Margery, *The House of Lim: A Study of a Chinese Farm Family*, New York: Appleton-Century-Cro fts, 1968.